北方民族大学研究生教材

聂鸿音 著

党项文献研究导论

上海古籍出版社

图书在版编目(CIP)数据

党项文献研究导论 / 聂鸿音著. —上海：上海古籍出版社，2022.10

ISBN 978-7-5732-0434-9

Ⅰ.①党… Ⅱ.①聂… Ⅲ.①党项—民族历史—文献—研究 Ⅳ.①K289

中国版本图书馆 CIP 数据核字(2022)第 167831 号

北方民族大学研究生教材

党项文献研究导论

聂鸿音 著

上海古籍出版社出版发行

(上海市闵行区号景路 159 弄 1-5 号 A 座 5F 邮政编码 201101)

(1) 网址：www.guji.com.cn

(2) E-mail：guji1@guji.com.cn

(3) 易文网网址：www.ewen.co

常熟市文化印刷有限公司印刷

开本 787×1092 1/32 印张 13.125 插页 3 字数 227,000

2022 年 10 月第 1 版 2022 年 10 月第 1 次印刷

ISBN 978-7-5732-0434-9

K·3253 定价：68.00 元

目　录

引　言

这里介绍的“党项文献”在中国学术界一直叫做“西夏文献”。我们没有沿用“西夏文献”这个术语，是考虑到“西夏”最初是宋代人对 11—13 世纪间西北地区那个嵬名氏王朝的称呼，而存世的所谓“西夏古籍”有一些出自 13 世纪下半叶以后的党项遗民之手，西夏国在那时已不存在。与此相对，我们并不称西夏文为“党项文”，是考虑到那是西夏王朝的官方文字，在西夏立国期间使用西夏文字的人并不限于党项民族。另外，中国有历史学家把西夏时代的汉文刻本和抄本乃至后代的汉文西夏史料汇编都视为西夏古籍，我们也没有遵从这种做法，是考虑到传统史书中“艺文志”或“经籍志”的主旨仅在于反映某个特定时代的著述，而且著述所用的文字仅限于那个王朝的官方文字。就像《宋史·艺文志》不著录西夏文和藏文的著作那样，本书也不介绍西夏时代及后世有关西夏的汉文著作。

本书的目的是概述党项文献的形式、内容及其产生的历史因缘，希望能为中国历史和古典文献研究者提供这一领域的基本知识。书中“党项文献”这个术语的含义比通行的“文献”略窄，实际相当于“党项古籍”，我们将其界定为：必须是用西夏文字写成的、记录党项民族语言的作品，同时必须是以创作或翻译为目标的、具备书籍基本形态要素的作品。20世纪出土的官私文书和民间应用杂写不在本书介绍范围。

在今天的图书馆和博物馆里，宋元的原版古书被视为绝世珍藏，而存世的党项古籍几乎都来自这个时代，其页面总数不逊于敦煌藏经洞的全部藏品。随着北宋书籍制作技术的发展，党项古籍的形式已不再像敦煌那样以写卷为主，而是出现了相当数量的雕版印刷品甚至活字印刷品，装帧也从唐代写卷转而以宋代风格的蝴蝶装和经折装为主。可以说，党项古籍为人们提供了书籍制作工艺转型期间最丰富的样本。当然，就书籍的内容而言，由于西夏的立国时间毕竟较短，没有经过敦煌那样近千年的政权更迭，而且那时的中亚丝路贸易已趋衰落，外来的商旅数量日趋减少，所以党项古籍提供给人们的历史文化信息显得比敦煌单调了许多，例如人们至今没有在党项文献中发现摩尼教、景教和袄教的作品，而这方面的资料在敦煌遗书中却有所见。

存世的党项古籍，90%以上都在20世纪初出土于内蒙古西北端的黑水城遗址，分别收藏在俄罗斯科学院东方文献研究所和英国国家图书馆，后来在中国的内蒙古、宁夏、甘肃等地又相继有发现，分别收藏在中国、日本和欧洲的一些文化部门。这批资料从20世纪末开始集中发表，但由于出土文献的数量大得实在难以想象，其中有许多至今还没有经过最初步的修复和整理，所以试图将其全部公布，还是近期不可能实现的目标。眼下可资利用的只有已经发表的那些文献，以及俄罗斯西夏学家克恰诺夫（Евгений Иванович Кычанов）编写的一部不太完整的目录。所幸其他国家的藏品大都已公诸世上，这些资料大致包括了党项文献的全部类型，足以为研究者提供丰富的素材。

必须承认，在现有的条件下还不可能编出一部完整的“党项艺文志”，因为即使是已经发表的文献照片，也还有许多尚未得到科学的鉴定，未获鉴定的印本和抄本零页更是多得难以计数。我们无法在短时间内逐一判断零页里面隐含着哪些此前没有著录的古书片段，甚至对原有西夏文书题的汉译和书籍内容的判断也不敢说有绝对把握，因此本书最终没有能够形成一份标准体例的“党项古籍总目”，而仅仅根据已知的情况做出了分类概述，大量未获解决的问题只有留待将来补充和勘正。不过无论如何，我希望这本小书能够为有志于此的青年学者展示学术界迄今的研究成果，提供些参考资料，指出一个方向，引上一条道路。就目前所见而言，这条道路尽管并不平坦，但总的方向应该是清晰的。

第一章
党项文献的产生背景

公元11世纪上半叶，长期居无定所的党项人通过连年的征战在河西走廊确立了广阔的疆域，这片疆域一直是丝绸之路末期各民族往来的交汇点，党项人的意识形态也由此带上了多民族文化的色彩。人们甚至可以说，11世纪以后的党项民族精神几乎就是敦煌传统的延续，只不过周边的文化潮流涌入得太过凶猛也太过集中，而西夏朝野的态度又一律是来者不拒，以致今天的人们很难从存世文献里找出多少区别于周边民族的党项本民族文化特征。事实上，存世的党项书籍90%以上都是基于汉文或藏文文献的译本，纯粹属于本土原创作品的只有为数不多的语文学著作、法典和诗歌谣谚。值得注意的是，由于西夏立国的时间不长，所以汉、藏、党项三类文献在多数情况下都是各自孤立存在的，还没有通过真正的水乳交融而形成一个全新的体系，这正可以视为当时西北地区文化局面的真实反映。

第一节　党项民族简史

在现存的资料里[1]，作为氏族名称的“党项”始见于唐朝初年编修的正史，这群人在当时被视为西羌的一支，通常称作“党项羌”。与“党项”相应的突厥语词出现在公元735年的“毗伽可汗碑”东面第24行，写作Tangut（王静如1938），元代的汉译名是“唐兀”或者“唐兀惕”，11世纪以后的阿拉伯、波斯和蒙古历史文献都沿用了这个名称。不过党项人从来不称自己为“党项”，他们的汉语自称是“番”，本民族语自称是“𗼇”mji^{2}或者“[illegible][illegible]”ljwịj^{1} dźjɨ[2]，有时也叫“[illegible]”mjɨ^{2} nja̱^{2}。后者相当于汉文史书里的“弭药”或者“缅药”，以及吐蕃史书里的mi nyag。进入13世纪以后，作为民族实体的党项随着西夏王国的覆灭而渐趋消亡，元代人只是依照其故地称呼他们“河西人”或者“夏国人”，而党项遗民

---

[1] 传世史书中有不少关于党项的记述。白滨（1989：58－83）对主要的资料来源进行过详细的史料学分析。

[2] 本书西夏字后面附注的党项语音形式采用李范文（1997）整理的龚煌城构拟系统。

则有时用“唐兀氏”来标明自己的祖籍。进入清代以后，人们已经无法确定哪个人群是党项人的直接后裔[①]。

（1）隋唐至北宋前期

这一时期关于党项人的消息都来自中原史书的转述，首次比较完整的记载见于《隋书》卷八三《党项传》：

> 党项羌者，三苗之后也。其种有宕昌、白狼，皆自称猕猴种。东接临洮、西平，西拒叶护，南北数千里，处山谷间。每姓别为部落，大者五千余骑，小者千余骑。织牦牛尾及羖䍽毛以为屋。服裘褐，披毡以为上饰。俗尚武力，无法令，各为生业，有战阵则相屯聚。无徭赋，不相往来。牧养牦牛、羊、猪以供食，不知稼穑。其俗淫秽蒸报，于诸夷中最为甚。无文字，但候草木以记岁时。三年一聚会，杀牛羊以祭天。

这段文字对党项人的由来、居地、社会组织、生产方式和婚姻习俗做出了最扼要的叙述。其中所谓“猕猴种”表现了党项人对宕昌和白狼部落的族源认同——我们不知道“猕猴种”这个概念最初是怎么产生的，但如果确实与传说中的民族起源

① 需要注意的是，明清史籍中也有“唐古忒”或“唐古特”的说法，但那指的是四川西部的藏族居住区，与元代以前的含义不同。

有关，那么最容易让人联想到的应该是藏族，因为在藏文史书里，藏民被认为是由观音菩萨化身的猴子和度母化身的罗刹女结合繁衍而来的（蔡巴·贡嘎多吉 1988：29）[①]。时代较晚的西夏著作表明，在历史上与党项人接触最多的是藏族和汉族，而党项人自己则认为距藏族比距汉族更近些。《旧唐书》卷一九八《党项羌传》说他们是“汉西羌之别种”，《旧五代史》卷一三八《党项传》说他们是“西羌之遗种”，这应该是当时各民族的共识[②]。“西羌”在最初被中原人用来统称以藏族为代表的青海、甘肃一带的“化外之民”[③]，在 11 世纪以后，这个词被党项人借用来专指吐蕃了[④]。

党项人的居地在宋代以前多有变迁。最初大致如《隋书·党项传》所说，位于临洮（在今甘肃省定西市）、西平（今青海省西宁市）和叶护（突厥领地）之间，也就是今天的甘肃省中部经青海湖北沿到新疆维吾尔自治区东缘的一片地方。进入

① 当然不可否认，这个传说明显受到了佛教的影响，已经不全是它的原始面貌了。

② 关于党项王族的族源，20 世纪的中国学术界曾有过“羌”和“鲜卑”两派针锋相对的说法。这场争论的概况参看汤开建（1986）的论述。

③ 在宋以前的正史里零星记载着一些用汉字音译的“西羌语”词，这些词有的可以认为与藏语相关，有的可以认为与党项语相关（聂鸿音 2000）。

④ 在 1094 年的“凉州护国寺感通塔碑”汉文部分有“先后之朝，西羌梗边，寇乎凉土”的记载，其中“西羌”对应西夏文部分的“𗁅”phə¹，即吐蕃（Devéria 1898）。

唐代以后，他们的居地有所扩张，最东面已经发展到了松州（今四川省阿坝藏族羌族自治州东北部）。不过，唐朝初年迅速崛起的吐蕃打破了他们原本相对宁静的生活。面对吐蕃人凌厉的攻击，军事实力明显不济的党项人只好向李唐王朝请求“内徙”，也就是希望迁移到直接受李唐王朝保护的地区。于是，一部分党项部落被安置到了庆州（今甘肃省庆阳市），多年后又有一部分迁到了今天陕西北部的榆林市和延安市境内，当然后一次较大规模的迁徙也许另有原因——那是李唐王朝为了不使党项人和吐蕃人联合骚扰边境而要弄的政治手腕（吴天墀 1983：4）。不久后，晚唐五代的动荡局面开始迫使党项人以藩镇的身份周旋于强邻之间，这时期史籍记载的政治和军事活动已经明显表现为中原模式，与民族文化的发展不再有直接关系[①]。从中我们只知道党项人在多次聚散离合之后终于在河西站稳了脚跟，把居住地固定在了今天的宁夏北部，兼及与陕西、甘肃、青海和内蒙古交界的一片地方[②]。

被中原史官斥为“淫秽蒸报”的婚姻形态在《旧唐书·党项羌传》解释为“妻其庶母及伯叔母、嫂、子弟之妇”，这是当时

① 关于晚唐五代时期党项藩镇割据的概述，参看周伟洲（1988）第五、六两章。

② 这只是非常粗略的说法，具体的分布地区参看汤开建（1994）的介绍。

"收继婚制"的典型表现（吴天墀 1983：2）。在物质生活资料尚欠丰富的氏族社会里，已婚的妇女被看成是丈夫家族的财产，如果没有得到夫家认可，一般不得改嫁他处，否则就等于夫家的财产流失，所以一旦配偶死亡，她再嫁的对象只能从本家的男性里选择。现代称这种婚姻形态为"转房"，妇女的再嫁对象首选亡夫的兄弟，当亡夫没有兄弟时也考虑其他亲属。

早期党项人的生活资料来源仅仅是畜牧，如果与周边部族发生冲突，其起因大都在于争夺草场。我们不知道他们开始尝试农耕的具体时间，当然从常理上可以想定那是在"内徙"之后不久。

党项的社会组织形式是建立在血缘基础上的"氏族部落制"，也就是《旧唐书·党项羌传》里说的"每姓别自为部落，一姓之中复分为小部落"。党项各部落间平时很少来往，只是在大规模的战争或祭祀时才聚在一起，这表现出了"小部落—部落—部落联盟"这样比较松散的三级组织形式。部落内部没有制度性的日常管理，成员平时从事生产，遇到战事则集体骑马上阵，一次动员的战士可达成千上万名。

社会组织形式属于民族文化中最核心的成分，即使遇到外来力量推动的重大社会变革也很难在短时期内遭到废止。所以我们看到，氏族部落制几乎纵贯了党项族的整个历史，即使是在依照北宋模式建立的西夏政权统治下，这种传统的组织形式也仍然在维护社会稳定中发挥着作用。

（2）西夏时期

公元 11 世纪 30 年代，经过辗转迁徙又在河西走廊打拼多年的党项拓跋部终于决定彻底脱离中原王朝的控制，建立自己的国家，定都兴庆府（今宁夏银川市兴庆区）。据《宋史》卷四八五《夏国传上》载，开国君主元昊自封“始文本武兴法建礼仁孝皇帝，国称大夏”，北宋人有时称之为“西夏”，大约是为了区别于东晋时期赫连勃勃所建的“大夏国”。在党项文献里，他们的国家被称为“大白高国”（𗴂𗹭𗂧𘜶）或者“白高大夏国”（𗴂𗹭𘜶[illegible]𗂧）。“𗴂𗹭𗂧”（白高国）三个西夏字读作 phiow^{1} bjij^{2} lhjịj^{0}，叶梦得《石林燕语》卷八、王珪《华阳集》卷四八、司马光《传家集》卷七六都提到“邦面令”这样一个词，大致可以视为“𗴂𗹭𗂧”phiow^{1} bjij^{2} lhjịj^{0} 的汉语音译。这个国名在个别文献里还可以写作“[illegible][illegible]”lew^{2} so^{2}（白高），这是来自西夏境内另一种语言的同义词（西田 1986：40），可以证明党项人对自己国家的命名是从语义上考虑的，只是其实际含义迄今还不十分清楚①。

① 西夏国名的含义是早年西夏学史上争论最多的问题之一。20 世纪 80 年代以前人们都把西夏“𗹭”（高）字译成了“上”，后来看到西夏（转下页）

《宋史·夏国传上》说，元昊在初执政时自号“嵬名吾祖”。其中“嵬名”（[illegible]）读作 ŋwe^2 mji^1，是党项皇族的姓氏。“吾祖”又作“兀卒”，可以还原为党项语的 ŋwər^1 zjɨ̱^{1}①，第一个音节兼有“青色”（[illegible]）和“皇天”（[illegible]）的意思，第二个音节（[illegible]）的意思是“儿子”，所以《续资治通鉴长编》卷一二二说：“乌珠者②，华言青天子也。”

据《宋史·夏国传上》记载，元昊在 1038 年以“上表”的形式给宋仁宗送去了一份措辞委婉的独立宣言，其中说到他“称王则不喜，朝帝则是从。辐凑屡期，山呼齐举，伏愿一垓之土地，建为万乘之邦家”。中国当代的研究者以这一事件作为西夏王国历史的开端，应该是比较合理的认定。与此不同的是，俄国学者习惯把西夏历史的开端定为公元 982 年，因为那一年夏太祖继迁率部出奔地斤泽（今内蒙古鄂尔多斯市伊金霍

（接上页）时代用汉文写成的皇家施经发愿文里出现了“大白高国”这个词（Меньшиков 1984：497），才明白此前所有从“白上国”出发的讨论都是毫无意义的。关于“大白高国”的含义，克平（Kepping 1995）提出过一个有趣的猜测，她认为那是以“白”和“高”两个姓氏象征的阴阳和谐，就像藏传佛教“男女双身像”象征的阴阳和谐一样。附带说，此前的人们最常引用的是《宋史·夏国传上》里的一句话——“男邦泥定国兀卒上书父大宋皇帝”，并且把其中的“邦泥定”视为与“邦面令”一样的西夏国名，这恐怕是误会了，因为“泥定”与“面令”绝对不能构成语音通转关系。

① “天子”在西夏文最常写作“[illegible]” mə^1 zjɨ̱^{1}（李范文 1997：446）。

② 传世本《续资治通鉴长编》的“乌珠”大约是清代人对“兀卒”的改译。

洛旗西南），以实际行动宣告自己脱离了北宋王朝的统治。然而西夏人却认为自己的历史比这两种算法都要久远，例如大臣嵬名讹计在《德行集序》里说（聂鸿音 2002a：28－31）：

[illegible]，[illegible]，[illegible]，[illegible]。[illegible]。

[伏惟大白高国者，执掌西土逾二百年，善厚福长，已成八代。宗庙安乐，社稷坚牢。]

这段文字写于夏桓宗刚即位的时候，即 12 世纪的最后几年，如果向前推 200 余年，就应该不是 1038 年，而是 10 世纪下半叶。另外，如果当时在位的桓宗是第八代皇帝，那么向前推到第一代皇帝就应该不是元昊，而是他的祖父、后来追尊为“太祖”的李继迁，这符合藏文史书《红史》转述弭药禅师喜饶益西的话（蔡巴·贡嘎多吉 1988：25）：“当汉人皇帝宋太祖兄弟执政三十年后，有西胡国王出世，由西胡国王传出西夏的十二个国王。”这里的“西胡国王”（se hu）指的是夏太祖继迁——党项史诗《夏圣根赞歌》说西胡王“初出生时有二齿”，正与《宋史·夏国传上》所载继迁“生而有齿”相合（Невский 1960：76）。继迁生于北宋建隆四年（963），当时宋太祖赵匡胤 36 岁，其弟太宗赵光义 24 岁，可以知道有人在计算朝代时以掌权者的出生之年为始（聂鸿音 2002a：11－12）。以此算来，夏太祖继迁的生年距桓宗即位的1193年共230年，距西夏覆亡的1227年共264年，这尽管称不上科学的断代，但毕竟是西夏人心中的历史。

由于党项藩镇长期臣属北宋，所以元昊在独立伊始就几乎全盘仿照北宋模式来构建自己的政府组织。下面是《宋史·夏国传上》对此的记述：

> 其官分文武班，曰中书，曰枢密，曰三司，曰御史台，曰开封府，曰翊卫司，曰官计司，曰受纳司，曰农田司，曰群牧司，曰飞龙院，曰磨勘司，曰文思院，曰蕃学，曰汉学。自中书令、宰相、枢使、大夫、侍中、太尉已下，皆分命蕃汉人为之。

这里面一个有趣的事实是，党项人虽然根据自己国内教育的需要创造性地分设了“蕃学”和“汉学”，却荒唐地保留了一个与自己毫无关系的“开封府”。

北宋的政府机构和职官名称在西夏有时表示为党项语的音译，有时表示为党项语的意译，例如“中书”既可以音译作“[illegible]” tɕjow^{1} ɕie^{1}，又可以意译作“[illegible]”（忠净）①。汉文史书

---

①《俄藏黑水城文献》8，页47。

里记载着一些用汉字音译的西夏官号①，尽管目前还大多不能解释其实际含义，但可以肯定那只是西夏官爵或者品级的党项语称谓，并不意味着西夏具有辽代那样的南北两套职官系统。

值得注意的是，在西夏的官爵和品级称谓中仍然可以找到党项传统社会组织的痕迹，即政府中的党项族官员一般同时也是部落的首领。部落首领中地位最高的当然是皇族嵬名氏几个家支的长老，这些人的官衔最前面会冠以“[illegible]”（节亲主），例如西夏字典《同音》的校订发起人嵬名德照（[illegible]）被称作：

> [illegible]、[illegible]、[illegible]、[illegible]、[illegible]、[illegible]、[illegible]、[illegible]。
>
> ［节亲主、德师、知中书枢密事、执正净、集文武行、恭敬孝诸艺、东南族长、上皇座嵬名德照。］②

“德师”是皇帝的尊师③，“知中书枢密事”是文武两大政府部门的总管，这说明党项皇族长老在政府里也拥有最高的地

① 清代的吴广成曾经摘录过一些所谓“蕃官”的名号，见所著《西夏书事》卷一一。

② 序言此前有李范文（1986：202）的汉译及史金波、黄振华（1986）的汉译。这里的译文在三位先生基础上有所改动，其中“执正净”“集文武行”“恭敬孝诸艺”含义不明。

③ 史金波、聂鸿音、白滨（1994：246）译文：“皇帝之师监承处：上师、国师、德师。”

位和最大的权力。

部落联盟的首领在西夏叫做“[illegible]”（族长）[1]，用现代的观念可以解释为“部落联盟议事会的成员”。西夏法典《天盛律令》的编纂者里有好几人都拥有“[illegible]”（东南族长）的头衔，他们同时又分别是“中书”和“枢密”两个中央政府最高部门的头目[2]。

地方的军政头目可以从小部落的首领中调任，西夏称小部落首领为“[illegible]”（家主），例如1224年的黑水城守将没年仁勇在写给上级的一份报告中自称（Kychanov 1971，黄振华1978）：

> [illegible]
>
> [兹仁勇曩者历经科举学途，远方鸣沙家主人也。]

如果小部落的首领担任城镇的行政首长，则叫做“[illegible]”（城主），这个词可以折换成汉语的“太守”或者藏语的 tse rje “节儿”（孙伯君 2008）。

政府官员由部落首领担任，这种现象在历史上所有的少数

---

① 这两个西夏字从字面翻译是“族官”或者“姓官”。

②《俄藏黑水城文献》8，页47。在西夏文献里只见到有几个“东南族长”，而至今没有发现“西南族长”“东北族长”之类的头衔。这或许是因为在西夏政府担任高官的人都来自最初追随李继迁开拓河西的部落，那些部落最初的居住地在西夏的东南方。

民族王朝里都不少见。然而，党项文化的有些次要特征却在中原模式的西夏王朝制度下被逐渐消磨了。例如根据西夏法典《天盛律令》卷八《为婚门》的规定，丈夫亡故的妇女如果育有子女，则必须担负起赡养公婆的责任，而如果没有子女，则可以在三年服丧期满后由女方的父母做主改嫁他人（史金波、聂鸿音、白滨 1994：194）。显然，党项传统的“转房制”在这时已经失去了法律的支撑。

西夏境内的居民以党项人和汉人为主①，此外还应该有吐蕃、回鹘、契丹、鞑靼、女真等民族的少量成员②。各民族的地位相对平等，其成员都可以在政府任职。《天盛律令》卷十《司序行文门》规定，职位级别不同的番、汉、吐蕃或回鹘官员在一起议事时，不管出身哪个民族，一律以职位高者为尊，只有

---

① 所谓“党项人”只是个统称，实际上里面应该至少包括两个不同的人群，西夏文献称其中一个为“黑头”（[illegible]），一个为“赤面”（[illegible]），这两个人群使用的语言不同。据敦煌所出的《吐蕃大事纪年》记载的传说，当地居民最初称作 myi（人），后来称作 mgo nag（黑头），本来没有统治者，后来才有个统治者从天而降（Hill 2016）。考虑到党项人自称“[illegible]”mji^2（番）的读音可以勘同藏文的 myi（人），而“[illegible]”ɣu^1 nja̱^{1} 的读音可以勘同藏文的 mgo nag（黑头），假如这不是巧合，我们则可以认为党项人里的“黑头”是河西地区的原住民，而“赤面”自然就是由地斤泽迁入的党项上层集团。

② 西夏《天盛律令》卷四《边地巡检门》要求边防官阻止邻国的吐蕃、回鹘、契丹、鞑靼、女真人入境（史金波、聂鸿音、白滨 1994：107），暗示着那以前必有成功的入境者。

当职位品级相同的官员在一起议事时才以党项人为尊[①]。显然，在主动接受中原官僚等级意识的西夏政府中，官员的民族成分已经不是决定其地位高低的首要因素了（Kychanov 1978）。

（3）元明时期

1227年，西夏在蒙古大军的攻击下覆亡。从那以后，虽然还有党项后裔被元朝任用来管理河西地区，但他们中的许多人大概很快就忘掉了自己的民族语言[②]。事实上，原西夏腹心地带的党项语在百余年间就几乎彻底销声匿迹了，因为我们看到，在北元宣光元年（1371）编写的《河西译语》里已经找不到党项语的多少痕迹[③]。作为党项语仍然存在的证据，只是在边远的敦煌和额济纳地区还有一些蒙元时代的西夏文书籍和契约保存了下来，例如敦煌北区石窟一个元代印经作坊出土过一些西夏文书籍残页[④]。黑水城书籍最晚的明确纪年虽然只到

---

① 值得注意的是，排座次时只考虑官员实际的执掌，不考虑加封的虚爵（史金波、聂鸿音、白滨 1994：257）。

② 据“大元肃州路也可达鲁花赤世袭之碑”记载，河西唐兀氏举立沙以下六代自西夏灭亡至元代末年在肃州（今甘肃酒泉）为官。然而碑文用的是汉文和回鹘文，而不像“凉州碑”那样用的是汉文和西夏文（白滨、史金波 1979），说明当初在那里流行的西夏文已经让位给回鹘文了。

③《河西译语》是一本用“华夷译语”体例编写的小书，迄今不能全文解读，只知道其中有少量词来自蒙古语和波斯语（陈乃雄 1983，黄振华 1991）。

④“元代印经作坊”的判断依据是在那个石窟里同时出土了一批回鹘文的木活字（耿昇、唐健宾 1993：383）。

1226年为止，但这并不能证明所有的文献都来自西夏时期，使用干支纪年或者没有时间题署的文献也有些可能出于蒙元时代（聂鸿音 2012a）。例如黑水城出土过一件不署年代的刻本，后来证明译自白云宗祖师清觉的《正行集》，而《正行集》是迟至元代才受到朝野关注的（孙伯君 2011a）。即使改朝换代，西夏遗民也始终保持着信仰佛教的传统。1370年，迁居到江南的一些党项僧人开始自发编集旧日的西夏佛经译本，并补充了一些新的内容，准备在将来印出一套完整的“河西藏”。在元朝政府和当地佛教组织的适时资助下，这项历经30多年的工程终于在14世纪初竣工，于是有百余套西夏文大藏经被分批刷印出来，施舍给了河西地区的寺院[①]。这些佛经也许仅仅被视为党项民族的文化符号，因为我们不知道西夏覆亡近一个世纪后在河西故地还有没有使用党项语、认识西夏字的人群。

据藏族民间传说，党项王族的后人中有一支因避战乱而迁移到了四川的木雅地区（今甘孜藏族自治州康定县境）[②]，不过他们后来的发展不见史籍记载。元代以后，中原的政治中心移至大都（今北京市），一些党项家族随之迁入内地（白滨 2001），而且有一些西夏文字的文物保存了下来，其中最著名

① 关于这段历史，参看孙伯君（2011d）的综述。
② 这个传说系邓少琴（1945）采自朋布西乡的甲根桥。

的是明代立在河北保定韩庄的两座西夏文“佛顶尊胜陀罗尼经幢”，上面保留着一批党项助缘者的题名（史金波、白滨 1977）。2013 年 9 月在河北省大名县陈庄村的元代墓葬中出土了一件题有西夏字的墓碑，上面记载了西夏遗民小李钤部（1189—1258）家族在入元后的仕宦经历（朱建路 2014），是关于党项人在河北活动的最新资料。除此之外，现在偶尔还可以见到党项后裔的家谱，例如安徽安庆的《余氏宗谱》（史金波、吴峰云 1985）[①]、河南濮阳的《杨氏族谱》等（任崇岳、穆朝庆 1986）。看得出来，那些党项后裔是以家族为单位迁入内地的，并且形成了相对独立的聚居点。不过那时的党项作为民族实体已经走向消亡，人们在相关资料中已经看不到党项传统文化的信息，仅仅是还有极个别人认识西夏文字，勉强向世人宣示着他们的祖籍而已。

第二节　西 夏 文 字

现代称为“西夏字”的那套书写符号是西夏王国的官方文字，当时称作“番文”（[illegible]），在元代称为“河西字”，文字

---

① 这个家族里最著名的人物是元代末年的余阙（《元史》卷一四三有传），不过在他的文集《青阳集》里已经见不到党项文化的任何迹象。

的总数据西夏人自己说有 6 000 余个，而据今人统计则应该不到 6 000（李范文 1986：13），现存的大量党项文献就是用这种文字写成的。西夏覆亡以后，这种文字还由党项遗民使用了 200 多年，直到明代中叶才最终退出了历史舞台。

（1）文字的创制和推行

11 世纪下半叶的西夏大臣罔长信写过一篇《妙法莲华经序》（西田 2005：6，222），其中说到：

> [illegible]，[illegible]，[illegible]，[illegible]。
>
> ［风角城皇帝以本方语言，建立番礼，创制文字，翻译契经。］

“风角城皇帝”的实际含义还不清楚，但可以肯定那是西夏开国君主元昊的一个称号（李范文 1984：12 - 13），由此我们知道后世所谓的“西夏文”是元昊时代创制的，只不过承担具体设计工作的并不是他本人，而是一个姓“野利”的大臣。西夏《夫子善仪歌》里说（克恰诺夫 1989）：

> [illegible]，
> [illegible]，[illegible]。
> ［我辈国野利夫子，

天上文星出东方，引导文字照西方。][1]

这些情况符合《宋史》卷四八五《夏国传上》的记载[2]，“野利夫子”的全名是“野利仁荣”：

元昊自制蕃书[3]，命野利仁荣演绎之，成十二卷，字形体方整类八分，而画颇重复。

野利仁荣的西夏文名字是“[illegible]”（李范文 1984：17），其生平不详，《宋史·夏国传下》只说他在西夏建国之初曾经“主蕃学”，以及在去世约百年后被夏仁宗追封为“广惠王”。关于他创制文字，沈括《梦溪笔谈》卷二五另有简略的记述：

元昊果叛。其徒遇乞先创造蕃书，独居一楼上，累年方成，至是献之。元昊乃改元，制衣冠礼乐，下令国中悉用蕃书蕃礼，自称大夏。

---

① 一般认为这里说的“东方”指契丹，“西方”指西夏。“文星”大约是“文曲星”的省称，古人习惯称写作能力极强的人为天上主管文运的文曲星下凡。

②《辽史》卷一一五《西夏外纪》记载创制文字的是西夏太宗德明，这是错误的。

③ 一个不好解释的事实是，党项人使用的汉文自称本来是不带草字头的“番”，而中原史书则无例外地写成带草字头的“蕃”。我们不知道这是不是说明党项在中原人心目中与“吐蕃”有某种联系。

“遇乞”的读音与西夏语的“[Tangut characters]”dźjwu^{1} lji^{1}（仁荣）不合，那或许是野利仁荣的另一个名字。与《宋史》略有不同的是，《梦溪笔谈》似乎在说创制西夏文字最初只是遇乞个人的决定，在创制工作全部完成之后才得到了元昊首肯。当然，史籍记载中的这点歧异在今天看来无关紧要，因为即使皇帝最初对创制文字毫不知情，而一旦文字创制成功，由他批准推行，人们也会把功劳算在皇帝头上。

元昊创制西夏文字的事情发生在他正式宣布立国之前两年，即1036年，当时他刚率军攻占了几个河西重镇，自信心高度膨胀，于是想到要“制小蕃文字，改大汉衣冠”（《宋史·夏国传上》），也就是通过创制文字和恢复传统服饰来昭示党项人与汉人的不同，为裂土分国做舆论准备。事实上，元昊创制西夏文字主要是出于政治的考量而非单纯为了发展文化，所以新创的文字虽然借用了汉字的笔画并模仿了汉字的结构，但是故意避开了现成的所有汉字字形，最终是没有一个字与汉字相同①。

文字制成以后，面临的工作就是在境内推广，对此《宋

① 与此相对的是，辽朝人在仿汉字设计契丹字时却直接借用了一些汉字的形体，例如“皇帝”。这是因为辽王朝希望主动接近以孔子为代表的中原文化，其间的政治考量与“叛宋自立”的党项人完全相反。

史·夏国传》接下来说：

> 教国人纪事用蕃书，而译《孝经》、《尔雅》、《四言杂字》为蕃语。

这似乎表明当时为推广新文字开办了学校并编写了教材。从后来的情况看，西夏仿中原建立了科举制度，学校大概分成政府的官学和民间的私塾两种。保留至今的《番汉合时掌中珠》和《三才杂字》等等应该都是西夏晚期的私塾用书，至于早期的政府识字教材，我们迄今还没有掌握可靠的样本。《宋史·夏国传》里开列的三本书显然不切实际——把《孝经》和《四言杂字》译成西夏文自然可以做到，但用党项语翻译以同义词排列成“句”的《尔雅》却绝对是一件不可能完成的任务①。

史料里没有关于西夏文教学的具体记载。至今我们只见到西夏宫廷作品《夫子善仪歌》里对野利仁荣的歌颂（克恰诺夫 1989），其中虽不免有夸张的成分，但毕竟显示出当时的教学已经颇具规模：

---

① 例如《尔雅·释诂》的第一条是：“初、哉、首、基、肇、祖、元、胎、俶、落、权舆，始也。”我们不能想象怎样把都当“始”讲的这一连串同义词翻译成外语，而且译出的词还必须保持“裁衣之始”“草木之始”这些原有词义的细微区别。

[illegible]，

[illegible]。

[擢选三千七百弟子皆端正，

一国四方莫不求学入学海。]

从结果来看，西夏的文字推行工作应该卓有成效。现存最早的西夏文样本是“瓜州审判记录”[①]，署天赐礼盛国庆元年（1069），那时距西夏文字的创制仅过了三十多年，而这种文字就已经被官府的普通皂隶熟练应用于日常公务中了。

应当注意的是，此前中外学者在介绍西夏文字时经常会引用清代吴广成《西夏书事》卷一二的下面这段话：

> 元昊既制蕃书，尊为国字，凡国中艺文诰牒尽易蕃书。于是立蕃字、汉字二院，汉习正草，蕃兼篆隶，其秩与唐宋翰林等。汉字掌中国往来表奏，中书汉字，旁以蕃书并列。蕃字掌西蕃、回鹘、张掖、交河一切文字，并用新制国字，仍以各国蕃字副之。以国字在诸字之右，故蕃字院特重。

西夏人只称西夏文为“番文”，从来不像元代人那样称八思巴字为“国字”。上面叙述的内容并没有丝毫的史实依据，

---

① 照片见《国立北平图书馆馆刊》第 4 卷第 3 号（1930）卷首。

不过是在《元史》记述八思巴字的基础上拼凑演义而成的。事实上，现存的西夏官府文书中并未见在西夏字旁边“副”以他国文字，关于这种双语文书格式的记载见于《元史》卷八七《百官志》：

蒙古翰林院，秩从二品。掌译写一切文字，及颁降玺书，并用蒙古新字，仍各以其国字副之。

这恐怕就是《西夏书事》称番汉二字院“其秩与唐宋翰林等”“以各国蕃字副之”之类荒唐记述的来源。再看“国字在诸字之右”一句，那是从《元史》卷八一《选举志》里近乎断章取义地抄来的：

至元十九年，定拟路府州设教授，以国字在诸字之右。

这就是说，《西夏书事》里的这些话是绝对不可以在研究中当作史料来用的。

按照罔长信《妙法莲华经序》的理解，“翻译契经”似乎是当年创制文字的目的。这尽管肯定不是元昊的初衷，但毕竟说明了西夏文和佛教长时间互相依存的密切关系。事实上，西夏时代的佛教正是借助西夏字才得以迅速普及，而元明两代的西夏字也是借助佛教才延缓了衰亡的历程。

（2）文字的构成

据《宋史·夏国传》说，在元昊授意下新创制的番文“形体方整类八分”，也就是看上去像汉字的楷书①。《续资治通鉴长编》卷一一九和《辽史·西夏外纪》说它的形体类似“符篆”。“符篆”不成词，而且考虑到存世的党项文献都用楷书或草书写成，篆书笔体除几枚钱币外仅见于甘肃武威的感通塔碑和银川市郊西夏王陵的篆额（罗福苌 1914：2，李范文 1984：图版壹），所以不妨估计“符篆”是“符箓”的误写②——说西夏字类似道家的“符箓”是为了强调其笔画的繁冗。后人在描述西夏字时说“乍视字皆可识，熟视无一字可识”③，正是因为其基本笔形全都采自汉文，但是没有照搬一个现成的汉字。

西夏人在仿汉字创制本民族文字的时候倾向于增加字的笔画，而不是像契丹人和女真人那样时常减少字的笔画。例如西夏人在汉字“人”的基础上增加笔画造出了西夏的“𗼇”（人），在汉字“坐”的基础上增加笔画造出了西夏的“𘄦”（坐），在汉字“門”的基础上增改笔画造出了西夏的“𗥃”

① 这里说的“八分”实际指的是楷书而非汉魏风格的古隶书，此前类似的表述见于唐张怀瓘《书断》卷上：“建初中以隶草作楷法，字方八分，言有模楷。”

② “箓”是“籙”的俗体。

③ 张澍《书西夏天佑民安碑后》，《养素堂文集》卷一九，清道光十七年（1837）枣花书屋刻本。

(门)，等等。如果从传统“六书”的立场来观察，就可以看到在全部西夏文字里没有“象形”和“指事”两种最初的造字法，而用“会意”和“转注”两种方法造出的合体字却比汉字多出许多，这是因为西夏字是参照成熟的汉字一次性创制完成的①，并没有经历过汉字早年那样漫长的发展演化过程，所以从起步伊始就表现为汉字系文字发展的高级阶段。

关于当初创制西夏字的原则，现存的史料没有提供任何信息，只有在韵书《文海》和一些佚题的字典抄本残片里保留了对每个字形的解说（史金波、白滨、黄振华 1983，韩小忙 2008）。字形解说大多由四个西夏字构成，格式接近《说文解字》的“从某，从某”，不过由于西夏字的笔画过于繁复，一旦需要用两三个字构成一个合体字时，恐怕连下笔的地方也找不到，所以西夏人想了一个相对简易的办法，即在需要把两三个字写到一起的时候只写每个字的一部分，这有些像汉字结构中的“省形”和“省声”。采用省形和省声的好处是减少了西夏字的笔画从而使字变得相对简单易写，缺点则是当人们面对一堆残缺的构字部件时往往很难判断它们究竟是从哪几个字减省来的，以致在学习西夏字时还是要整个字来记忆，而大多不

① 《同音重校序》表明，该书的重校本增收了一些后来新造的字，见下文“文字的应用”。

能据构字部件推演出文字的意义。

西夏字典里的字形解说一度被视为文字创制者的最初想法，也有人据此来分析和归纳西夏字的形体结构[①]，但是深入研究后很快就发现事实并非如此。这里面一个最典型的例子是《文海》对“仙”和“人”两个字的解说：

> [西夏字]，[西夏字][西夏字]𘓐[西夏字]。
>
> [仙，山头人全。]
>
> 𘓐，[西夏字][西夏字][西夏字][西夏字]。
>
> [人，减仙之头。]

字典编者的意思是，西夏的“[西夏字]”（仙）字是用“[西夏字]”（山）字的上部加上“𘓐”（人）字的全部构成的，这意味着“𘓐”（人）字的产生在“[西夏字]”（仙）字之前。而编者同时又说“𘓐”（人）字是去掉“[西夏字]”（仙）字的上部构成的，这又意味着“𘓐”（人）字的产生在“[西夏字]”（仙）字之后。这两条解释各

① 参看史金波《从〈文海〉看西夏文字构造的特点》（史金波、白滨、黄振华 1983）。文中把西夏字的形体结构分为五类：即“单纯字”“会意合成字和音意（当作‘音义’）合成字”“反切上下合成字”“间接音意合成字（当作‘音义’）和长音合成字”以及“左右互换近义字”。这不但没有顾及正统的文字学术语和定义，而且分类原则也颇显混乱。事实上这里说的“单纯字”应该叫“独体字”，“会意合成字”和“左右互换近义字”应该并入“会意字”，“音意合成字”“间接音意合成字”和“长音合成字”应该并入“形声字”，“反切上下合成字”即汉译佛经陀罗尼中使用的“切身字”。

自分开看来都可成立，但是放在一起就难免使人产生疑问——西夏字的创制者当初究竟是先造了“□”（仙）字还是先造了“□”（人）字呢（龚煌城 1984）？事实上我们更应该相信这两个字是在同义汉字的基础上产生的——西夏的“□”（人）字是在汉字“人”的基础上加了几笔造出的，而“□”（仙）字则是套用了汉字由“人”（□）和“山”（□）合成的“仙”字。

很明显，《文海》的字形解说不可能全都反映了西夏人最初造字时的想法，而更像是为便于学习者记忆字形而设计的一种权宜手段。现在中国的幼儿教师在识字教学中经常会使用一些自己临时创造的办法来解释字形，例如把“告”字解释成“一口咬掉牛尾巴”之类，这种方法虽然不是对字形的科学解析，但在教学实践中却被证明是最有效的。

如果说《文海》等字典里的字形解说并不反映西夏文字结构的实质，那么就必须承认，存世的文献里并没有关于西夏文字创制过程和方法的任何记述。鉴于这种情况，学者不得不凭自己的感觉从现有的约 6 000 个西夏字中归纳文字的结构方式，然后在此基础上构拟当时人的造字理据。

早期的西夏研究者几乎是全盘套用了研究汉字的“偏旁部首”模式来分析西夏字，如认为“□”表示气象（雨部）、“□”表示液体（水部）、“□”表示火（火部）等等（罗福苌

1919)。通过对大量西夏字的形体分析，人们进一步知道西夏字共有 45 种组合模式（如“上下结构”、“左中右结构”等），用以组合成西夏字的“文字要素”（构成字形的最小单位）共有 350 种，而这些文字要素都是在几个最简单形体的基础上通过逐步增加笔画的手段“派生”来的（西田 1966：236－246)。

按照一般的规律，人们自然会假定西夏字的创制经历了一个由简到繁的“衍生”过程，也就是在最初一个简单字形的基础上通过某些手段来造出意义相关的新字。例如在西夏字“[illegible]”（小）的基础上增添一笔或数笔就可以造出“[illegible]”（堡 ＝ 小城）、“[illegible]”（锹 ＝ 小农具）、“[illegible]”（雏）、“[illegible]”（细）、“[illegible]”（幼）等字，然后再在“[illegible]”（堡）字上增笔还可以造出“[illegible]”（疮 ＝ 小脓疱）字，在“[illegible]”（锹）字上增笔还可以造出“[illegible]”（小树）字，在“[illegible]”（雏）字上增笔还可以造出“[illegible]”（巫）字，在“[illegible]”（细）字上增笔还可以造出“[illegible]”（老）字，在“[illegible]”（幼）字上增笔还可以造出“[illegible]”（细小）字，等等（龚煌城 1985)。如果依照这样的办法把全部有衍生关系的西夏字“系联”起来，那么将会形成几十个乃至上百个庞大的“字族”，同一个字族里的每一个西夏字都可以通过不同的途径产生形、音、义诸方面的关联。当然必须承认，这样说解字形基本上只反映了研究者本人对字形和字义的理解，而没有真正的来自党项古文献的实证，所以还不好说是全都反映了西夏文字创造者当年的真正想法。

还有一个需要思考的问题是，作为汉人的许慎在编写《说文解字》的时候可以从本民族历史上积累的大量文献中搜集素材，而党项人在编写字典之前肯定没有足够的本民族文献出现。也就是说，党项人编写字典和创制文字这两件事几乎是同步进行的。按照现代的常识，要为某个民族创制文字，必须做的第一步工作就是对这个民族的语言做一次详细的调查，如果打算创制表音文字就需要整理语言的音位系统，打算创制表意文字就需要整理语言的基本词汇，而这就难免使人产生一个疑问——为了确定究竟需要为哪些词专门造字，野利仁荣当年难道是通过某种方式全面整理了党项语言？众所周知，语言的音位数量是有限的，而词的数量是无限的，整理基本词汇的工作量要远远大于整理音位系统，那么由此可以断定，他要想在一年之内凭一己之力完成语言调查工作，再设计出几千个表词的西夏字来，那是绝对做不到的。我们必须另外设想一种解释，即野利仁荣在设计西夏文字的时候一定有一部现成的字典作为模本，那部字典也许是汉文的，也许是契丹文的，总之是表意文字的。从感觉上说，当时在中原流行的《广韵》一系汉文韵书最有可能成为西夏人创制文字的参考[①]，这恰好也是《文海》的模本，然而也必须承认，在找到那个假定的模本之前，我们的这个设想是无法证实的。

（3）文字的应用

西夏文在西夏时代的传播范围遍及河西地区，最远曾经到达吐鲁番（柳洪亮 1985）。西夏王国覆亡之后，随着一批党项遗民的内迁，西夏文字又出现在了杭州及北京周边地区，其中篇幅最大的作品是元代在南京和杭州编刊的“河西字大藏经”[②]，此外还有北京居庸关过街塔保存下来的元代六体石刻（西田 1957）。元明两代抄本和印本则有北京北海白塔所出的金书《妙法莲华经》[③]、北京故宫收藏的西夏文《高王观世音经》（史金波、白滨 1977），以及河北定州佛像中用于装藏的西夏文《十王经》（张九玲 2019）[④]。

在分布地域广阔的漫长应用过程中，西夏文字在字数和用法方面出现了一些小的变化。梁德养在《同音重校序》里说，

---

① 如前所述，有些西夏字的设计明显参考了对应的汉字，例如“𗗙”（仙）为“人”和“山”的结合，“𗥤”（坐）为两个“人”和一个“土”的结合。

② 这些佛经印本都被元朝政府施舍给了河西的寺院，在今天的南京和杭州并没有实物保存下来。

③ 这些佛经共六卷，是伯希和等人找到的，现在分藏在法国和波兰。

④ 原件下落不明，照片见《国立北平图书馆馆刊》1930 年的第 4 卷第 3 号（1932 年出刊）卷首。印本的质量极差，估计使用的是磨损严重的旧雕版。

12世纪下半叶，这个新编的版本除了对旧版本进行校订以外，还增加了新造的字。据李范文（1986：2－3）核对，这些新造的字共有22个。按照常理，一套文字设计出来之后总会被使用者不断改进，为适应新的需要而增加些字是很自然的，可是不知是什么原因，这些字中的绝大部分都不见于存世的文献，可以找到应用实例的只有“□”（过错）、“□”（思念）等为数极少的几个。与此相对的是，另有个别新造的字不见于所有的字典，例如抄书人取“□”dzjɨ^{1}和“□”rjar^{1}两个字的各一部分拼合起来造出了“□”dzrjar^{1}，专门用来音译藏文badzra（<梵文vajra）的后一个音节，甚至可以用“□”ba^{2}、“□”dzjɨ^{1}、“□”rjar^{1}三个字的各一部分拼合起来造出“□”badzrjar^{1}，用来音译藏文badzra这个完整的双音节词（Nie 2018）。这当然只是个别人权宜的手法，不会被所有的文字使用者接受，因为这两个新造字的语音形式不符合党项语的音韵结构。

此前人们没有充分注意到的一个事实是，所谓的“党项语”实际上包括两种不同的藏缅语族语言：一种是最常使用的“番语”，另一种我们称之为“勒尼语”，党项文献里写作“□□”ljwij^{1} dźjɨ^{0}，也可以音译作“洛责”（黄振华1998）。这两种语言的区别是西田龙雄（1986）首先注意到的：他通过比较研究指出，番语词通用于各种类型的文献，有许多都可以在彝语支语言中找到类似的形式，而勒尼语的特有词则大都与彝语支语言无涉，那些字仅在西夏人编的字典里与番语的同义字“互训”，而极少用于西夏人的写作或翻译实践①。至于这两种语言究竟是什么关系，究竟是什么人在使用，这些问题还有待将来深入讨论，但无论如何都可以确定，西夏文被用来记录了国境内两种不同的语言（聂鸿音 2019a），只不过在当时编写的字典里没有明确加以区分而已。采用一套文字来记录两种语言，这肯定是野利仁荣在开始造字时就制定的计划——他专门设计了不同的字来表示两种语言里的同义词，其中一些成对的字之间往往还表现出衍生关系。例如党项人的自称在番语是“[illegible]”mji^2，而在勒尼语是“[illegible]”dźjɨ^0，后者显然是在前者的左面加上“人字旁”（彡）造出的，这在传统上称作文字的“孳乳”。同类的情况还有②：

汉义	番语	勒尼语
乐	[illegible] bie̱j^1	[illegible] khjij^2

① 用这种语言写成的大都是文学作品，目前仅见于《大诗》《月月乐诗》《格言诗》等少数著作中的部分段落或句子，而且往往都与同样内容的番语构成“对仗”形式。

② 西田龙雄（1986：36）拣选出的例子。引用时的标音改据龚煌城系统。

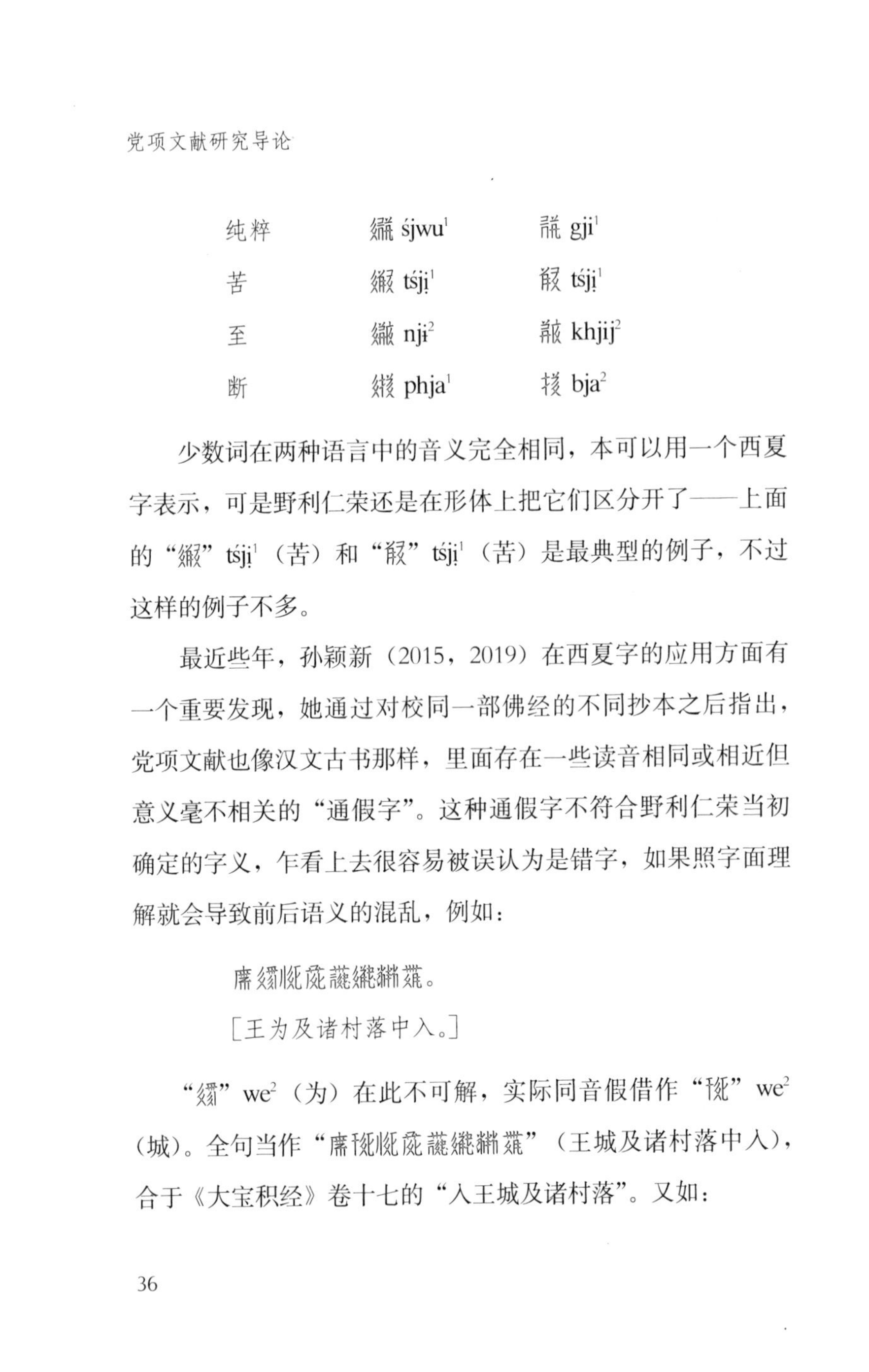

纯粹	□ śjwu^{1}	□ gji^{1}
苦	□ tśjị^{1}	□ tśjị^{1}
至	□ njɨ^{2}	□ khjij^{2}
断	□ phja^{1}	□ bja^{2}

少数词在两种语言中的音义完全相同，本可以用一个西夏字表示，可是野利仁荣还是在形体上把它们区分开了——上面的“□”tśjị^{1}（苦）和“□”tśjị^{1}（苦）是最典型的例子，不过这样的例子不多。

最近些年，孙颖新（2015，2019）在西夏字的应用方面有一个重要发现，她通过对校同一部佛经的不同抄本之后指出，党项文献也像汉文古书那样，里面存在一些读音相同或相近但意义毫不相关的“通假字”。这种通假字不符合野利仁荣当初确定的字义，乍看上去很容易被误认为是错字，如果照字面理解就会导致前后语义的混乱，例如：

□□□□□□□□。

[王为及诸村落中入。]

“□”we^{2}（为）在此不可解，实际同音假借作“□”we^{2}（城）。全句当作“□□□□□□□□”（王城及诸村落中入），合于《大宝积经》卷十七的“入王城及诸村落”。又如：

[illegible]

［彼诸众生大善殊获］

“[illegible]”gjiij^{1}（特殊）在此不可解，实际近音假借作“[illegible]”gjịj^{1}（利益）。全句当作“[illegible]”（彼诸众生大善利获），合于《大宝积经》卷十八的“彼诸众生获大善利”。

特别值得注意的是，党项文献里的假借不像汉文古书里那样仅限于单字，而是还可以用于双音节词。例如：

[illegible]。

［不动言者苦知无。］

“[illegible]”dzji^{1} dạ^{2}（苦知）在此不可解，实际同音假借作“[illegible]”dzji^{1} dạ^{2}（过错，蹶失）。全句当作“[illegible]”（不动言者过错无），则合于《大宝积经》卷三六的“言不动者无蹶失”。又如：

[illegible]。

［归依五星覆盖主。］

“[illegible]”pjụ^{2} bji^{2}（覆盖）在此不可解，实际近音假借作“[illegible]”pjụ^{1} bju^{1}（尊敬）。全句当作“[illegible]”（归依五星尊敬主），则合于《炽盛光如来陀罗尼经》的“归依五星尊敬主”。

西夏假借现象的成因与汉文古书有所不同。按照中原传统，佛经译场中负责书写的"笔受"只是口译者的记录员，也就是说，从他手下产生的作品是实时"听写"来的。由此想来，就像今天的小学生那样，在听写练习中写下一些同音或近音的"白字"肯定在所难免。这些"白字"会给读者理解党项文献造成障碍，不过只要懂得"因声求义"的道理，一切障碍就都可以清除。

第三节　西夏王国的文化输入

不难想象，党项人早期过着居无定所的游牧生活，很难留下书面文献，那时至多会有一些部族历史的记忆和民歌谣谚之类的作品通过口头流传。有些作品也许会经过多年口传而被后人用文字记录下来①，但今人实际上根本无法断定现存的党项文献里究竟有哪些片段是早期作品的遗存。事实上我们更应该相信，党项文献基本上是在外来文化影响下产生和发展的。

党项民族自始至终都不拒绝吸收外来文化，西夏王国与汉、藏、回鹘、契丹等民族的领地接壤，更是为外来文化的输

① 例如有一部 12 世纪下半叶编成的党项格言集，克恰诺夫猜测其中必有早年的作品遗存（Кычанов 1974），但实际上这些猜测都没有绝对把握。

入提供了便利的条件。在这些民族的文化当中，回鹘文化在西夏的势力似乎是最弱的，正史中相关的记载只有一条，见《辽史》卷二二《道宗纪》，说的是西夏把“佛家三宝”作为礼物送给了契丹人：

> 咸雍三年（1067）冬十一月壬辰，夏国遣使进回鹘僧、金佛、梵觉经[①]。

除此之外，我们并不知道回鹘僧人在西夏的具体活动[②]，保留至今的西夏文佛经题款也没有表明其中哪一部是由回鹘僧人翻译的。实际上，在汉文史料和党项文献中看得到的外民族文化影响只来自汉、吐蕃和契丹[③]。

（1）中原文化

进入宋代以后，作为藩镇的党项地方政权开始与中央政府

---

① 这里的“觉”意译梵文 Buddha，“梵觉经”的意思是“梵文的佛经”，不是一部具体经书的题目。

② 当代的著作时常引用清代吴广成《西夏书事》里的一段话来证明回鹘僧人曾在西夏翻译佛经，见该书卷一八：“于兴庆府东一十五里役民夫建高台寺及诸浮图，俱高数十丈，贮中国所赐《大藏经》，广延回鹘僧居之，演绎经文，易为蕃字。”事实上这段话纯属吴广成杜撰，并没有可靠的史书依据。

③ 另据西夏法典记载，12 世纪中叶有“大食”（阿拉伯）使者入境。与此相应的是，20 世纪在黑水城遗址也出土了少量用阿拉伯文和叙利亚文写的字纸，尤其是城外还存有一座小型的清真礼拜堂，但是我们不知道黑水城的这些穆斯林是西夏时期的移民还是成吉思汗西征时带回的。不过无论如何，目前还没有证据表明伊斯兰文化对西夏产生过任何影响。

有了书面往来。中原史书中记载的最早资料是西夏在1005年写给宋真宗的一篇“誓表”，上表人是开国君主元昊的父亲德明，原文见《元宪集》卷二七《赐西平王赵元昊诏》转引，里面有这样几句话：

> 臣立誓之后，若负恩背义，百神怒诛，上天震伐，使其殃祸仍及子孙。

党项人在那一时期还没有自己本民族的文字，零星留下的一些作品都是用汉文写成的外交文书。值得注意的是，这些文书的行文偶尔会采用中原文学手法，例如据《续资治通鉴长编》卷八八载，德明在1016年给北宋写了一篇“乞宋敦谕边臣遵诏约表”。其中出现了“天庭遐远，徼塞阻修”，“肃静往来之奸寇，止绝南北之逋逃”之类带有“骈俪”味道的句子。这暗示着中原汉文化是党项文献产生的最初土壤，事实上在后来党项皇室用西夏文撰写施经发愿文的时候，中原的骈俪始终是他们的首选文体。

在西夏建国之前，中原汉文化就从政治、经济等诸方面对河西地区施加了强大的压力，甚至迫使党项人的一部分传统文化因素逐步退出了历史舞台。西夏建国期间，党项人除了仿照北宋组建国家机器以外，还屡次修订了自己的法典，彻底结束了党项人“无法令”的原始状态。这些新制定的法律明显袭用了中原模式——其中有许多条款直接借自唐宋法令，而《天盛律令》里的“八议”一门竟是照《唐律疏议》全文翻译来的（史金波、聂鸿音、白滨 1994：39－41）。尽管目前还没有足够的史料来逐一佐证那些条款在西夏的具体实施情况，但毕竟表明中原典章制度是西夏统治集团始终不渝的政治理想。

政治理想不一定决定西夏政府的主观文化取向，只不过由于境内原本就有大量的汉人居住，这使得西夏不知不觉地接受中原文化变得顺理成章。叶梦得在《避暑录话》卷下里转述一个西夏投诚官员的话，说那里“凡有井水饮处，即能歌柳词”[①]，就是这种局面的形象写照，当然难免有些夸张。

西夏在国内建有“番学”和“汉学”，同时推广两种语言的教育。其中“番学”教授党项语文，为初学者撰写的“小学”著作都是参照汉文的“韵书”或者“字书”编成的，例如：他们仿照中原的《广韵》编写了《文海》，仿照中原的《千字文》编写了《置掌碎金》，仿照中原的《杂

① “柳”指北宋词人柳永（987—1053），其最著名的词作是《雨霖铃》。

字》编写了《三才杂字》，等等，只不过我们不知道这些书是否真正被当作官方教材使用过。不过由此毕竟可以领悟到，负责编写这些字典或者童蒙读本的党项大臣一定对中原同类著作的体例有一定的理解，甚至可能在某种程度上通晓汉语言文字学。

作为更高层次的读本，西夏政府组织翻译过中原的几部儒家经典，保存下来的有《孝经》《论语》和《孟子》，几乎可以肯定那是科举应试的范本。然而意外的是，西夏人在翻译这三部著作时选用的底本除了唐玄宗注《孝经》和赵岐的《孟子章句》以外，还包括吕惠卿的《孝经传》、陈祥道的《论语全解》和陈禾的《孟子传》[①]。后三种书属于在11世纪昙花一现的北宋“新经学派”作品，西夏人采用它们作为教材，使人感觉那是在故意标新立异，目的是强调本国教育与中原的区别。不过无论如何，吕惠卿和陈禾书的汉文原本已经亡佚，其大致内容毕竟凭借西夏译本得以保存到了今天。

事实上，多数党项知识分子的汉语文水平都不高，这表现在他们对汉文词句和典故的理解时而产生偏差[②]。在西夏人仿

① 陈禾《孟子传》见《宋史·艺文志》著录，原书已佚。西夏译本的题目是考证所得，并没有直接的文献证据（聂鸿音1997a）。

② 例如，他们对《诗经》文句理解的明显失误几乎过半（聂鸿音2003a）。

照汉文化风格的撰述中，编写得最好的是 12 世纪末番大学院教授曹道乐集译的《德行集》。这部小书尽管是摘译中原书籍中有关“修身治国平天下”的文句拼凑而成，但译文准确生动，误解很少（聂鸿音 2001a）。由此我们明白，西夏君臣之所以给中原儒学以一定的重视，其根本目的是从中学习治理国家的经验。当然，如何治理国家是政府的事情，与百姓的生活并无多大关系，所以除了准备应考的举子之外，西夏百姓似乎普遍对儒学不感兴趣。现存儒家著作的西夏译本基本都由官府刊刻，而不像佛教著作那样有众多的民间刻本和抄本，应该就是这个缘故。

如果说中原儒学是西夏治国的制度准则，那么中原传入的佛教就可以说是西夏“护国”的精神依托。今天能见到的西夏版佛经大都收藏于寺院，其中有一类最值得注意，即西夏王室在寺院做法事时散施的经本。散施的经本有西夏文的也有汉文的，后面往往附有长篇的发愿文。发愿人在文章结尾的祈愿部分会表达他的诉求，从中我们可以知道发愿人信奉佛教的目的。例如夏仁宗皇帝在乾祐十五年（1183）写下了一篇《圣大乘三归依经发愿文》，在结尾说道：

> [illegible]，[illegible]。[illegible]，[illegible]；[illegible]，[illegible]。[illegible]，[illegible]

[illegible]。[illegible]，[illegible]；[illegible]，[illegible]。

[伏愿皇基永固，宝运弥昌。艺祖神宗，冀齐登于觉道；崇考皇妣，祈早往于净方。中宫永保于寿龄，圣嗣长增于福履。然后满朝臣庶，共沐慈光；四海存亡，俱蒙善利。][1]

不难理解，西夏统治者之所以信奉佛教，乃是因为他们认为佛陀可以保佑他们“皇基永固”。应该正是在这个基础上，汉传佛教对西夏国家意识形态的各个方面都产生了长期而深远的影响（Dunnell 1996）[2]。与此相辅相成的是，西夏文臣编译的中原著作几乎都是各种小故事的汇集，例如《类林》《新集慈孝传》等，其主题不外乎传统的忠孝节义之类。很明显，他们希望以中原式的礼义人伦来教化民众，以此来求得社会的和谐与安宁。这类倡议当然也会得到皇室口头上的支持，只不过西夏的君主并没有作出国民的表率——末期的几朝皇帝间上演的亲戚相争乃至谋杀的闹剧，也足够令人齿冷了。

① 汉文本见《俄藏黑水城文献》3，页 51－53。

② 这部书对佛教在西夏国家政治方面的影响力似乎略有夸大（聂鸿音 1997b）。

不过就民众的日常生活而言，佛教仅仅是一种虚幻的信仰，忠孝节义也仅仅是空灵的说教，中原文化为他们带来的最实际的好处是医药。

就目前的认识，西夏使用的药材大部分来自中原[①]。西夏有国家的药材仓库，在法典里还规定了药库的管理制度（聂鸿音 2009a）。20 世纪出土的文献里有几件中原医书的西夏译本，还有不少用做行医参考的药方。用来组方的都是见诸中原传统经典的药材，所有的药名都是由抄写者依照汉语读音临时译成西夏字的，并没有表现出统一的音译用字规范。这种现象说明西夏并没有官修的西夏文医书，郎中们读的是汉文医学著作，头脑中记忆的也是汉语的药名，书写药方时则用西夏字随手译来，不必去考虑什么“标准译名”之类的问题。由这个结论再推一步——西夏人全盘接受了中原的医药，可是中原的医学并没有引发西夏本土医学的产生。

（2）吐蕃文化

尽管党项人认为自己在族源上接近藏族，但是吐蕃文化在西夏的势力却远不及中原汉文化，这主要表现在藏传佛教的理

① 西夏郎中利用的少量药材为当地出产，不一定全靠中原输入。《元史》卷一四六《耶律楚材传》：“丙戌冬，从下灵武，诸将争取子女金帛，楚材独收遗书及大黄药材。既而士卒病疫，得大黄辄愈。”这里说的大黄大约是指河西走廊一带的所谓“唐古特大黄”（Rheum tanguticum maxim）。

论体系没有能力对西夏的国家机制和意识形态施加直接的影响。

过去人们一般认为藏传佛教在 12 世纪中叶以后才传入西夏（史金波 1988：54），但语文学证据却表明党项人的佛教知识最初来源于吐蕃而非中原，例如“如来”这个词在西夏文作“[illegible]”，字面意思是“实来”，大致相当于藏语 De bzhin gshegs pa，不同于梵语的 Tathāgata 和汉语的“如来”；又如三藏之一的“经”在西夏文作“[illegible]”，字面意思是“契经”，大致相当于藏语 mdo sde，不同于梵语的 sūtra 和汉语单音节的“经”（聂鸿音 2005a）。“如来”和“经”都属于佛教里最基本的词，自然也一定是西夏人最早接触到的佛教术语。值得注意的是，这两个词并不是来自汉语，而是来自藏语，而且整个西夏时代的佛经都在使用这两个词，即使后来在翻译汉文佛经时也没有仿照汉语造出新词来取代它们。另外，黑水城出土过西夏梁太后和崇宗皇帝在 1094 年发愿散施的《大乘无量寿经》，这个西夏文本是据藏文本译出的（孙颖新 2012a），足以证明在西夏早期就已经有零星的藏传佛教经典传入。

关于藏族僧人在西夏的活动，迄今所知最早的记载是在 1045 年，当时元昊曾“遣僧吉外吉法正谢赐藏经”（《续资治通鉴长编》卷一五六）。从名字上看，“吉外吉”似乎是藏族喇嘛[①]。从现有的资料估计，从那以后进入西夏境内的吐蕃人应该不是太少，而且当和尚是这些新移民谋职的首选，因此最终迫使西夏王朝借鉴了前代的“试经”制度，希望以严格的文化考试来稍微限制一下蕃僧的人数。西夏法典《天盛律令》卷十一规定，党项和吐蕃“童行”（未取得度牒的出家青少年）若想成为国家承认的和尚，必须能“无障碍”地念诵以下十一种佛经（史金波、聂鸿音、白滨 1994：280）：

> 《仁王护国》、《文殊真实名》、《普贤行愿品》、《三十五佛》、《圣佛母》、《守护国吉祥颂》、《观世音普门品》、《竭陀般若》、《佛顶尊胜总持》、《无垢净光》、《金刚般若与颂全》。[②]

党项人和吐蕃人共同念诵的佛经肯定是西夏文的。20世纪初在黑水城遗址出土过十几片西夏文佛经残纸，在手抄的西夏字旁边都被人用藏文注上了读音，可能就是当时吐蕃人用党项

① 我们还不能准确地把“吉外吉”还原成藏文。谢继胜（2001）曾估计是藏文 chos rje（法王）的译音，这是不能接受的，因为每个音节的语音形式都明显与古汉语不合。

② 关于这些佛经的具体解释，参看本书第五章第五节。

语诵经的初学读本（戴忠沛 2009，2010）。

来自西藏的僧人有少数可以进入西夏政府任职，其中最著名的是从西藏来到西夏的尼泊尔僧人嘭也阿难捺（Jayānanda），他是西夏的“国师”（Kuijp 1993）和“功德司正”，职务是管理境内的僧人。同时代地位最高的吐蕃僧人是被称作“帝师”的波罗显胜（[illegible]）和慧称（[illegible]），不过，他们的工作似乎只是跟同事一起遵照皇帝的旨意翻译几部佛经，主持几次皇家的法会，并未见参与任何政治活动①。尤其值得注意的是，皇家祈愿法会上散施的佛经几乎都是“汉传佛教”一系的作品，藏传的经本相对少见，这说明藏传佛教在西夏统治者心目中仅仅是一种信仰的符号，而不大具有他们所期望的“护国”功能；政府里的吐蕃僧官也仅仅是为皇室服务的“祭司”，而不像是掌握政务实权的宗教管理人员②。

目前不知道这些喇嘛除了众多的佛教文献之外还为西夏带来了哪些吐蕃文化因素。存世的夏译藏传佛教作品大都是民间

① 西夏的帝师与元代帝师之间存在本质的区别，即西夏帝师并不像元代的八思巴帝师那样，在主持宗教事务的同时还肩负管理西藏地区的重任（聂鸿音 2005b）。

② 例如据《天盛律令》规定，童行转为正式僧人的最终审批权在“中书”而不在“功德司”（史金波、聂鸿音、白滨 1994：278），功德司只是手续过程中的陪衬。

抄本，尤以禅定修行和供养仪轨之类的作品居多，这是因为当时强调修行实践的藏传佛教比正统的佛教哲学更加贴近常人的生活。对于普通百姓来说，真正理解佛陀的教义是一件很难的事情，远不如每天抽出一定的时间从事程式化的修行简便。信徒在修行时要独处一室，不与他人交往，这也使得西夏的藏传佛教至多能建立个人的行为规范，却很难影响群体的社会意识。

西夏时代留下了大约 60 篇汉文或西夏文的施经发愿文，这些文章的祈愿目标明显分为两类——出自王公贵胄之手的发愿文一定是希望君善臣良、国泰民安，而出自平民之手的发愿文则主要祈求父母转生和家庭幸福。这两个目标在整个西夏社会中并不构成对立，每一方都在很自然地包容对方，这可以用来解释汉传佛教和藏传佛教在西夏并行不悖的状况。当然，藏传佛教在西夏的地位从来也没有超越过汉传佛教，那是由政府的态度取向决定的——除去少数几篇正统的经文之外，藏传的供养修行法多以个人为中心，并没有表现出皇家所强烈期望的“护国”功能。

（3）契丹文化

西夏前期与辽朝后期在时代上重合，也就是说，西夏国力逐渐增强的时候契丹已经开始走向衰落，这决定了契丹文化不会对西夏产生很大的影响。

早年的党项政权为求生存而周旋于北宋和契丹之间，三方时战时和。公元1031年，契丹派兴平公主与元昊和亲，次年又封元昊为夏国王（《辽史》卷一一五《夏国传》），似乎是为两个民族间的文化交流创造了条件。一些模糊的记载表明，西夏境内应该有契丹人居住，西夏文《新集置掌碎金》里有这样两句[1]：

[illegible]，[illegible]。

［弭药勇健行，契丹步履缓。］

这里面的“[illegible]”tśhjɨ^{1} tã^{1}不是普通的译音字[2]，而是特地为这个部族设计的专有名词，可见契丹作为一个部族在西夏受到了重视。尽管我们不知道“步履缓”的实际所指，但可以相信那无疑是契丹人在党项人心目中最显著的特征。

契丹人包括两个大的家族，即皇族耶律氏和后族萧氏。从姓氏看，出身契丹的西夏大臣可能只有野利仁荣[3]。若果真如此，则可以解释他在创制文字时为什么不仿照简易的藏文却仿

---

① 《俄藏黑水城文献》10，页110。

② 如果是“契丹”的直接音译，则第一个音节的声母应该是kh而不该是tśh。

③ 戴维理亚（Devéria 1898）认为“野利”等于契丹的皇族姓氏“耶律”，这是可以接受的。

照了繁难的汉字——因为契丹字就是仿汉字制成的。

就目前所见的迹象而言，辽朝对西夏的文化影响只表现在佛教。在黑水城出土文献里有辽代名僧道㲀著作的汉文本[①]，西夏译文则有辽鲜演大师原著的《华严经谈玄决择记》（孙伯君 2013e），以及一部首尾残佚的东土佛教著作刻本，版口题书名简称“𗼃”（镜）。据索罗宁（Solonin 2012a）估计，那应该是在道㲀《镜心录》基础上编译的西夏文著作，其主题思想与道㲀的作品《显密圆通成佛心要集》一致。辽朝上人道㲀作《镜心录》一事见于元代万松老人《评唱天童觉和尚颂古从容庵录》卷一的“南泉斩猫”（《大正藏》T48，p0232c），原书没有保存到今天，否则我们就可以取来与西夏文的《镜》作一番对照研究。

辽代的佛教远比西夏发达，那时的僧人不但在北京房山云居寺刊刻了大量佛经，而且还撰写了几十种佛教理论著作[②]，这与西夏只有译著而鲜有撰述的情况形成了鲜明的对比。辽僧的思想从中原晚唐以后的“华严禅”继承发展而来，其特点是强调“圆通”，即把佛教的不同派别融合起来，

---

① 《俄藏黑水城文献》5，页 358－359。

② 不知什么缘故，我们至今没能在党项文献中发现有辽朝僧人进入西夏传教。

实际上是更加倾向于中土的密教。这种观念与西夏晚期的民间佛教相通，但毕竟没有在西夏成为文化的主流，换句话说，其对西夏国家形态方面的影响是不能跟中原文化相提并论的。

第四节　元明政府对河西文化的态度

在成吉思汗死后不久的1227年，蒙古大军最终攻占了西夏全境，宣告了西夏王国的覆亡。其中有几次战役打得相当惨烈，传说蒙古人还在西夏某些地方实施了屠城[①]。不过蒙元的统治一旦确立，新政权对党项人乃至整个河西地区的态度就大有改变——他们必须调动一切手段来安抚当地的居民。蒙元政府根据被征服的时间先后把境内民族分为四等，即蒙古人、色目人、汉人和南人。投诚的党项人属于“色目人”一系，受到了较好的政治待遇，而且由于他们的文化水平明显高于其他色目人甚至蒙古人，所以在不长的时

① 元陈桱《通鉴续编》卷二一：“太祖皇帝尽克夏城邑。其民穿凿土石以避锋镝，免者百无一二，白骨蔽野。”

间内就成了蒙元政治文化活动中一支重要的力量[①]。在元朝百年的历史当中，党项后裔在中央和地方的许多部门担任了重要职务，其足迹也遍及全国各地，最远到过云南和广东[②]。

元朝政府用中原制度安置和统治党项人，同时也用佛教来笼络和团结党项人[③]，很像后代史学界所称的“以儒治国，以佛治心”。这一政策在历史上取得的成功有目共睹，不过，当某些佛事与国家利益发生冲突时，中央政府也会采取一些相应的措施，对党项人的不法行为加以抑制。

西夏灭亡后，一批僧侣从贺兰山南下杭州。在江南释教总统杨琏真加等党项裔佛教上层的护持下，重新振兴了历来被斥为邪教的“白云宗”。他们以白云宗的名义校理前代的佛教文献，编刊了汉文的《普宁藏》和西夏文的《河西藏》（陈高华 2006）。这一活动得到过朝廷的赞许，元仁宗在皇庆元年

① 据《元史》卷一三四《朵儿赤传》记载，世祖忽必烈“以西夏子弟多俊逸，欲试用之”，这个想法后来真的付诸实施了（白滨 1989：48－51）。

② 例如党项后裔李爱鲁于至元二十四年（1287）二月“改云南诸路行尚书省右丞，随从镇南王深入交趾”（朱建路、刘佳 2012）。《广东通志》卷二一五《金石略十七》载元至正十一年《颁降御香题名》：“翰林修撰朝请大夫西夏唐兀氏安僧云。”

③ 西夏文类书《圣立义海》里有“[illegible]，[illegible]”（上合佛法，下与民庶）的说法（《俄藏黑水城文献》10，页 251），可以证明这恰好也是西夏人治国的基本理念之一。

(1312) 下过一道圣旨：

> 沙剌巴译来的《药师仪轨》、《药师供养法》，更白云和尚《初学记》恁行，与省部文书交江浙省白云宗开板印了呵，都交大藏经里入去者么道。[①]

白云宗在民间募集资金刊刻“大藏经”，这本来不是一件坏事，但有关人员的集资手段却颇失检点。他们大造声势，组织结社，肆意盘剥百姓，甚至挖坟掘墓，严重扰乱了杭州一带的社会秩序，影响极其恶劣，因此屡遭朝臣弹劾。元朝皇帝对此似乎也找不到有效的解决办法，只有屡次下令裁撤那里的“白云宗摄所”和“白云宗都僧录司”[②]。不过考虑到白云宗刊印的“河西字大藏经”毕竟还有笼络河西人心的作用，所以仍然对他们的具体工作表示了一定程度的认可。例如中国国家图书馆藏宁夏灵武所出西夏文《悲华经》卷首有如下四方牌记[③]：

---

① 清觉《正行集》，《中华大藏经》第71册，页41。

②《元史》卷二一《成宗纪四》：“［大德七年（1303）七月］罢江南白云宗摄所，其田令依例输租。”又：“［大德十年（1306）春正月］戊午，罢江南白云宗都僧录司，汰其民归州县，僧归各寺，田悉输租。”卷二三《武宗纪二》：“［至大二年（1309）三月］辛卯，罢杭州白云宗摄所，立湖广头陀禅录司。”

③《中国藏西夏文献》5，页220－222。

[illegible]

[当今皇帝圣寿万岁。奉大元国天下一统现世独尊福智名德集聚（皇帝）诏，印讫全部大藏契经传行]

[illegible]

[当今皇帝圣寿万岁]

[illegible]

[太后皇后寿与天齐]

[illegible]

[皇太子长寿千秋可见。奉诏大德十一年六月二十二日印大藏契经五十部传行]

这个皇帝的尊号不见史籍记载，据西夏字面的硬译自然难免牵强，但年号“大德”（1265—1307）属于元成宗铁穆耳则是确定无疑。这说明元成宗对刊印佛经给予过明确的支持，至少在一段时间内是这样的。

很明显，如果把佛教视为党项文化在元代的核心，那么就可以看出元朝政府对党项文化的态度是矛盾的——他们一方面希望佛教上层人士像党项官员那样忠实地为国家政治服务，一方面又为某些教派组织造成的社会混乱感到无可奈何。这种局面到明代以后有所缓解，明代产生的几件西夏文佛经已经纯粹变成党项的民族符号了。除此之外，明代在河北的保定市和大名县还保存有三件西夏文的石刻[①]，但那纯属民间行为，已经与明代政府没有任何关系了。

① 这三件石刻分别有李杨（2010）的解读和朱建路（2014）的介绍。

第二章
书籍的编译和流传

没有人能够大致回答历史上一共出现过多少种党项书籍[①]。从现存的资料来看，这些用西夏文写成的书籍绝大多数都是中原和吐蕃著作的译本，党项人原创作品所占的比率很低，这说明党项人更多的是在单纯地接受外来文化，除了学习和应用本民族文字之外，并没有在思想和知识层面表现出人们期望中的创造力。

第一节 资料来源

党项人翻译著作所据的底本主要来自北宋，此外还有吐蕃

① 仅俄罗斯科学院东方文献研究所收藏的西夏文献而言，其出土编号已经接近九千，但这不能作为估计西夏文献种类的依据，因为其中有不少内容重复的印本和抄本，另外也会有一些书籍没有作为出土文物保留下来。

和契丹。据《续资治通鉴长编》记载，党项人在西夏建国前后曾经四次向北宋王朝求购大藏经，其中最早的一次发生在北宋天圣八年（1031）十二月，求购者是后来被称为“夏太宗”的德明，见卷一〇九：

丁未，定难军节度使西平王赵德明遣使来献马七十匹，乞赐佛经一藏，从之。

卷一一五景祐元年（1034）十二月又载：

赵元昊献马五十匹，以求佛经一藏，诏特赐之。

卷一七九至和二年（1055）四月，这是西夏建国之后的事情：

庚子，赐夏国大藏经。

卷二四八熙宁六年（1073）十二月：

夏国主秉常进马赎大藏经，诏特赐之而还其马。

除《续资治通鉴长编》之外，《欧阳文忠公集》卷八六还记载了西夏毅宗谅祚求购大藏经的一篇表章。这个请求后来得到了应允，时间在1057年：

伏为新建精蓝，载请赎大藏经帙签牌等。其常例马七十匹，充印造工直，俟来年冬贺嘉佑四年正旦使次附进。

至时乞给赐藏经。

上述有几次购买的时间仅相距两三年，想来似无必要。考虑到文献记载可能出现的歧异，也许党项人求购大藏经的次数实际没有这么多①。

除了佛经之外，西夏也向北宋王朝求购文史著作，见《续资治通鉴长编》卷一九六，时间在嘉佑六年（1061）：

> 己丑，夏国王谅祚上表求太宗御制诗草隶书石本，欲建书阁宝藏之。且进马五十疋，求九经、唐史、《册府元龟》及本朝正至朝贺仪。诏赐九经，还其马。

现有的资料表明，西夏向北宋求购书籍的目的仅仅是要作为宫廷或者皇家寺院的收藏，并没有计划把那些书籍系统地译成西夏文提供大众阅览。事实上，西夏时代没有翻译过整套的“九经”（李吉和、聂鸿音 2002）、正史和佛藏，他们翻译所据的原始资料大都在不同时期、通过不同的民间途径传入，因而表现出的文献总体面貌与中原和吐蕃完全不同，可以说是西夏

① 史金波（1988：61）把党项人向北宋王朝求购大藏经计为六次，其中第五次是基于晚清《西夏纪事本末》的记载，那实际上是《西夏纪事本末》的编者在《欧阳文忠公集》所录同一件事的改编，并没有宋代史料的依据，所以不足为凭。另据上述《续资治通鉴长编》卷一五六记载，元昊曾在1045年“遣僧吉外吉法正谢赐藏经”，这个时间与前后两次各相距十年，不知道是否也应算作一次赎经。

人见到什么就译什么，几乎没有选择，最终使党项文献呈现出了多民族文化拼合的特征。必须强调，这种“拼合”并不是“融合”，因为党项古籍中反映的民族文化因素相对独立，党项人并没有以兼收并蓄的态度创立本民族特有的思想体系。

党项文献为后代保存了一些较有价值的研究资料。唐代以后，以法藏（643—712）、澄观（737—838）、宗密（780—841）为代表的一批东土佛教大师撰写了许多阐发“华严宗”理论的名著，这些著作在中国佛教发展史上占有重要地位，只不过因为它们不是直接出自佛陀和印度大德之口，所以没有被收入早期的“大藏经”。党项人显然没有被这种传统意识所左右，他们毫不犹豫地把这些“华严禅”的著作译成了西夏文[①]，其中惠忠《语录》（Solonin 2012b）、本嵩《注华严法界观门通玄记》（聂鸿音 2011a）、佚名《洪州宗师教仪》（Solonin 2003）的汉文原本久已亡佚，其内容全靠西夏译本保存到了今天。

西夏译自藏文的著作虽然有“五部经”之类的名篇[②]，但也有许多不见于后世编集的《甘珠尔》和《丹珠尔》，只是来自西夏境内藏族喇嘛的口头传授，有些甚至可能是喇嘛自创的

① 关于“华严禅”在西夏的流传情况，参看 Solonin（2008）。

② 这五部经是《守护大千国土经》、《大孔雀明王经》、《大寒林经》、《大明王随求皆得经》和《大密咒受持经》（聂鸿音 2013），最初究竟是什么人把它们合称“五部经”的，还不清楚。

修行法。这些作品以“大手印”一派文献为代表，特点是重视实践胜过重视理论，且大都篇幅短小，传承有据，所以颇受当时的密宗修行者欢迎。其中一部分内容被后人译成了汉文，编成了《大乘要道密集》四卷，一度成为21世纪初西夏学界和藏学界的研究热点之一（陈庆英2000）。

如果文献的卷首保存完整，那么根据题目的格式就不难判断经文究竟是译自汉文本还是译自藏文本——来自汉文本的经题只有西夏文的意译，而来自藏文本的经题则要依照藏传佛经的传统格式，先写出梵文的音译，然后再写出西夏文的意译，并分别标明“梵语”和“番语”。例如日本天理图书馆收藏的西夏文《圣摩利天母总持》就是从藏文本译来的[①]，其卷首的经题写作：

> [illegible]
>
> [梵语：Ārya mārīci nāma dhāraṇi]
>
> [illegible]
>
> [番语：圣摩利天母总持]

西夏文佛教文献的数量巨大，绝大多数在后代的汉文或藏

① 相应的藏文原本是 ’phags ma ’od zer can zhes bya ba’i gzungs（西田1966：296－297）。

文大藏经里都可以找到西夏人据以翻译的原本，但也有一部分甚至还没有得到初步的鉴定。相比之下，非佛教文献的数量较小，相关的研究自然就比较深入。我们不知道当时究竟有多少中原的非佛教书籍进入了西夏境内，也不知道那些书籍是通过什么途径进入西夏的，现在可以确定的是，见于中原官方书目著录的下列作品曾经成为党项人译著或撰述的资料来源[①]：《尚书》《礼记》《孝经玄宗注》《孟子章句》《史记》《资治通鉴》《贞观政要》《唐律疏议》《大戴礼记》《孔子家语》《荀子》《老子》《庄子》《孙子》《六韬》《三略》《明堂灸经》、吕惠卿《孝经传》（原书佚）、陈祥道《论语全解》、陈禾《孟子传》（原书佚）、孙昱《十二国史》（原书佚）、司马光《家范》、扬雄《法言》、桓谭《新论》、诸葛亮《将苑》、于立政《类林》（原书佚）。

不见于官方著录的民间著作仅存敦煌抄本的有：《新集文词九经抄》、《太公家教》。

必须指出的是，上述古书近半数都仅见西夏儒臣曹道乐著作的征引[②]。曹道乐在12世纪末担任“番大学院教授”，

① 这里用以确定资料来源的标准有二：第一，有西夏译本存世，即使是残卷甚至残叶也可以证明当时有那种书；第二，在西夏人编译的著作里有明确的征引，即使是只言片语也可以证明编者至少浏览过那种书。

② 曹道乐在《德行集》里还征引过苏轼的作品（孙伯君 2002）。

应该是西夏最博学的官员之一，他的文化水平并不能代表西夏知识分子的普遍状况。附带说，在民间知识分子的作品中，比较值得注意的是20世纪末在贺兰山拜寺沟方塔废墟出土的一部佚名的汉文诗集残本。诗集的作者懂得近体格律，也会熟练地套用唐代诗风，其中多用典故，甚至还直接化用了中原名家的成句。例如集中有“环堵萧然不蔽风，衡门反闭长蒿蓬”一联，首句化自陶渊明《五柳先生传》的“环堵萧然不蔽风日”，次句化自杜甫《秋雨叹》的“反锁衡门守环堵，老夫不出长蓬蒿”，再有“误认梨花树树开”一句，显然化自岑参《白雪歌》的“千树万树梨花开”。当然就总体而言，诗的意境谈不上高妙，失韵的地方也偶有所见，例如：

> 披肝露胆尽勤诚，辅翼吾君道德□。□□□□忘隐□，□□陈善显真情。剖心不顾当时宠，决目宁□□□□。□□□□□□□，未尝阿与（谀）苟荣身。

这首诗以“诚”、“情”（下平八庚）和“身”（上平十一真）押韵，是典型的西北方言特征，在科举所用的“官韵”中是绝对不允许的。如果当初作者以这样的韵脚去应考，当然必遭黜落（聂鸿音 2002b）。

第二节 著作形式

有些西夏书籍保存着一则或几则题款。题款大多位于卷首的书题左方，也有少量位于卷尾，从中可以知道书的著作形式。

最终形成的西夏作品，其基本著作形式有七种，分别是："译""校""译传""定""造""撰""集译"。

"译"（[illegible]），指把汉语、藏语等外民族语言转换成党项语，这种著作形式在党项古籍里出现得最多。例如《观弥勒菩萨上生兜率天经》款题（孙伯君 2013c）：

[illegible]

[天生全能番禄圣祐正国皇太后梁氏御译]

"校"（[illegible]），指对已有的西夏文译本做的修订[①]，有些修订本对原本的文字改动很大。例如夏仁宗校本《佛说阿弥陀经》款题（孙伯君 2011c）：

① 需要注意的是，有许多抄本在卷尾写有"[illegible]"（校）字，但那只是抄写完毕后的例行校对，目的是保证复抄本与原本一字不差，并不是对译文本身的校订。

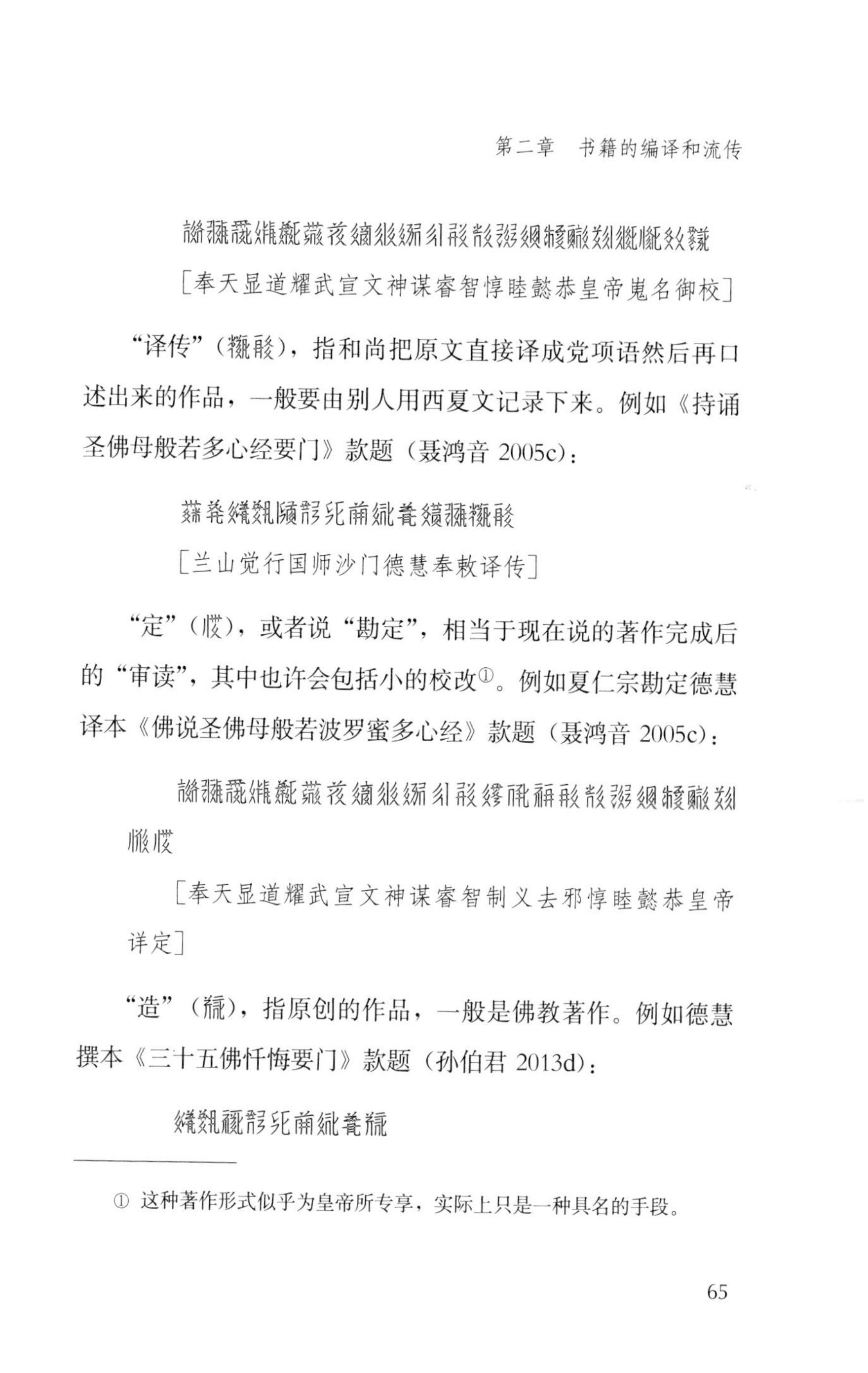

[illegible]

［奉天显道耀武宣文神谋睿智惇睦懿恭皇帝嵬名御校］

“译传”（[illegible]），指和尚把原文直接译成党项语然后再口述出来的作品，一般要由别人用西夏文记录下来。例如《持诵圣佛母般若多心经要门》款题（聂鸿音 2005c）：

[illegible]

［兰山觉行国师沙门德慧奉敕译传］

“定”（[illegible]），或者说“勘定”，相当于现在说的著作完成后的“审读”，其中也许会包括小的校改①。例如夏仁宗勘定德慧译本《佛说圣佛母般若波罗蜜多心经》款题（聂鸿音 2005c）：

[illegible]

［奉天显道耀武宣文神谋睿智制义去邪惇睦懿恭皇帝详定］

“造”（[illegible]），指原创的作品，一般是佛教著作。例如德慧撰本《三十五佛忏悔要门》款题（孙伯君 2013d）：

[illegible]

① 这种著作形式似乎为皇帝所专享，实际上只是一种具名的手段。

［党行法师沙门德慧造］

“撰”（[illegible]），指后人原创的非佛典注疏类作品。例如宝源撰本《贤智集》款题（聂鸿音 2003b）：

［大度民寺诠教国师沙门宝源撰］

“集译”（[illegible]），指搜集外民族的资料重新编辑后再转换成党项语的作品。例如曹道乐集译本《新集慈孝传》款题（Jacques 2007：10）：

［中兴府承旨番大学院教授臣曹道乐新集译］

“译”和“校”都必须在之前已有作品的基础上进行。作为西夏文翻译基础的已有作品，可以是初创的，也可以是从另一种语言翻译来的。其基本著作形式有四种，按成书步骤依次为“造”“传”“集”“译”①。

“造”（[illegible]），指外民族语的原创作品。例如《禅源诸诠集都序》款题（Solonin 2008a）：

① 这里列举的只是在款题里出现的著作形式。在题目里出现的另有“[illegible]”（疏）、“[illegible]”（钞）、“记”（解）、“[illegible]”（注）、“[illegible]”（诠）等（孙伯君 2014）。

[illegible]

［圭峰山沙门宗密造］

“造”字在西夏文也可以译成“[illegible]”（作），例如《阿毗达磨顺正理论》款题（俄藏 инв. № 717）：

[illegible]

［尊者众贤所作］

“传”（[illegible]），即“口传”，指和尚凭记忆背诵出的梵、藏等外民族语言的作品，一般会由别人记录并翻译成西夏文。例如《净土求生法要门》款题（孙伯君 2012a）：

[illegible]

［寂照国师传］

“集”（[illegible]），指从已有的作品里选取相关论述，再按照某个主题新编的作品。例如《经律异相》款题（杨志高 2014）：

[illegible]、[illegible]

［沙门僧旻、宝唱等所集］

“集”字在西夏文也可以说成“[illegible]”（道次），一般用于藏传佛教作品，例如《六法自体要论》款题（俄藏 инв. № 4858）：

[illegible]

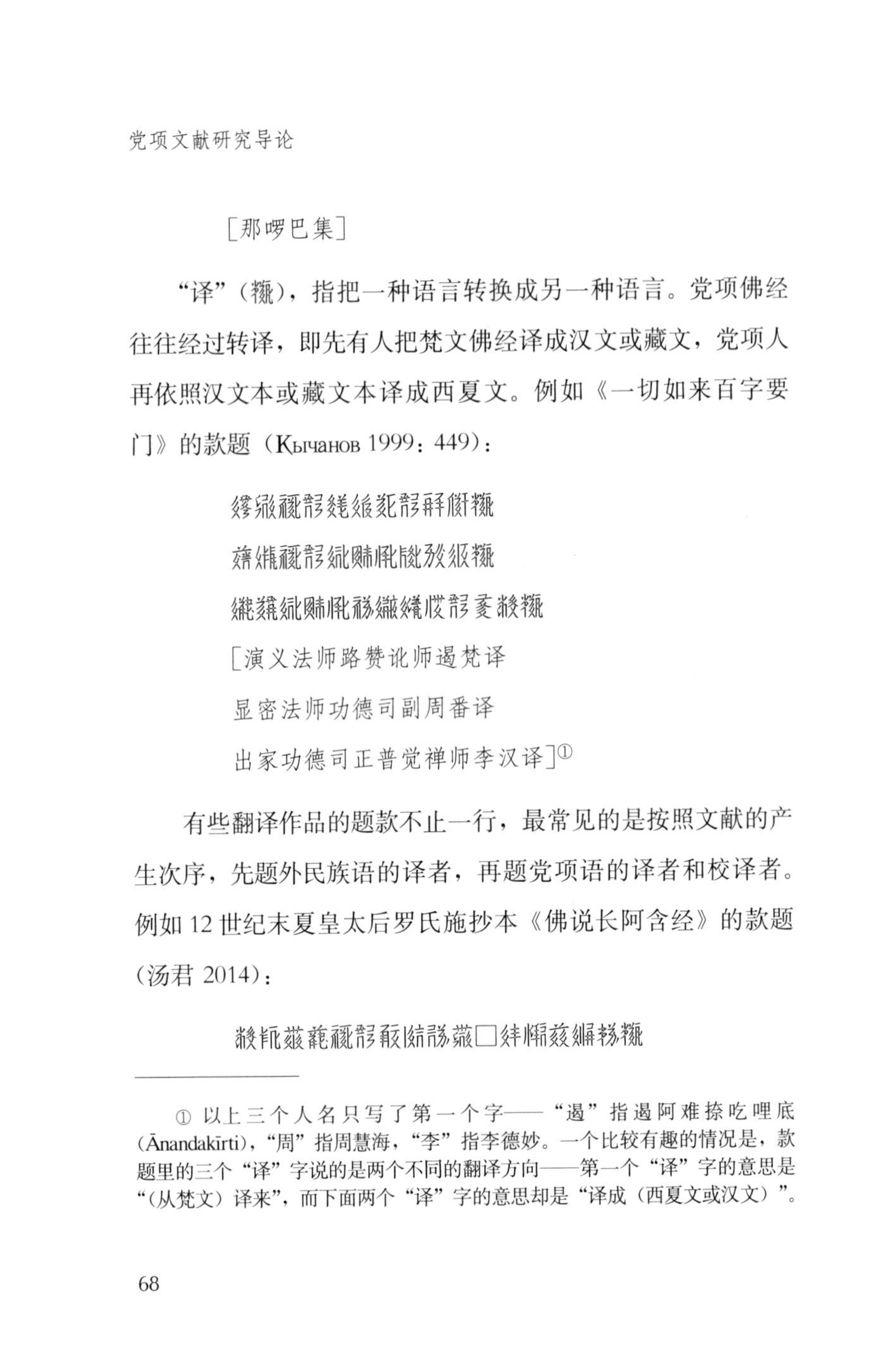

[那啰巴集]

"译"（[illegible]），指把一种语言转换成另一种语言。党项佛经往往经过转译，即先有人把梵文佛经译成汉文或藏文，党项人再依照汉文本或藏文本译成西夏文。例如《一切如来百字要门》的款题（Кычанов 1999：449）：

[illegible]

[illegible]

[illegible]

[演义法师路赞讹师遏梵译

显密法师功德司副周番译

出家功德司正普觉禅师李汉译][1]

有些翻译作品的题款不止一行，最常见的是按照文献的产生次序，先题外民族语的译者，再题党项语的译者和校译者。例如12世纪末夏皇太后罗氏施抄本《佛说长阿含经》的款题（汤君 2014）：

[illegible]

---

[1] 以上三个人名只写了第一个字——"遏"指遏阿难捺吃哩底（Ānandakīrti），"周"指周慧海，"李"指李德妙。一个比较有趣的情况是，款题里的三个"译"字说的是两个不同的翻译方向——第一个"译"字的意思是"（从梵文）译来"，而下面两个"译"字的意思却是"译成（西夏文或汉文）"。

[illegible]

[illegible]

[illegible]

[汉本三藏法师佛陀耶舍共（竺）佛念译

智胜禄广恤民集礼德盛皇太后梁氏御译

神功胜禄化德恤民仁净皇帝嵬名御译

奉天显道耀武宣文神谋睿智惇睦懿恭皇帝嵬名御校]

古书的题款是了解文献形成过程最直接的材料，不过党项古籍中保存下来的这类材料不多，有的是随着书籍的破损佚失了，也有的是在书籍产生之初就没写题款。

第三节　作者和译者

党项古籍里以题款形式记录着一些作者和译者的名字，不过那些人并不一定是党项文献真正的作者和译者，其中有些只是其他民族的前代大德，他们的名字是后代的党项译者从译经底本上照原有题款翻译来的。例如史金波（1995）曾经把下面这几个人误会成了为西夏传译佛经做出重大贡献的作者：

作《胜住令顺法事》的西天五明大师须摩底吃□底，

作《番语圣观自在千眼千手之供顺》的西天大师嘚得啰各名，

集《正理滴之句义显用》的行善慧势大师，

作《四十种空幢要论》的西天大师□巴鸠罗，

传《欲乐圆混令顺要论》的大师那居巴。

事实上翻检一下藏文大藏经目录就可以知道，“须摩底吃□［哩］底”是梵文 Sumatikīrti 的音译，“嘚得啰各名”是梵文 Candragomin 的音译，“慧势”是藏文 Ye-shes sde 的意译[①]，“□［地］巴鸠罗”是梵文 Dīpaṃkara（-śrījñāna）的音译[②]，“那居巴”（当译“那啰巴”）是藏文 Naro pa 的音译（聂鸿音 2005b）。这些都是中古时期西藏佛教史上的著名人物，他们的名字出现在西夏文佛经题款里，就像鸠摩罗什和玄奘的名字出现在西夏文佛经题款里一样[③]，不过是前代译经的追记，与西夏没有任何关系。

应该注意的是，西夏翻译的佛经不都是译者的个人行为。皇

① 这个人名在当代的藏学著作里一般音译“益西德”，或者意译“智军”。

② 当译“地波迦啰”，这是阿底峡尊者（Atiśa，982—1054）的原名。梵文 Dīpaṃkara śrījñāna 的意思是“燃灯吉祥智”。

③ 例如西夏文《妙法莲华经》卷首款题可以译作“姚秦三藏法师鸠摩罗什汉译”，《般若波罗蜜多心经》卷首款题可以译作“大唐三藏法师玄奘奉诏译”。

室组织的佛经翻译继承了唐代的传统，译出的佛经大都是在专门开设的“译场”上由多人合作的成果，除了“译主”之外，每个参加者的名字不一定都能反映到题款或者后记里[①]。我们看到现存的西夏文佛教著作大多不署译者，署名的译者一般都是 12 世纪中叶以后的僧官，有的还拥有“帝师”“国师”之类封号，简单地署“沙门”“比丘”的很少。这些人有时会合作译经，其间有明确的执掌。少数参加译经的人有少许生平资料可以查到[②]，但多数人除了称号外再无其他信息。下面略举一些主要人物：

传经者：

贤觉帝师功德司正偏袒都大提点波罗显胜（[illegible]）[③]，

大乘玄密帝师慧称（[illegible]）[④]。

---

① 中国国家图书馆藏元刊本《现在贤劫千佛名经》里保存着一幅“西夏译经图”版画（史金波 1979），可以认为是西夏译场的真实写照。

② 关于部分西夏译经师的详细资料和相关辨析，见邓如萍《西夏佛典中的翻译史料》（Dunnell 2009）。

③“波罗显胜”（西夏字面是“波罗胜显”）这个名字显得有些异样，他应该在夏仁宗时代来自西藏，但学界至今不能把这个名字还原成藏文，也无法在史料里查到他的事迹。

④ 慧称应该是在夏仁宗时代来自西藏的喇嘛，但具体事迹不详。他的名字还原成藏语应该是“喜饶扎巴”（Shes rab grags pa），相应的梵文作 Prajñākīrti。这两个人名也作为译者见于藏文大藏经，但那应该与这位西夏帝师不是同一个人。

自梵文译藏文者：

五明显密国师功德司正嘚也阿难捺（[illegible]）①，

演义法师遏阿难捺吃哩底（[illegible]）②，

知晓三藏宝狮子（[illegible]）③。

自藏文译西夏文者：

显密法师功德司副使周慧海（[illegible]），

兰山智昭国师沙门德慧（[illegible]）④，

---

① 藏文史料保存了嘚也阿难捺（Jayānanda）的简单经历。他本是尼泊尔僧人，去往西藏传法，编写过两部简单的著作。后来在与佛教思想家恰巴却吉僧格（Phya pa chos kyi zeng ge，1109—1169）辩论“中观”时失败，遂远走西夏，成了西夏的国师（Kuijp 1993），并被任命为“功德司正”，即西夏政府最高佛教管理机构的首长。

② “遏阿难捺吃哩底”这个名字相当于梵文的 Ānandakīrti（庆喜称），但他似乎是藏族人，古时采用梵语名字的藏族喇嘛并不少见。

③ 宝狮子的生平不详，这个名字还原成藏语应该是“贡却僧格”（Dkon mchog seng ge）。据藏文史书记载，木雅王曾派人邀请噶玛噶举派创始人都松钦巴（Dus gsum mkhyen pa）去传教，但都松钦巴只派去了他的弟子臧波巴贡却僧格（Gtsang po pa Dkon mchog seng ge）。这位贡却僧格驻锡贺兰山（很可能与他的译者慧照同在五明现生寺），被西夏奉为帝师，号称“臧巴帝师”（Gtsang pa ti shrī），于 1218 年或 1219 年在凉州去世（Sperling 1987）。我们倾向于判定党项文献里的宝狮子和都松钦巴的弟子贡却僧格是同一人，他们传承的都是藏传佛教萨迦派的“道果法”（lam ’bras bu dang bcas pa），不过宝狮子在党项文献里称作“西蕃中国知晓三藏宝狮子师”（инв. № 5192），并没有“帝师”的头衔。

④ 除“智昭国师”外，德慧还曾被称作“觉行国师”。

觉照国师法狮子（[illegible]）①，

功德司正三学院提点李慧明（[illegible]），

知解三藏国师杨智幢（[illegible]），

功德司正国师德源（[illegible]），

知解三藏辨番羌语法师沙门郭法慧（[illegible]），

报恩利民寺副使白菩提福（[illegible]），

番译主比丘慧戒（[illegible]），

五明现生寺院比丘慧照（[illegible]）②，

禅光山沙门慧护（[illegible]）。

自汉文译西夏文者：

诠教法师番汉三学院兼偏袒提点鲜卑宝源（[illegible]）③，

功德司正至觉禅师李德妙（[illegible]），

---

① “法狮子”还原成藏语是“却吉僧格”（Chos kyi seng ge），又称“雅砻斯巴”（[illegible]，藏文 Yar klongs ba），至迟在 12 世纪 80 年代到达西夏（Dunnell 2009）。

② 慧照（Byang chub 'od ?）生平不详。另外不知什么原因，他驻锡的五明现生寺在西夏《亥年新法》卷十五开列的寺院名录里（《俄藏黑水城文献》9，页 198）没有记载。

③ 鲜卑宝源生平不详，大约在夏乾祐十九年（1188）之前几年去世。著有《贤智集》，该书卷首成嵬德进序言说：“已故鲜卑诠教国师者，为师与三世诸佛比肩，与十地菩萨不二。”

座主衣绯沙门迷宁法海（[illegible]）。

除了僧官之外，在西夏文的佛教文献里还可以见到少量其他译者的题款，那些译者大概只是普通的出家人，具体身份大多无法考证，因为在他们的名字前面至多冠以“法师”“沙门”，而没有值得炫耀的职衔和封号，甚至连驻锡的寺院名称都没有。

汉传佛教的译著里出现最多的是夏惠宗、崇宗、仁宗及各朝皇太后的译校题款[①]。其中惠宗秉常（1067—1086 年在位）及其母恭肃章宪皇后梁氏的尊号从字面对译是：

[illegible]

［天生全能禄番圣祐依法慈睦正国皇太后］

[illegible]

［就德主国广智增福民正久安大明皇帝］

崇宗乾顺（1087—1139 年在位）及其母昭简文穆皇太后梁氏的尊号从字面对译是：

[illegible]

［智胜禄广恤民集礼盛德皇太后］

---

① 下面的尊号最初由克恰诺夫（1999：6-7）总结，孙伯君（2013a）有最新的翻译和考证。这些尊号在西夏佛经抄本中经常以省称的形式出现，例如仁宗的尊号甚至可以只写两个字——“[illegible]”（奉天）。

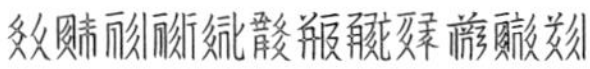

［神功禄胜化德恤民仁净皇帝］①

仁宗仁孝（1139—1193年在位）的尊号是西夏帝后尊号中唯一有汉文文献佐证的，只有这个尊号我们敢保证翻译得绝对准确：

［奉天显道耀武宣文神谋睿智制义去邪惇睦懿恭皇帝］

下面这个尊号一般认为同属于仁宗仁孝（李范文1984：15），但也不是没有可能属于仁孝之前的某个皇帝，也就是惠宗或崇宗②：

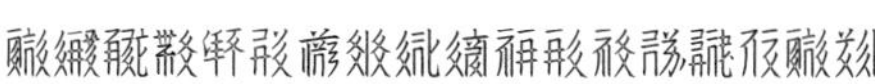

［天力大治智孝广净宣德去邪纳忠永平皇帝］

元代的帝后号目前只见到三个，其中一个属于元世祖忽必

① “仁净皇帝”肯定是崇宗乾顺，证据来自俄罗斯科学院东方文献研究所收藏的一个《大乘无量寿经》刻本（инв. № 697），其卷尾发愿文提到发愿镂版者是“盛德皇太后”和“仁净皇帝”，署崇宗年号“天祐民安甲戌五年”（1094），书字人与“凉州碑”的书字人同为酒智清。

② 少量佛经有初译本和稍晚些时候的校译本同时出土，初译本题“天力大治智孝广净宣德去邪纳忠永平皇帝御译”，校译本题“奉天显道耀武宣文神谋睿智制义去邪惇睦懿恭皇帝御校”。从常理推测，同一个皇帝不大可能在自己译经之后又自己校译，而且还使用不同的尊号，所以有一定的理由推测“永平皇帝”的时代在仁宗之前（聂鸿音2014b，张九玲2017：5）。

烈，见瑞典斯德哥尔摩民族博物馆所藏《佛说月光菩萨经》卷首（Кепинг 2003）。忽必烈的汉文尊号见于《元史·世祖十四》，所以我们敢保证翻译得绝对准确：

[illegible]

［世祖盛德神功文武皇帝］

第二个属于元武宗及仁宗之母弘吉剌氏，见普林斯顿大学藏元刊本《法华经》卷四（荒川 2018：81）。弘吉剌氏的汉文尊号见于《元史·后妃二》，这个也敢保证翻译得绝对准确：

[illegible]

［仪天兴圣慈仁昭懿寿元皇太后］

第三个属于元成宗铁穆耳，见中国国家图书馆藏宁夏灵武所出西夏文《悲华经》卷首牌记①，时代对应“大德”（1297—1307）。不过我们没有找到相应的汉文尊号，只能就字面勉强翻译如下：

[illegible]

［天下一统现世独尊福智名德集聚（皇帝）］

当然，西夏的帝后只是译校佛经的具名者，元代的帝后则

① 《中国藏西夏文献》5，页 220。

只是命令的发布者和出资人。奉敕译校佛经的实际工作人员是那些僧官，只不过他们的名字往往不像译者那样写在卷首的经题后面，一般是在经文结尾的后记或者发愿文里提及。例如天盛十九年（1167）夏仁宗施印本《圣佛母般若波罗蜜多心经》卷尾的“御制后序”提到了德慧[1]：

[illegible]，[illegible]，[illegible]，[illegible]。[illegible]，《[illegible]》[illegible]、[illegible]，[illegible]、[illegible]，[illegible]《[illegible]》[illegible]，[illegible]，[illegible]。[illegible]，[illegible]，《[illegible]》[illegible]《[illegible]》[illegible]，[illegible]，[illegible]、[illegible]、[illegible]。

[朕既睹如是功效，用答转身慈母皇太后生养劬劳之恩德，于周年忌日之辰，遂陈诚愿。寻命兰山觉行国师沙门德慧，重将《圣佛母般若心经》与梵、西番本仔细校雠，译番、汉本，仍与《真空观门施食仪轨》连为一轴，

① 这次施印的佛经有番汉两种文本，汉文本见《俄藏黑水城文献》3，页 76－77；西夏文本为俄罗斯科学院东方文献研究所藏本 инв. № 2829。

开板印造二万卷，散施臣民。仍请觉行国师等烧结灭恶趣道场，于作救拔六道法事之外，并讲演《金刚般若》及《心经》，作莲华会大乘忏悔，放幡、救生、施贫济苦等。]

与西夏佛教、特别是藏传佛教的一批民间译本不同，西夏文非佛教作品的译者大都不在作品上署名，只有西夏本土产生的原创著作才在题款或者序跋当中偶尔提到作者。现有的资料表明，除了著名的童蒙识字课本《番汉合时掌中珠》出自乡塾先生之手外，其他书籍的作者全部是政府工作人员，例如有编写《新集锦合辞》和修订《同音》《同义》的御史承旨番学士梁德养，编写《德行集》和《新集慈孝传》的中兴府承旨番大学院教授曹道乐，编写《新集置掌碎金》的宣徽正息齐文智，编写《同音》的切韵博士王仁持、令吠犬长、罗瑞灵长，以及学士浑吉白、勿明犬乐、兀啰文信[1]。

在编写大型书籍的时候需要众多人员协力。西夏法典《天盛律令》的编写队伍就是由政府各部门的二十多名高官组成，其中以北王兼中书令嵬名地暴为首，其余人员来自中书、枢密、殿前司、经略、秘书监、匦匣司、内宿司、中兴府、大都

① 以上所有的人名都是西夏学界参照西夏字翻译的，基本的翻译原则是“姓”用音译，“名”用意译，汉字和西夏字的对应不敢说绝对准确。

督府和磨勘司[①]。不过从经验上说，这些官员大多只是组织者或讨论的参与者，未见得是实际的执笔人。

必须引起注意的是，依照姓名来猜测作者和译者的民族成分不总是可靠的，因为在那前后时代的文献中我们看到藏族人可以采用党项语名字，党项人可以采用藏语名字或者蒙古语名字[②]。这样想来，西夏境内的汉人用党项语起名也是很可理解的，只不过在没有其他信息参照的情况下我们很难把它们分辨出来。

---

① 史金波、聂鸿音、白滨（1994：16－17）对这些编者及其职衔做过汉译："北王兼中书令嵬名地暴、中书令赐长艳文孝恭敬东南姓官上国柱嵬名忠□、中书智足赐才盛文孝恭敬东南姓官上国柱嵬名地远、枢密东拒赐覆全文孝恭敬东南姓官上国柱嵬名仁谋、中书习能枢密权赐养孝文孝恭敬东南姓官上国柱乃令□文、中书副赐义持文孝恭敬东南姓官民地忍嵬名□□、中书副赐义观文孝恭敬东南姓官上国柱昊嵬、枢密入名赐益盛文孝恭敬东南姓官民地忍嵬名忠信、同中书副赐覆全文孝恭敬东南姓官上国柱范时□、□集议□枢密内宿等承旨殿前司正内宫走马讹劳甘领势、东经略使副枢密承旨三司正汉学士赵□、枢密承旨御史正秘书监汉大学院博士内宫走马杨□、中书承旨閤门告知匦匣司正汉大学院博士内宫走马白坚、中书内宿司等承旨匦匣司正浪讹心□□、御前帐门官内宿承旨御庖厨匦厨匣司等正杨正黄□、御前帐门官殿前司卧讹立、中书内宿司等承旨中兴府副嵬名盛山、御前帐门官枢密承旨汉学士酒京州、殿前司正枢密居京令不心□□、合汉文者奏副中兴府正汉大学院博士杨时中、译汉文者西京尹汉学士讹名□□、译汉文纂定律令者汉学士大都督府通判芭里居地、译汉文者番大学院博士磨勘司承旨学士苏悟力。"一望而知，这样的翻译非常生硬勉强，许多地方令人不知所云——至少"上国柱"为"上柱国"误译自不待言。

② 例如大乘玄密帝师的党项语名字"[illegible]"źjɨr^{1} dźjwow^{1}来自他的藏语本名 Shes rab grags pa（慧称），元代党项移民余阙父亲的名字"沙喇藏卜"来自藏语的 shes rab bzang po（慧贤），元代党项名臣杨朵儿只的名字来自蒙古语的 dorji（金刚 ＜ 藏语 rdo rje）。

第四节　校　　译

西夏的“校译”仅限于对前代所译佛经的修订，校译的佛经大都属于“汉传”系统，具名校译者只有仁宗皇帝一人，凡经仁宗校译的经本在卷首经题左面都有“奉天显道耀武宣文神谋睿智制义去邪惇睦懿恭皇帝嵬名御校”的题款。其后的桓宗（1193—1206 年在位）和神宗（1211—1223 年在位）虽也做过少量校译工作[①]，但不以题款的形式具名，相关信息只保存在经本末尾的发愿文里。例如光定四年（1214）神宗遵顼具名的《金光明最胜王经发愿文》（聂鸿音 2016：149 - 150）：

[illegible]，[illegible]，[illegible]，[illegible]。[illegible]，[illegible]；[illegible]，[illegible]。[illegible]，[illegible]；[illegible]，[illegible]。[illegible]，[illegible]，[illegible]，[illegible]，[illegible]、[illegible]，[illegible]、[illegible]，[illegible]，[illegible]，[illegible]

① 目前所知，西夏时代最晚的校经信息出自光定四年（1214）抄本《金光明最胜王经》（《中国藏西夏文献》15：309）。

[illegible]，[illegible]，[illegible]。

［今朕位居九五，密事纷繁，如临深渊，如履薄冰。焚膏继晷，想柔远能迩之规；废寝忘餐，观国泰民安之事。尽己所能，治道纤毫毕至；顺应于物，佛力遍覆要津。是以见此经玄妙功德，虽发诚信大愿，而旧译经文或悖于圣情，或昧于语义，亦未译经解、注疏，故开译场，延请番汉法师、国师、禅师、译主，再合旧经，新译疏义，与汉本细细校雠，刊印传行，以求万世长存。］

西夏王室组织校译佛经的目的有二：第一，为追思或祈愿法会提供用来刊印和散施的经本；第二，为将来编集西夏文的“大藏经”准备资料。以法会功德为目标的校经是一种没有整体规划的临时行为，所校的佛经大都篇幅短小以便散施。施印本的特点是卷尾都附有“后序”或者“发愿文”，其中除了赞颂佛法之外还会记下本次法会所作的功德以及对佛的诉求。与此相对，以编集“大藏经”为目标的校经则是一个宏大的工程，其中包括校订名气和篇幅都堪称佛典之冠的《大般若波罗蜜多经》。

此前我们只知道仁宗时代曾经有过大规模的校经活动（史金波 1988：79－84），但是不知道校经的具体规则和程序，因为史籍里没有这方面的记载，而且在存世的佛经里也还长期没有发现校译的实例。事实上，西田龙雄（1975）已经指出了存世的西夏文《大方广佛华严经》有惠宗初译本和仁宗校译本的区别。21 世纪以后，又有一批同一佛经的初译本和校译本被成对地揭示了出来①。通过先后两种不同译本的对比，现在人们已经可以比较清楚地描述西夏佛经的校译规则了。

前代人在翻译佛经咒语时往往是按照党项人口中的汉语方言据汉文原本逐字音译，读出来会让人感觉与梵音相差很远，而仁宗校译本则改为直接据梵音翻译。为了模拟梵文特有的长元音和复辅音，校译者首创了一种“大字小字配合使用”的形式。例如梵文音节 tra 在《妙法莲华经》初译本据汉语“陀罗”译作“[illegible]” thow^{1} lo^{1}，而在校译本则改据梵语译作“[illegible]” t-rjar^{1}；梵文音节kṣa在初译本据汉语“叉”译作“[illegible]” tśhia^{1}，而在校译本则改据梵语译作“[illegible]” k-śja^{1}；梵文带长元音的 nā 在初译本译作“[illegible]” nja^{2}，而在校译本则改据梵语译作“[illegible]” nja^{2}引（孙伯君 2013b）。

音译咒语是否有大小字的区分构成了西夏佛经初译本和校译本最显著的区别，因而也是判断西夏佛经翻译年代的重要依据——即使没有译校题记，只要看到有大小字的区分就可以判

① 就目前所知，初译本和校译本同时存世的佛经还有《大宝积经》《佛说阿弥陀经》《仁王护国般若波罗蜜多经》《维摩诘所说经》《妙法莲华经》《佛说圣曜母陀罗尼经》《佛说金轮佛顶大威德炽盛光如来陀罗尼经》等。

断那是12世纪中叶以后的译作。下面是《圣曜母陀罗尼经》里的同一段咒语，从中可以明显看出初译本接近汉文而校译本接近梵文①：

初译本：[illegible]

西夏音：kjɨ^{1} rjɨr^{1} ·jɨr^{2} dźiã^{1} ma^{2} rjɨr^{2} dźiã^{1} ja^{2} sjɨ^{2} war^{1} xa^{0}

汉文本：讫　哩　瑟　拏　嚩　啰　拏　野　娑　嚩　贺

校译本：[illegible]

西夏音：k-rjijr^{2} ś-nja^{2} wa^{1}-r nja^{2} ja^{2} swa^{1} xa^{0}

梵文本：krīṣṇavarṇāye　　svāhā

与此不同的是，对佛经正文的校译很像传统的“校勘”，即在新版本里改正旧版本的讹脱衍倒之类错误。下面几种情况各举一例：

补足脱文——汉本《维摩诘经》“大智本行皆悉成就，诸佛威神之所建立”，初译本原脱，仁宗校译本为之补译“[illegible]”（王培培 2015：9）。

改正讹字——汉本《维摩诘经》“大医王”，初译本原误作

① 法天汉译本原作“讫哩二合瑟拏二合嚩啰拏二合引野 娑嚩二合引贺引”，其中的“二合”“引”之类小字附注西夏初译本均略去未译。

“[illegible]”（大令王），仁宗校译本改作“[illegible]”（大医王）。按初译本“[illegible]”（令）为“[illegible]”（医）字形讹（王培培 2015：9）。

纠正讹音——汉本《维摩诘经》“末伽梨”（Makārī），初译本原作“[illegible]”，“[illegible]” kiẹj^{2}字仁宗校译本改作“[illegible]” khja^2，更接近梵文的 kā（王培培 2015：9）。

调整语序——汉本《仁王经》“恒河沙菩萨现身成佛”，“现身成佛”初译本译作“[illegible]”（现成佛身），仁宗校译本改作“[illegible]”（现身成佛），符合原意（聂鸿音 2010a）。

由于当初的译本是由译主口译，再由别人记录下来的，所以记录员不免会写下一些错字。这些错字与正字的读音相同或相近，例如《仁王经》“达有如幻故”，“幻”初译本原写作“[illegible]” wjɨ^1（巫），仁宗校译本改作正字“[illegible]” wjɨ^1（幻），这种情况相当于训诂学上说的“通假”①。事实上，党项初译本和校译本里有许多异文都表现为同音通假关系，仁宗校译本一般会把初译本里的通假字改为本字，但把本字误改成通假字的情况也偶有所见（孙颖新 2015，2019）。

有一些校译的例子目前还不能圆满解释。例如校译本有时会把初译本的“[illegible]” thja^{1}改成“[illegible]” thja^2，有时又会把初译本

① 关于文字通假的说明详见本书第一章第二节。

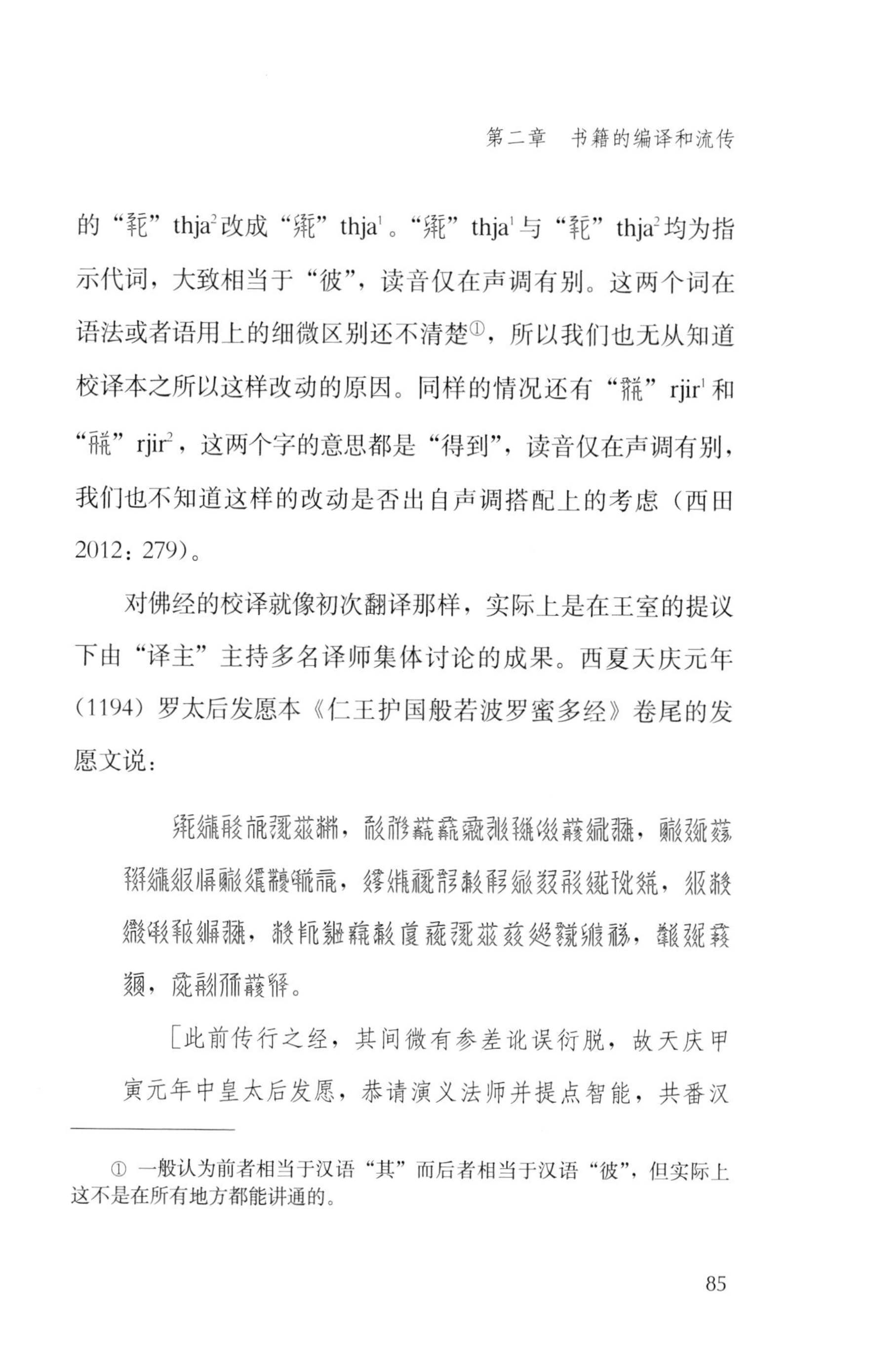

的“[illegible]”thja²改成“[illegible]”thja¹。“[illegible]”thja¹与“[illegible]”thja²均为指示代词，大致相当于“彼”，读音仅在声调有别。这两个词在语法或者语用上的细微区别还不清楚①，所以我们也无从知道校译本之所以这样改动的原因。同样的情况还有“[illegible]”rjir¹和“[illegible]”rjir²，这两个字的意思都是“得到”，读音仅在声调有别，我们也不知道这样的改动是否出自声调搭配上的考虑（西田2012：279）。

对佛经的校译就像初次翻译那样，实际上是在王室的提议下由“译主”主持多名译师集体讨论的成果。西夏天庆元年（1194）罗太后发愿本《仁王护国般若波罗蜜多经》卷尾的发愿文说：

> [illegible]，[illegible]，[illegible]，[illegible]，[illegible]，[illegible]，[illegible]，[illegible]。

> ［此前传行之经，其间微有参差讹误衍脱，故天庆甲寅元年中皇太后发愿，恭请演义法师并提点智能，共番汉

① 一般认为前者相当于汉语“其”而后者相当于汉语“彼”，但实际上这不是在所有地方都能讲通的。

学人等，与汉本注疏并南北经重行校正，镂版散施诸人。]

不过，经这样反复校对而成的经本未见得就是无可挑剔的精品，例如汉本《维摩诘经》有“文殊师利白佛言”一句，初译本译作“[illegible]”而校译本改作“[illegible]”。西夏“[illegible]”的意思是“谓”（= 白）而“[illegible]”的意思是“问”，与汉文对比，可以知道这属于“原文不误，校而反误”。

元代编刊“河西字大藏经”的时候可能也对西夏时期的个别佛经译文做过校订，例如普林斯顿大学所藏西夏文《妙法莲华经》卷四有这样一则款题（荒川慎太郎 2018：81）：

[illegible]

[奉当今皇帝诏重校正]

这里的“当今皇帝”指的是元成宗铁穆耳。当然，由于存世的相关资料极少，我们无从得知元代校勘佛经的详情。如果估计元成宗的诏令只是“雕刊”，而“校正”则是印经组织者自己的偶然决定，似也并非全无道理。

第五节　大藏经的编刊

如前所述，西夏建国前后曾几次与北宋王朝联系，要求用马匹交换整部的“大藏经”，随即就开始了成规模的西夏文佛经翻译工作（王静如 1932a）[①]。事实上我们并不知道这两个事件之间有没有因果关联，不过现在已经可以肯定西夏时代没有编刊过汉文的“大藏经”[②]，至于是否编集过西夏文的“大藏经”也还是个不能确证的问题。目前我们掌握的西夏时代大规模译经的史料，实际上主要来自后世刊刻的书籍，例如元皇庆元年（1312）刻本《过去庄严劫千佛名经》的发愿文里有这样一段话[③]：

[illegible]

［汉地熙宁年间[④]，夏国风帝兴法明道图新。戊寅年间

① 需要再次提醒的是，西夏取得这些佛经（最可能是《开宝藏》）大概只用作了皇家寺院的收藏，与随后的译经并不见得有什么必然的联系，否则西夏的译经就不会表现为如此无序的行为。

② 李际宁（2000）正确地指出，从前人们指认的“西夏汉文大藏经”零册实际上都是“普宁藏”之类的元刊本。

③ 以下以史金波（1981）的译文为基础，有改动。

④ 原文记载疑误，西夏“[illegible]”二字对音当是“熙宁”，但从下文的“天祐民安元年”向前推算 53 年，则应该是“景祐年间”（孙伯君 2011b）。

令国师白法信，其后承道年又令臣智光等先后三十二人为首，译为番语。民安元年，五十三载期间，先后做成大小三乘半满教及不见著录者三百六十二帙，八百十二部，三千五百七十九卷。]

根据元人回溯，西夏的译经工作始于“风帝”（景宗元昊）时期，到了 53 年后的天祐民安元年（1090），已经译出了经律论（大小三乘半满教）共 812 部、3 579 卷。这个数字与那以前中原所印“开宝藏”的 1076 部、5048 卷相比显然不足。我们不知道《过去庄严劫千佛名经》发愿文里这段话是否有真正的史料作为依据，但与西夏时代的零星记载对照之后可以肯定，西夏人在 11 世纪虽然译出了大量的佛经，但是还没有整编西夏文“大藏经”的具体措施。惠宗时代撰写的《妙法莲华经序》里说（西田 2005：6）：

[illegible]

[风角城皇帝以本国语言，建立番礼，创制文字，翻译契经，武功特出，德行殊胜，治理民庶，无可比拟。前朝译经众多，此《莲华经》未在译中。]

毫无疑问，早期翻译的佛经中竟然没有包括著名的《妙法莲华经》，这只能说明元昊时代虽然开设了译场，但是并没有打算严格依据整部“开宝藏”把其中的经文依次译成西夏文。西安市文物局藏夏光定四年（1214）神宗遵顼《金光明最胜王经发愿文》里说：

[illegible][1]。

［旧译经文或悖于圣情，或昧于语义，亦未译经解、注疏，故开译场，延请番汉法师、国师、禅师、译主，再合旧经，新译疏义，与汉本细细校雠，刊印传行，以求万世长存。］

显然，如果在西夏晚期还需要重新开设译场，补译所有的经解和注疏，也就是补译整个的“论藏”，那么西夏时代此前译出的佛经必然不能构成完整的“三藏”。

需要解释的是，12 世纪末西夏君臣的功德记录屡次提及人们在礼佛仪式中开读或抄写了各种文字的“大藏经”，例如贺

① 《中国藏西夏文献》15，页 309。

宗寿的西夏文《拔济苦难陀罗尼经发愿文》说到“念诵番、汉、西番三藏契经各一遍”（聂鸿音 2010b），罗太后在西夏文《施大藏经牌记》里说到“新增写番大藏经一整藏”（罗福成 1930a，聂历山、石滨纯太郎 1930a），这是因为西夏人的“大藏经”定义不同于唐朝的“一切经”——至少我们知道真正意义上的西番大藏经（《甘珠尔》和《丹珠尔》）在那时还没有形成。西夏人说的“大藏经”应该只是那以前所译众多释典的泛称，并非依照统一体例编成并依照统一规格刊印的佛教作品总集。贺宗寿的实际意思仅仅是“宣读了三种文字的许多佛经”，而罗太后的实际意思也不过是说她命人抄写了某个皇家寺院收藏的全部零散佛经而已。毫无疑问，假如那时已经有了西夏文大藏经的雕版，那么罗太后发愿时一定是让人利用现成的雕版刷印一部而非抄写一部。

瑞典斯德哥尔摩的民族博物馆收藏有元刊西夏文《大白高国新译三藏圣教序》（[illegible]）残本，原为夏桓宗皇帝御制（Кепинг 1995，2003：61），

> [illegible]，[illegible]；[illegible]，□□□[illegible]。[illegible]，[illegible]；［[illegible]］□□□，[illegible]。[illegible]，[illegible]，[illegible]，[illegible]［[illegible]］□□□。□[illegible]，[illegible]；[illegible]，[illegible]［[illegible]］

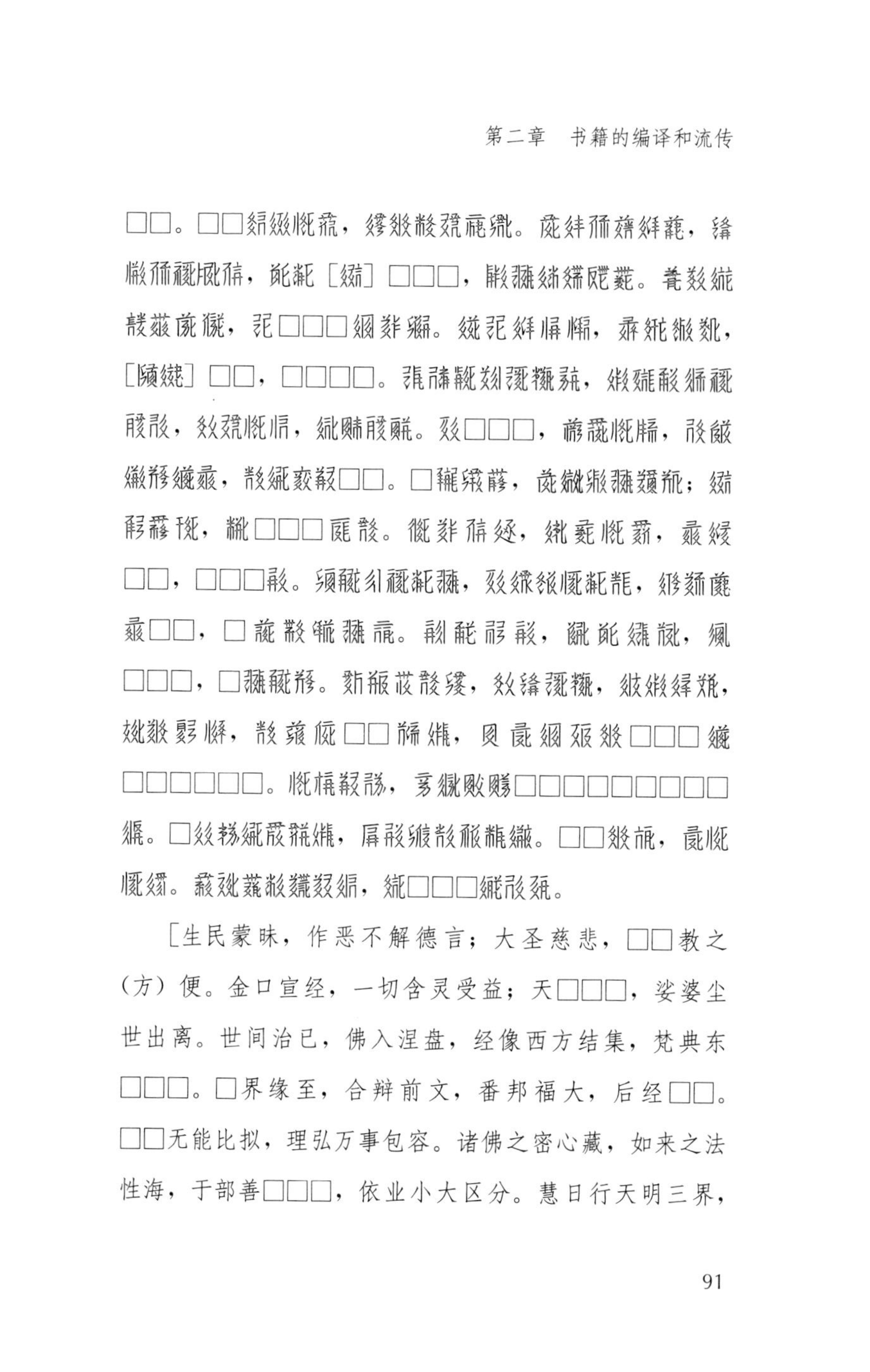

[illegible]

［生民蒙昧，作恶不解德言；大圣慈悲，□□教之（方）便。金口宣经，一切含灵受益；天□□□，娑婆尘世出离。世间治已，佛入涅盘，经像西方结集，梵典东□□□。□界缘至，合辩前文，番邦福大，后经□□。□□无能比拟，理弘万事包容。诸佛之密心藏，如来之法性海，于部善□□□，依业小大区分。慧日行天明三界，

慈航□□度四生。朕内念慈心，外观悲虑，□□国安，□□□□。曩者风帝发起译经，后白子经本不丰，未成御事，功德不备。人□□□，不修净道，爱欲常为十恶，三解脱门□□。□源流水，世俗取用所需；善语如金，众生□□教导。居生死海，不欲出离，□爱欲□，□觉□□。治国因乎圣法，制人依于戒律，□□六波罗蜜，因发弘深大愿。同人异语，共地殊风，字□□□，依□为治。故教养民庶，御译真经，后附讲疏，缀连珍宝。三乘五□□□柱显，八万四千广□□□者□□□□□□□。不二门入，夜月光辉□□□□□□□□□□益。□果一开显得见，愚智和睦到彼岸。广传□□，为万世法。江河不可以斗量，地□岂能以□计?]

其中说到当初“子白子经本不丰，未成御事，功德不备”，于是桓宗皇帝自己“御译真经，后附讲疏，缀连珍宝”。看来在12世纪和13世纪之交的西夏王室已经有了编集“大藏经”的念头，不过这个理想恐怕直到西夏覆亡时也未能实现[①]。

中原统一编集的汉文“大藏经”有一个特点，即在每十卷

---

① 有了《大白高国新译三藏圣教序》并不能证明西夏的“大藏经”结集工作已经完成。著名的唐太宗御制《大唐三藏圣教序》只是为褒奖玄奘的取经译经成就而作，与某部“大藏经”的结集并无关涉，应该是同样的道理。

经书的题目下面都标有一个《千字文》顺序的“帙号”。现存的一些西夏文佛经抄本还保存着帙号（Кычанов 1999：690－691），但这些帙号并不是从汉文的《千字文》翻译来的，而是来自一部未知的同类作品。例如《大般若波罗蜜多经》前450卷的帙号是下面这45个字：

[illegible]，[illegible]。[illegible]，[illegible]。[illegible]，[illegible]。[illegible]，[illegible]。[illegible]，[illegible]。[illegible]，[illegible]……

[高天不散，空广最胜。幽地神首，圣宫聚集。霄地本源，鸟产卵蛋。有灵已就，些许未全。日月星无，暗昧斑见。四大和合，云……][1]

《大宝积经》120卷的帙号是下面这12个字：

[illegible]，[illegible]，[illegible]。

[忍敏水石，神本时起，动仁去言。]

《大般涅槃经》40卷的帙号是下面这12个字：

[illegible]。

① Yulia Mylnikova 和彭向前（2013）认为这是一篇西夏人原创的卵生神话故事。

[晴日晨眠。]

除此以外，零星的帙号也还有一些。对照汉文的“天地玄黄，宇宙洪荒”来看，这些文字显然像是一篇西夏的“千字文”。由此不难想到，假如西夏时代真的编辑了整套的“大藏经”，那么从上述西夏文帙号猜想，《大般若波罗蜜多经》就有可能位于前面。然而我们却知道，最有可能位于西夏“大藏经”之首的是瑞典收藏的元刊本《月光菩萨经》，这部佛经直接编在《大白高国新译三藏圣教序》的后面，但用作帙号的西夏字却不是“[illegible]”（天）而是“[illegible]”（初），以下《大方等无想经》的帙号是译音字“[illegible]”mej^1（西田 1976：8－10）。西夏时代的佛经里另外还存在几十个零散的帙号用字，收集起来非常困难，而即便全部收集起来，我们似也无法判断其次序以串读成文。尤其值得注意的是，八十卷的西夏文《大方广佛华严经》有两个不同的本子，竟分别使用了两组不同的帙号（Кычанов 1999：690）：

第一套：[illegible]

[华日生显根本江山]①

① 令人费解的是，这八个字记录的并不是人们通常说的党项语，而是西夏境内另一个党项部族使用的“勒尼语”。

第二套：[illegible]

[大方广佛华严契经]

这些现象引导我们相信西夏文的佛经帙号是每种经自成起讫的，与整套“大藏经”无关。显然，如果要说西夏时代编印过整套的西夏文“大藏经”，我们还需要更多的证据。根据目前的资料我们宁可相信早期学者的结论，即真正意义上的西夏文大藏经结集和刊印是在元代大德年间才首次完成的（聂历山、石滨纯太郎 1930a）。

西夏王国覆亡以后，一批河西的僧人不知出自什么因缘南下江浙，成了当地“白云宗”的骨干力量。据《过去庄严劫千佛名经》的发愿文说，从至元七年（1270）开始，一行国师慧觉就着手整修西夏旧藏，并新译了一些原来所缺的经典（史金波 1981）。后来经元世祖忽必烈允许，于至元三十年（1293）在杭州大万寿寺开版刻经，到成宗大德六年（1302）告成。当时奉敕印施十藏，武宗皇帝时再印五十藏，仁宗皇帝时又重印了五十藏，至皇庆元年（1312）全部印毕（松泽 1977），当然这里面也许不包括私人发愿印制的数目。

开版刻经意味着在那以前已经完成了大藏经的结集。关于白云宗在杭州刊行《河西字大藏经》的情况及卷数，松江府僧录管主八（Bka' 'gyur pa）在大德十年（1306）的一篇汉文发愿文里写道（王国维 1959：1051）：

> 钦睹圣旨，于江南浙西道杭州路大万寿寺雕刊河西字大藏经板三千六百二十余卷、华严诸经忏板，至大德六年（1302）完备。管主八钦此胜缘，印造三十余藏，及华严大经、梁皇宝忏、华严道场忏仪各百余部，焰口施食仪轨千有余部，施于宁夏、永昌等路寺院，永远流通。

这里面记录的卷数多于《过去庄严劫千佛名经》发愿文里说的 3 579 卷，大概是元人补入了四十余卷新译的作品。然而可惜的是，元代印刷的那百余部“河西字大藏经”没有一部完整保留到了今天。只是在现存几种零本的卷尾可以见到一方同样内容的牌记，上面写道：“僧录广福大师管主八施大藏经于沙州文殊舍利塔寺，永远流通供养”，说明那是元刊“河西藏”的孑遗[1]。

第六节　典藏与流通

敦煌藏经洞所出的文献里有一些藏经目录，例如敦煌研究院藏卷第 345 号《三界寺见一切入藏经目录》，里面整理和

① 关于“河西藏”在当今的残存情况，参看段玉泉（2009）。

登记了特定寺院收藏的经卷种类，目的是为将来寻访所缺的佛经提供参照。不知什么缘故，这类目录在浩如烟海的党项文献里竟全然不见，以致人们对西夏书籍的典藏情况几乎一无所知。

作为西夏最高学府的“番汉大学院”里必有国家藏书[①]。在蒙古军队攻陷西夏的灵武（今属银川市）之后，大臣耶律楚材可能还收集到了一些[②]，但是这些书籍后来音讯全无。20 世纪以来出土的党项文献几乎全部来自佛教的寺院和石窟，其中数量和种类最丰富的是内蒙古额济纳旗黑水城外一座佛塔内的藏品。这批藏书在当初肯定属于某个寺院，但其性质还不十分明确[③]。就目前的认识，其中除了真正的寺院典藏以外，还有户籍、账簿、信件之类的官私文书，以及用于信徒发愿的同一种佛经的大量抄本，其中一些东西实际上是废弃物，寺院准备

① 据《续资治通鉴长编》卷一九六载，夏毅宗谅祚在嘉佑六年（1061）曾经上表“求太宗御制诗草隶书石本，欲建书阁宝藏之”。如果那书阁确实在不久后建成了，则可以认为是西夏存在国家藏书的一个有力证据。

②《元史》卷一四六《耶律楚材传》：“丙戌冬，从下灵武，诸将争取子女金帛，楚材独收遗书及大黄药材。”

③ 孟列夫（Меньшиков 1984：75）曾经提出过一个假设，认为放进黑水城那座塔内的是夏桓宗母亲罗太后的私人收藏，而罗太后可能在襄宗篡位后被迫到黑水城出家为尼。他的依据是罗太后在 13 世纪以后不知所终，而塔内保存的一具人骨经鉴定为女性。

当作裱纸，用来为新抄写的佛经制作护封的[①]。由于没有一份藏经目录同时出土，所以人们无法逐一判定哪些书属于真正的寺院典藏而哪些书属于准备再加利用的废品。

可以确定为寺院典藏的是一些经过修复的经本。黑水城出土的一些书籍有明显的修复痕迹，以蝴蝶装经书最为突出。传统的蝴蝶装经过长时间翻阅后极易脱胶，造成书叶散落，于是负责书籍保管的人便进行了二次装订，这时他们不再采用浆糊粘合，而是在书本右端打孔，用线或纸捻连接。这样做的缺点是会把原来的版口订在里面，不但叶码不能显示，而且往往会影响到最靠近版口的那两行正文。如果是卷子装或者经折装书籍，他们有时也用废纸条加浆糊修补断裂的地方。据克恰诺夫（Кычанов 1999）记录，西夏时期有大量经本都用背面裱纸的办法修复过，例如集中修复的大部头佛经有惠宗初译本《大般涅槃经》、《大方广佛华严经》，以及仁宗译本《大孔雀明王经》等。这些情况证明那个寺庙在西夏晚期甚至蒙元初期曾经系统修整过自己的藏书。寺院的这种传统一直保留到了明代，在中国国家图书馆原出宁夏灵武的党项文献特藏中，有一部分元刊

① 今人在整理俄藏黑水城文献的时候拆开了一些书籍的护封，看到里面层层粘贴的裱纸大都是西夏文的佛经，另有少量社会文书，由此知道许多佛经的抄本都是后来作为废纸处理的，并不属寺院典藏的范围。

本佛经后来也经过统一修复，那次修复使用的是明代的废纸（林世田 2005）。不过可以想定，西夏文的佛经在那时只能作为文物收藏，不会还有什么人能够阅读了。

寺院的藏书有些来自各阶层信众的施舍，一次入藏的数量可以极多，例如黑水城出土的《宝雨经》卷十和《长阿含经》两件抄本上都钤有皇太后罗氏的朱印施经牌记[1]，其中说的“供养”我们理解为寺院的“典藏”：

[illegible]

［大白高国清信弟子皇太后罗氏新增写番大藏经一整藏，舍于天下庆报伽蓝寺经藏中，当为永远诵读供养。］

如上节所述，元代河西地区接受的杭州大万寿寺刻本“河西字大藏经”在百部以上，显然足以构成百余所寺院佛经典藏的基础。在这个基础上，各寺院间也许会交流抄录彼此缺少的经本，但现存的资料里没有提供这方面的信息。

佛经在西夏流通的主要方式是官私法会的散施。从 12 世

[1] 《俄藏黑水城文献》1，彩版五三。

纪中叶以后的佛经发愿文里可以总结出下列情况[①]：

天盛元年（1149）仁宗印施夏汉文《圣观自在大悲心总持并胜相顶尊总持》一万五千卷

天盛四年（1152）梁吉祥屈印施西夏文《佛说父母恩重经》一千卷

天盛八年（1156）太后曹氏印施西夏文《佛说阿弥陀经》三千卷

天盛十九年（1167）仁宗印施西夏文《圣佛母般若波罗蜜多心经》两万卷

天盛年间仁宗印施西夏文《圣观自在大悲心总持并胜相顶尊总持依经录》一千卷

乾祐十五年（1184）仁宗印施夏汉文《圣大乘三归依经》五万一千余卷

乾祐二十年（1189）仁宗印施夏汉文《观弥勒菩萨上生兜率天经》十万卷

乾祐二十四年（1193）贺宗寿印施夏汉文《拔济苦难陀罗尼经》两千余卷

---

① 以下资料主要总结自聂鸿音（2007a），另以近年发表的部分论文补充。

天庆元年（1194）太后罗氏印施西夏文《仁王护国般若波罗蜜多经》一万部

应天四年（1209）佚名印施夏汉文《金刚般若经》、《普贤行愿经》、《阿弥陀经》五万卷

西夏晚期忠茂印施西夏文《佛说父母恩重经》一千卷

西夏晚期折慕善花印施西夏文《尊者圣妙吉祥智慧觉增上总持》一千卷

西夏晚期佚名印施西夏文《一切如来百字要门》三百卷

一些社会需求量较大的书会由书铺或私人刻印后出卖。著名的《番汉合时掌中珠》是书铺印本的例子，私人刊印的有 12 世纪下半叶的郭善真刊本《圣观自在大悲心总持并胜相顶尊总持》，这本书的卷尾有一篇《复刻跋》（史金波、翁善珍 1996），全文如下：

> [illegible]
>
> [此《大悲心总持》者，威灵叵测，圣力无穷。所爱所欲，随心满足，一如所愿，悉皆成就。因有如此之功，先后

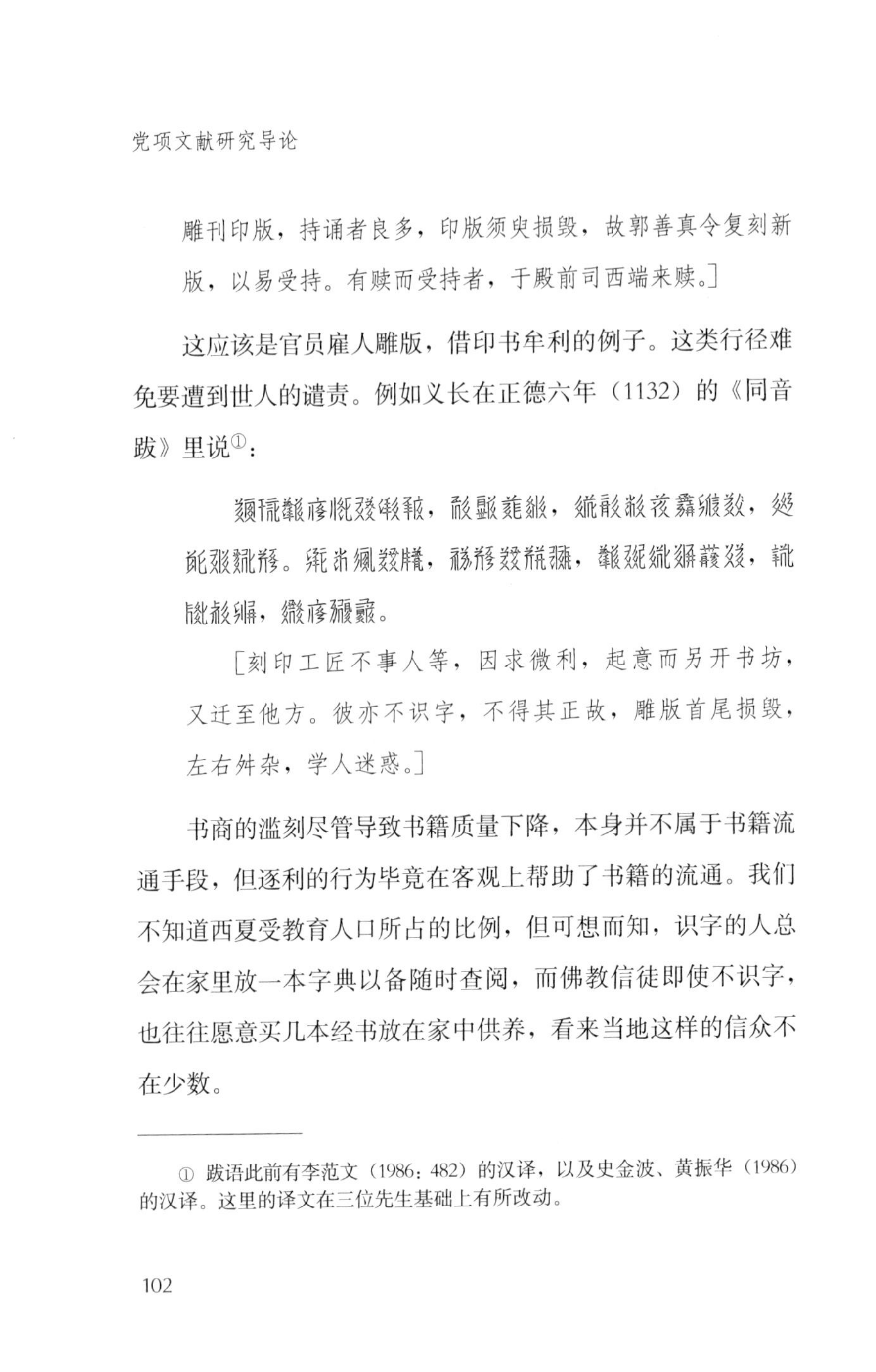

雕刊印版，持诵者良多，印版须臾损毁，故郭善真令复刻新版，以易受持。有赎而受持者，于殿前司西端来赎。]

这应该是官员雇人雕版，借印书牟利的例子。这类行径难免要遭到世人的谴责。例如义长在正德六年（1132）的《同音跋》里说[1]：

> [illegible]，[illegible]，[illegible]，[illegible]。[illegible]，[illegible]，[illegible]，[illegible]，[illegible]。
>
> [刻印工匠不事人等，因求微利，起意而另开书坊，又迁至他方。彼亦不识字，不得其正故，雕版首尾损毁，左右舛杂，学人迷惑。]

书商的滥刻尽管导致书籍质量下降，本身并不属于书籍流通手段，但逐利的行为毕竟在客观上帮助了书籍的流通。我们不知道西夏受教育人口所占的比例，但可想而知，识字的人总会在家里放一本字典以备随时查阅，而佛教信徒即使不识字，也往往愿意买几本经书放在家中供养，看来当地这样的信众不在少数。

---

① 跋语此前有李范文（1986：482）的汉译，以及史金波、黄振华（1986）的汉译。这里的译文在三位先生基础上有所改动。

第三章

书籍制作工艺

党项书籍的制作时间纵贯宋元明三代，工艺完全来自中原的传授。可以肯定的是，至少有一部分书籍的制作直接出自投奔西夏的中原汉人之手。如果不是字的外观不同，几乎所有人都会把西夏刻本当成宋刻本，它们之间唯一的差别在于西夏刻本的补白图案较多，而且无论是佛教刻本还是非佛教刻本，上面的许多补白图案都与佛教有关。

第一节　刻书机构和刻工

景宗元昊在下令创制西夏文字之后，西夏似乎很快就设立了政府管理刻书的机构，这个机构叫做“刻字司”（[illegible]），现存最早的记载出于正德六年（1132）一个叫义长的人为字典

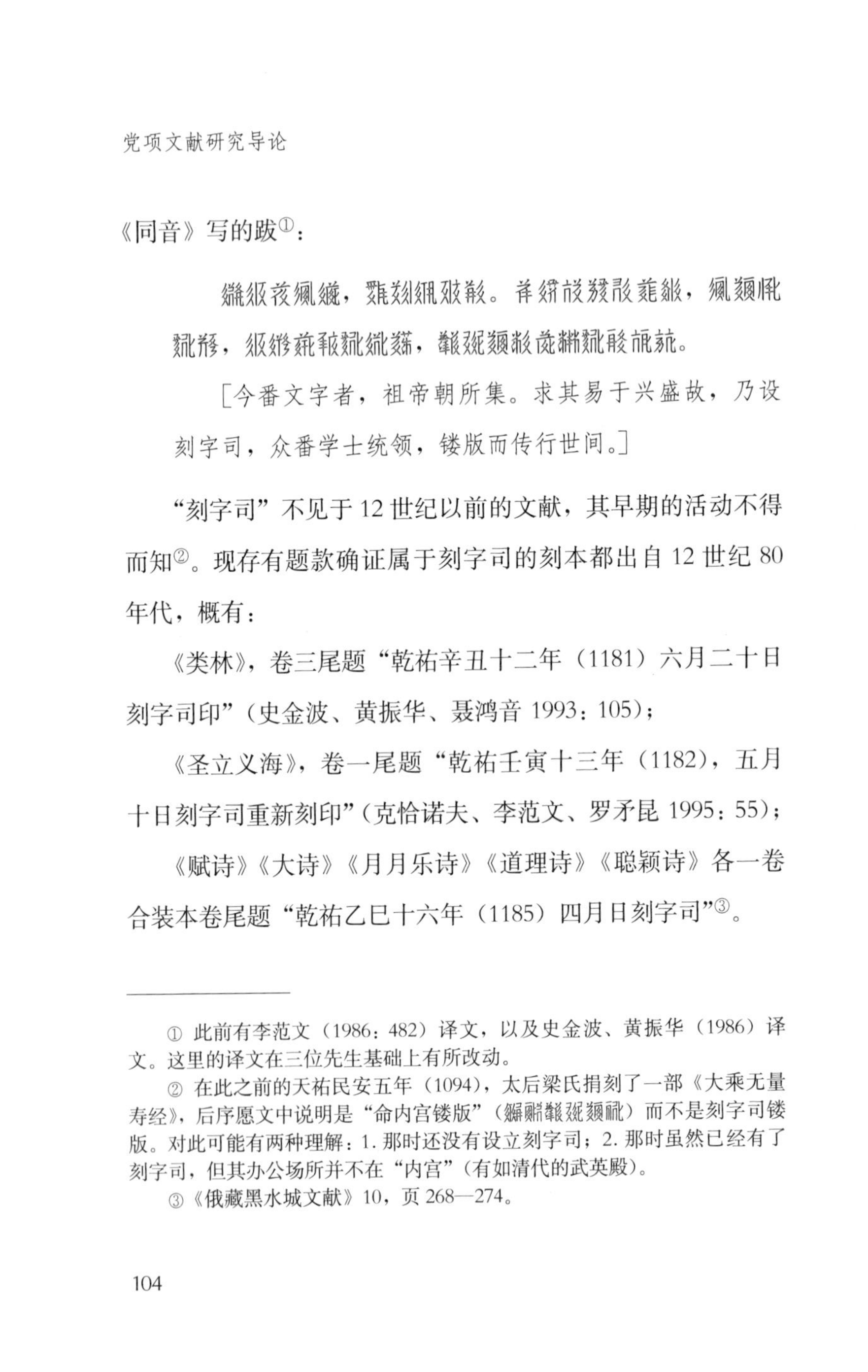

《同音》写的跋[1]：

> [illegible]，[illegible]。[illegible]，[illegible]，[illegible]，[illegible]。
>
> ［今番文字者，祖帝朝所集。求其易于兴盛故，乃设刻字司，众番学士统领，镂版而传行世间。］

“刻字司”不见于12世纪以前的文献，其早期的活动不得而知[2]。现存有题款确证属于刻字司的刻本都出自12世纪80年代，概有：

《类林》，卷三尾题“乾祐辛丑十二年（1181）六月二十日刻字司印”（史金波、黄振华、聂鸿音 1993：105）；

《圣立义海》，卷一尾题“乾祐壬寅十三年（1182），五月十日刻字司重新刻印”（克恰诺夫、李范文、罗矛昆 1995：55）；

《赋诗》《大诗》《月月乐诗》《道理诗》《聪颖诗》各一卷合装本卷尾题“乾祐乙巳十六年（1185）四月日刻字司”[3]。

---

① 此前有李范文（1986：482）译文，以及史金波、黄振华（1986）译文。这里的译文在三位先生基础上有所改动。

② 在此之前的天祐民安五年（1094），太后梁氏捐刻了一部《大乘无量寿经》，后序愿文中说明是“命内宫镂版”（[illegible]）而不是刻字司镂版。对此可能有两种理解：1. 那时还没有设立刻字司；2. 那时虽然已经有了刻字司，但其办公场所并不在“内宫”（有如清代的武英殿）。

③《俄藏黑水城文献》10，页268—274。

西夏法典《天盛律令》规定了刻字司的品级和人员编制（史金波、聂鸿音、白滨 1994：244、252）。这个部门被法典列入西夏政府上、次、中、下、末五等司分的末等，和各种工匠管理部门同在一类。由于品级较低，所以按规定在司内只设两名首长（头监），不准超员。乾祐十六年在任的这两名首长的名字和其他官衔一并记载在《大诗》的卷末：

[illegible]

[illegible]

［刻字司头监御前金堂管勾御史正番大学士味浪文茂等①

刻字司头监番三学院百法师傅座主骨勒善源②］

根据这两则题款可以判断刻字司的首长其实是由“御史”“番三学院”之类政府部门的官员兼任的。

乾祐年间的刻字司管理着“笔受”（[illegible]）和刻工若干人。笔受即誊写工，在西夏官刻本中仅见一人的名字，可以译作“笔受和尚刘法雨”。刻工名字在不同的刻本中出现了将近 20 个，仿中原格式记载在刻版的版口下部，其中出现最为集中的

① “御前金堂管勾”含义不详，其中“[illegible]”字暂以音译。

② “番三学院”大概是政府开办的党项佛学院。“三学”指佛教的戒定慧之学。

是《类林》。《类林》版口上的刻工名字共14个，克平（Кепинг 1983：140－141）用汉字译作“玉信”（[illegible]）、“西田”（[illegible]）、“鄞周”（[illegible]）、“单宝”（[illegible]）、“惠灯”（[illegible]）、“玉松”（[illegible]）、“休德定”（[illegible]）、“宝司”（[illegible]）、“践狗”（[illegible]）、“铛曹”（[illegible]）、“单啰”（[illegible]）、“德儿”（[illegible]）、“桂向”（[illegible]）、“熙山”（[illegible]）。除此之外，西夏文《圣立义海》中还有刻工名“阿司”（[illegible]）、“九月”（[illegible]）、“吕吕”（[illegible]）、“伯广”（[illegible]）等。据版口刻工的相同名字可以认定为刻字司刻本的还有《论语全解》和《六韬》①。版口刻工题名所用的西夏字大多是专门用来译写汉语的纯表音字，而极少出现党项人名中常用的那些有具体意义的字，这说明刻字司的工匠大都是通过某种途径进入西夏的中原人（聂鸿音 1997c）②。

作为国家的法典，《天盛律令》理应由刻字司负责刊印，然而令人感到意外的是，这部20卷本的巨著不但没有题署刊刻机构和刻工名字，而且各版的版框规格也极不一致，下面以前5卷为例（Горбачева，Кычанов 1963：70－74）：

---

① 除去这五种书以外，还有几种书从形式到内容都或多或少地显出了官刻本的特征，只是现在由于见不到原书的题款，所以还无法确证它们。

② 顺便说，西夏的汉文刻本中保留的工匠姓名略多一些，其中年代最早的是人庆三年（1146年）刻本《妙法莲华经》。《无量寿王经》的雕字人是“西天智圆”，表明他不是党项人。相关情况参看史金波（1988）辑录的“西夏碑碣铭文、佛经序、跋、发愿文、石窟题记”。

卷一：有 22.2×15.5、22×15.5、19×13.8、22×16 厘米四种规格；

卷二：有 22×16、21.5×15.3、22×15.5、20×18.7、22×15.6 厘米五种规格；

卷三：有 21.2×15.5、21.7×16、21.5×16、21.3×16、22×15.3 厘米五种规格；

卷四：有 22.5×15.5、21.5×15.5、20.5×15 厘米三种规格；

卷五：有 22×16、21.4×16、21.2×16、21×15.5 厘米四种规格。

此外，全书各版的字体优劣不一，每行的标准字数也多寡不等，总体刊刻质量明显不及刻字司刻本，这些事实暗示《天盛律令》的刊印并不是由刻字司统一组织下属刻工集中完成的，而极有可能是刻字司头监迫于工期紧促而人手不够，于是将书稿分发给散居在各处的民间刻工分头制作的。这样杂凑起来的雕版不需任何人对之负责，所以也不必特意题署刊刻机构和刻工名字。

12 世纪末以后，资料中便不再出现刻字司的消息。黑水城出土的桓宗时期活字印本《德行集》卷尾有三个校印者题名，都仅冠以“番大学院学士”（聂鸿音 2001a），而没有仁宗时代的“刻字司头监”之类官衔：

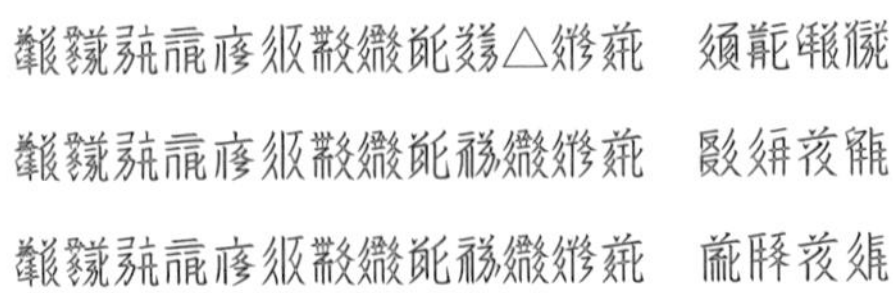

[印校发起者番大学院△△学士　讹里信明
印校发起者番大学院正习学士　味奴文保
印校发起者番大学院正习学士　节亲文高]

《德行集》为西夏皇帝敕编，理所当然应该由政府机构刊印，可是这里只提到了番大学院却未提刻字司，不知是否意味着刻字司在桓宗时期已不复存在，它的工作由“番大学院”代管了①。

由刻字司和番大学院负责刊印的“官刻本”直接服务于王室和政府，大多版面美观且错字很少，是质量最高的本子，而由民间书坊刊印的书籍质量就稍差一些。关于西夏的民间书坊目前仅有一条不完整的资料，出现在《番汉合时掌中珠》的封面，残存的几个字是“茶房角面西张……”②，估计那是位于“茶房角”附近的“张氏书铺”之类。《番汉合时掌中

① 当然还有一种可能性，即西夏的番大学院也有自己独立的印书坊。

②《俄藏黑水城文献》10，页1。

珠》是一部西夏语和汉语对照的乡塾教材，自然不会由政府出面刊印。作为坊刻本的《番汉合时掌中珠》后来经过补版和重刊，但遗留下来的文字点画错误仍有所见。同样可以估计为坊刻本的还有几种民间出资刊印的书，例如乾祐十八年（1187）刻本《新集锦格言》虽然是当时的高级学者所编，却是由一名褐布商人操持私印的（陈炳应 1993：26），那么具体工作当然要由一家没有留下名字的书铺来完成。又如西夏乾祐十九年由某家书铺刊印的鲜卑国师《贤智集》（孙伯君 2010），卷首的成嵬德进序言也说到那是由一个叫慧广的人捐资刻印的：

> [illegible]
>
> [慧广见如此功德，因夙夜萦怀，乃发愿事：折骨断髓，决心刊印者，非独因自身之微利，欲为法界内之大镜也。]

为民间雕版书写纸样的人以李阿善（[illegible]）最为活跃。就目前所知，他的题名出现在西夏乾祐十九年（1188）刻本《佛说圣曜母陀罗尼经》、乾祐二十一年（1190）刻本《佛说一切如来悉皆摄受三十五佛忏罪法事》、天庆三年（1196）刻本

《大密咒受持经》、《胜相顶尊总持功能依经录》等十余种书籍的卷尾[1]，前两处分别写作“[illegible]”（书者笔受李阿善）和“[illegible]”（书版者笔受李阿善），后两处都写作“[illegible]”（书印版者面前笔受李阿善）。有趣的是，这个人在仁宗乾祐年间的职务只是“笔受”，而在桓宗天庆年间却多出了“面前”（[illegible]）一词，这个词在党项文献里特指“在佛或君王等最尊贵的人面前”，似乎表明他在仁宗时代只是个普通的书手，而到了桓宗时代就有资格为西夏皇室提供服务了。

刻字司和民间书坊一般只刊印西夏文的非佛教著作，佛教著作的刊印一般都由寺院负责，据此也不妨把官刻本以外的“坊刻本”和“寺院本”视为不同的两类（西田 2006）。西夏时代的党项文献里虽然没有保存下来寺院的刊刻题记，但可以相信王室施印的佛经是在做法事的寺院完成的，其中包括著名的“大度民寺”。这个寺院的名称见于黑水城所出汉文本《观弥勒菩萨上生兜率天经》卷尾的仁宗御制发愿文（Меньшиков 1984：196，501），文中说到：

① 前三件为俄罗斯科学院东方文献研究所藏本 инв. № 705、7840 和 6849。第四件藏台北中研院傅斯年图书馆。

> 谨于乾祐己酉二十年（1189）九月十五日，恭请宗律国师、净戒国师、大乘玄密国师、禅法师僧众等，就大度民寺作求生兜率内宫弥勒广大法会，烧结坛作广大供养，奉广大施食，并念佛诵咒，读西番、番、汉藏经及大乘经典，说法作大乘忏悔，散施番汉《观弥勒菩萨上生兜率天经》一十万卷、汉《金刚经》、《普贤行愿经》、《观音经》等各五万卷，暨饭僧、放生、济贫、设囚诸般法事，凡七昼夜。

进一步推测，僧俗人员出资发愿刊印的佛经也应属于“寺院本”，西夏的个别寺院应该能刻印佛经，现存的西夏刻本佛教书籍有些是在寺院制作的。可知的书版人除李阿善之外还有大安十一年（1085）书写《佛说阿弥陀经》（инв. № 4773）的马智慧和天祐民安年间书写《大乘无量寿经》的酒智清（孙颖新 2012a）[①]。见于俄藏文献目录（Кычанов 1999）的雕字工有大安十一年雕刊《佛说阿弥陀经》的李什德（[illegible]）和刘奴哥（[illegible]）、仁宗年间（1140—1193）雕刊《圣大乘大千国守护经》（инв. № 220）的周阿四哥（[illegible]）、雕刊《禅源诸诠集都序》（инв.№ 4731）及其《科文》（инв.№ 4736）的申行征

① 甘肃武威的“凉州护国寺感通塔碑”也出自他的手笔。

（[illegible]）、乾祐二十二年（1191）雕刊《大乘瑜伽士入于道法聚集大宝要门》（инв. № 4530）的殷单啰（[illegible]）①、应天元年（1206）雕刊《菩提心及常所作法事》（инв.№ 6510）的孙陈楚（[illegible]），除俄藏本所见之外，另有刻工马宝合（[illegible]），见于台北傅斯年图书馆藏夏天庆三年（1196）经折装刻本《胜相顶尊总持功能依经录》的题记（林英津 2011）。

如上所述，蒙元时代刊印的西夏文大藏经有一部分出自贺兰山佛祖院（李际宁 2000），此外主要出自杭州的大万寿寺②。那座寺院里有一批高水平的职业刻工，著名的《普宁藏》和补刻的《碛砂藏》都出自他们之手。这些刻工的名字保存下来的有俞声、何森秀、周子俊、王子正、台周，其中的俞声是当时杭州的著名刻工，他还参与雕刻了宋两浙茶盐司刊《礼记正义》补版、宋杭州本《尔雅疏》补版以及至少七卷《普宁藏》（王菡 2005）。刻工们不是党项人，不认识西夏字，所以经他们之手刻出的“河西藏”尽管刀工纯熟，字体秀美，但是字的笔势失真较多。尤其有意思的是，这些刻工在版缘所做的版次序

① 这个人名也出现在官刻本《类林》的版口，证明他参加过刻字司的工作。

② 杭州大万寿寺故址似在今西泠印社附近。据清修《西湖志纂》，万寿寺在杭州孤山西南，唐代为孤山寺，北宋时改为广化寺，南宋理宗时改为西太乙宫，元杨琏真加改为万寿寺。元末寺毁，明初万寿寺地易名为六一泉。参看王菡（2005）、陈高华（2006）。

列标记都是用的汉字，而且有时还会把对应的经名写错。中国国家图书馆藏有一卷大万寿寺刻本西夏文《金刚萨埵说频那夜迦天成就仪轨经》，版缘上竟是用汉字刻写的“大悲经八巳（卷）”[①]，看来刻工是因为不识西夏字而把《频那夜迦经》误当成《大悲经》了（聂鸿音 2007b），好在这并不影响印本纸张粘贴的次序。

第二节　纸张和笔墨

西夏立国期间，造纸技术已经在整个亚洲普及，为书籍的大批量生产提供了关键的条件，所以西夏时代的书籍全部为纸质，而不像某些少数民族那样时而在兽皮或竹木上写书。迄今对西夏纸张的检测报告有两份：一份是由前苏联纸浆工业研究所在 20 世纪 60 年代完成的，样品是从黑水城出土书籍中任意抽取的十几件碎纸片。这些纸片的厚薄和颜色外观各不相同，但纸浆都用棉麻为原料制成，捞取纸浆的帘纹多为每厘米 7 道（Терентьев-Катанский 1981：12－14）。另一份是由中国制浆造纸工业研究所在 1997 年完成的，检测的是从贺兰

① 《中国藏西夏文献》6，页 86。

山拜寺沟方塔废墟出土的 7 件样品。这些纸片的厚度在 0.10 到 0.17 毫米之间，纸浆原料有麻、棉和构皮，每厘米 6 至 7 道帘纹，粘连纸张用的是淀粉或动物胶（牛达生、王菊华 1999，王菊华 2005：324）①。

无论如何，由于检验所用的纸样数量尚不及全部文献的万一，所以得到的结果并不全面，甚至可以说肯定遗漏了大量的事实。据西夏人编写的韵书《文海》（68.271）解释，当时造纸的原料除了麻布之外还有树皮：

> [illegible]
>
> [纸者，白净麻布、树皮等造纸也。]（史金波、白滨、黄振华 1983：263、497）

后来通过用传统的目测方法查验大量的黑水城出土文献，人们看到纸张里还残存有未捣碎的棉丝、麻丝、麦秸甚至竹丝，例如西夏惠宗天赐礼盛国庆年间的瓜州审判案文书用纸的原料是木本韧皮纤维，粗帘纹，纸较薄，透眼较多（潘吉星

① 顺便说，李涛（2017）利用显微激光拉曼光谱和赫兹伯格染色法分析了黑水城所出的蓝色和红色纸张。不过其采用的纸张样品均为内蒙古文物考古研究所 1983—1984 年间在黑水城内地表清理所得，这次的获得品中有年代可考的均为蒙元遗物，所以他分析的样品不能证明来自西夏时期。另外，此类技术分析似乎只能在形式上提供进一步猜测造纸原料的种类的依据，而不能做出决定性的结论。

1979：141）。这说明西夏书籍用纸不超出同时代中原的范围，即无非绵纸、麻纸、草纸和竹纸这几种①，当然也有用不同原料混合制成纸浆的，就像当年蔡伦造纸那样②。通常为了降低成本，制造普通纸张时可以不用任何添加剂，而制造高级纸张时则可以加入漂白剂或者黄檗汁，成品称为白纸和黄纸，后者在给纸面上色的同时还兼有防虫蛀的作用。也有极少量纸张曾经用靛青或茜草之类植物颜料漂染，呈现为鲜明的蓝色和红色。以现代的眼光来看，西夏的纸张质量明显优于敦煌藏经洞所出的纸张。

西夏法典《天盛律令》里提到的政府机构里有一个“纸工院”，规定设四名“头监”（史金波、聂鸿音、白滨 1994：251），证明西夏有自己的造纸工匠，然而文献里并没有西夏造纸作坊的丝毫信息保存下来。关于部分纸张来源的唯一可靠资料是黑水城出土的西夏韵书《文海》，这本书中有些纸叶是利用废弃的公文纸背面印刷的（图 1）。那些写有汉文的废纸来自一批档案，现在通常称作“宋西北边境军政文书”（图 2），最晚的一

① 河西地区不产竹子，所以可以肯定这些竹纸是从中原输入的。

② 克恰诺夫（1999：10）根据上述检验结果结合目测把黑水城出土的纸张分成了 8 类，大致相当于我们说的“白绵纸”“黄绵纸”“红纸”“本色粗绵纸”“本色细绵纸”“厚绵纸”“中原纸”和“本色麻纸”，这样的分类标准让人稍感混乱。

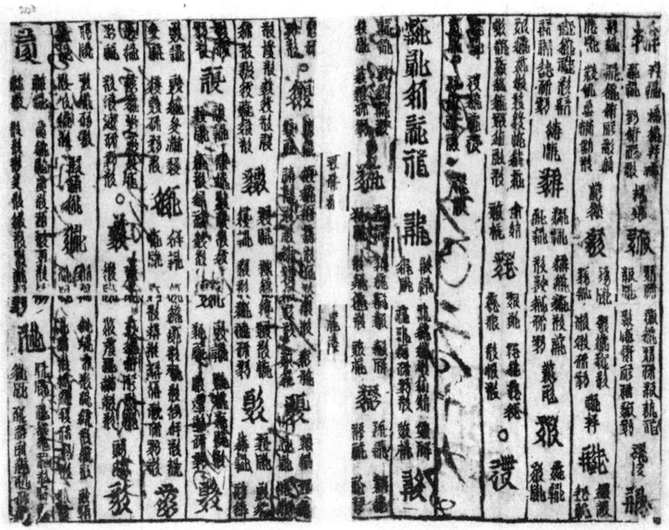

图 1　利用报废官府档案背面印刷的《文海》

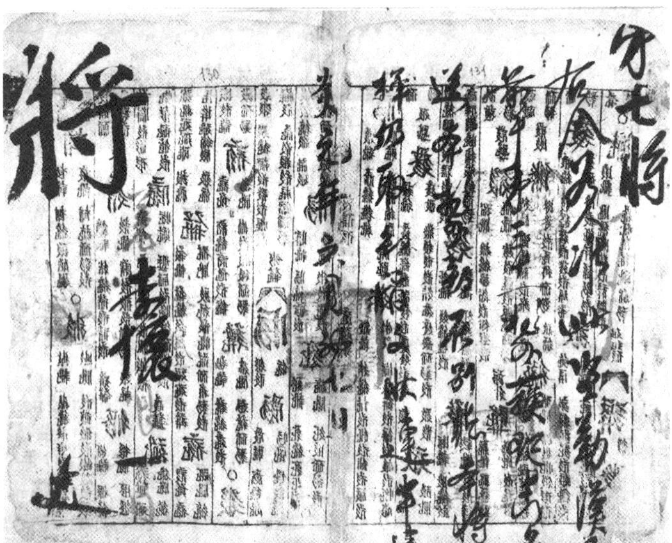

图 2　报废的官府档案

件署南宋建炎二年（1128），人们一般认为是西夏人在边境冲突中从宋朝官署抢来的战利品[①]。不过，士兵在一场浴血奋战之后只搬了一堆废纸回家，毕竟让人感到难以理解。事实上那些作为废纸的旧公文更可能是西夏人通过正常交易渠道获得的，因为按照中原的规定，官府里的过期档案必须按期清理，如果没有必要继续保留，则允许再次利用或者拿到市场上出卖。《庆元条法事类》卷十七《文书门二》记载：

> 诸架阁公案非应长留者，留十年，每三年一检简，申监司，差官覆讫，除之充官用，有余者出卖。

猜想得到，清理宋西北边境军政文书的时候已经进入金代，而夏金之间并没有发生过激烈的边境冲突，所以最大的可能是西夏人通过边境贸易得到了那些废纸（聂鸿音 2009b）[②]。这些纸的质量高于多数西夏书籍使用的普通纸，可以作为西夏本地所产纸张的补充。至于利用废纸印书，则可以视为北宋以来的习惯。当今存世的宋代公文纸印本估计有百件左右，而且大多出自府学、州学和郡学（汪桂海 2009），这一事实恰好可以帮助我们理解《文海》的情形。

---

① 具体著录散见 Меньшиков（1984）。

② 另一种意见认为这与北宋末年鄜延路军队叛宋降金一事存在着必然的联系，参看孙继民（2009：82）。

20世纪70年代在甘肃武威曾经出土过一件木质的笔架和两支竹笔，其中一支有使用过的痕迹（史金波、白滨、吴峰云1988：314－315），但至今见到的西夏抄本都用普通的毛笔写成，没有发现可以确证为竹笔书写的样品，这至少可以证明竹笔不是西夏的主要书写工具（牛达生2013）。西夏人在书写时使用普通的烟墨和朱砂墨。朱砂墨一般只用于稿本的校改、佛经里小型的佛像插画和官府对户籍之类账目的核查，凡是核查过的条款都在开头用朱笔点上一个粗重的点儿。少量抄本书可以用棕色、黄色或绿色画出栏线（Терентьев-Катанский 1981：60），但究竟使用的什么颜料尚不清楚。此外，现存的文献中还有几件佛经是用金汁抄写在瓷青色厚纸上的，显得相当华贵。关于金书佛经的文献记载仅有一条，见于西安市文物局藏汉文刻本《大方广佛华严经》卷九尾部的西夏文牌记[①]：

[illegible]，[illegible]，[illegible]《[illegible]》[illegible]。[illegible]《[illegible]》[illegible]、《[illegible]》《[illegible]》《[illegible]》《[illegible]》《[illegible]》[illegible]。

[番国贺兰山佛祖院统禅院和尚李慧月，并尚复明禅

① 《中国藏西夏文献》15，页361。

师之弟子，印下大藏契经并五十四部《华严》。复书写金银字中《华严》一部、《圆觉》《莲华》《般若》《菩萨戒经》《起信论》等。]

这块牌记出自元代，可以证明至迟在元代一定有西夏遗民用金汁抄写佛经，不过我们难以判断存世的西夏文金书佛经是否与此有关。也就是说，现存的金书经本是否来自西夏时代还不能确定[①]，只是从感觉上说应该不早于蒙元时代。

第三节　刻　　本

在西夏立国期间，中原的雕版印刷技术已臻成熟，这导致西夏也出现了为数不少的刻本书籍。迄今发现的西夏文雕版有两组：一组在 1909 年出自内蒙古额济纳旗的黑水城遗址，现藏俄罗斯艾尔米塔什博物馆，共六块，其中两块是版画，一块是《佛说长寿经》（Терентьев-Катанский 1981：92），三块是《圣摩利天母总持》（王荣飞、景永时 2019）；另一组在 1990 年出自

① 例如法国国家图书馆收藏的北京北海所出金书《法华经》卷末原有一篇发愿文，但是抄经者只抄写了两行就搁笔了。这大概是因为抄经底本上的发愿文成于西夏时代，上面会有发愿人的名号和西夏年款，而时过境迁，保留这些名号和年款已无意义，所以抄经者就自作主张将其删除了。

宁夏贺兰县的宏佛塔天宫（图 3），已炭化为两千余枚碎块，不能确定最初来自几块雕版，更难以确定雕版的内容（宁夏文物管理委员会办公室、贺兰县文化局 1991）。通过拼配复原的少量版面来看，人们得知有些印版并不像常见的那样只在一面刻字，而是在正反两面各刻一版，这显然是为了节约木料。不过，至今我们没有见到关于这些雕版木质真正意义上的鉴定报告，因此不知道那木材是本地所产还是从其他地方输入的。

图 3　宁夏贺兰县宏佛塔所出雕版

现存西夏佛经的最早印本是黑水城出土的舍布施印本《佛说阿弥陀经》，题记署大安十一年（1084）八月八日。如上所述，西夏的雕版工艺乃至相当多的雕版工匠都来自中原，他们当然考虑到西夏字的笔画繁冗，所以版式直接借鉴了北宋的“大字本”。无论是西夏的官刻本还是坊刻本都像北宋大字本那样，蝴蝶装的每半叶一般都在6—9行之间，每行在12—18字之间，版口一律采用白口，不像元代刻本那样大多采用黑口。

元代杭州大万寿寺刊“河西藏”的开本较大，经折装刻本的版框高度在32厘米左右，西夏时代的蝴蝶装刻本略小，版框高度在16—23厘米之间。官刻本和坊刻本的大致区别是：官刻本的版框一般为左右双栏，版口下部有刻工名字，而坊刻本的版框则一般为四周双栏或四周单栏，且版口下部没有刻工名字。不过，西夏刻本的版口形制即使在同一本书中也往往不尽统一，比如经常可以看到一本书某几叶的页码用西夏文，某几叶的页码用汉文①，也可以看到一本书某几叶的版口题字用阳刻，某几叶的版口题字用阴刻②。这大约是因为刻版的经办人只规定了统一的行格却没有规定版口的形制，于是刻工们在处理版口时就按自己的习惯临时决定了。

像中原刻本一样，西夏的佛教刻本没有行间的界格，而非

① 按照常理推测，使用汉文页码的刻工应该是汉族，而使用西夏文页码的刻工族属则不易确定——他们有可能是党项人，也有可能是会写几个西夏字的汉人。

② 如《类林》刻工玉信、惠灯、玉松、休德定、宝司、践狗、铛曹、德儿、桂向的版口均为阳刻，西田、鄞周、单宝、单啰、熙山的版口均为阴刻，而《论语全解》惠灯、桂向所刻诸版又变为阴刻，鄞周所刻诸版又变为阳刻。

佛教刻本则往往会刻上行界。西夏蝴蝶装书籍的版口上部一般也像中原刻本那样写有书名和卷次，如果书名的字数较多，则可以写省称，例如“论语全解”可以省作“论语”，“天盛革故鼎新律令”可以省作“律令”。书名下面有时会刻上“鱼尾”来提示纸叶的折线，折线有时也会直接刻在版口中间。

西夏时代的刻本很少使用牌记[①]，元代的刻本佛经则往往带有牌记。祝颂当朝帝后及记载刻经缘由的牌记带有精致的蟠龙纹饰，置于卷首，例如中国国家图书馆藏宁夏灵武所出元刊西夏文《悲华经》上的四方牌记（图 4）[②]，上面的文字可以译作：

当今皇帝圣寿万岁。奉大元国天下一统现世独尊福智名德集聚（皇帝）诏，印讫全部大藏契经传行。

当今皇帝圣寿万岁。

太后皇后寿与天齐。

皇太子长寿千秋可见。奉诏大德十一年六月二十二日印大藏契经五十部传行。

---

① 西夏时代仅有的朱印牌记出自 12 世纪和 13 世纪之交，在俄罗斯科学院东方文献研究所藏写本《佛说宝雨经》卷十之首，影件见《俄藏黑水城文献》1，彩版五三（图 9）。文字译作：“大白高国清信弟子皇太后罗氏新增写番大藏经一整藏，舍于天下庆报伽蓝寺经藏中，当为永远诵读供养。”

②《中国藏西夏文献》5，页 220－222。

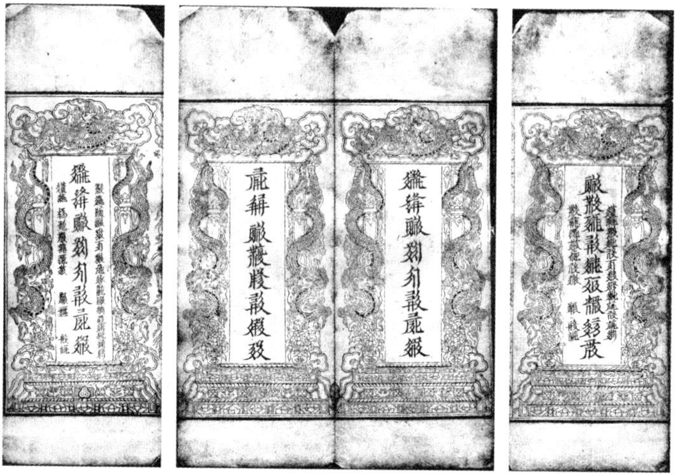

图4　中国国家图书馆藏《悲华经》上的牌记

这些牌记一般是单独刻版，印在纸上后粘贴在卷首的。另有一种牌记形制较小也较简单，说明这是个人出资印经所做的功德，一般是在佛经印成之后再像盖图章那样盖在卷首或卷末的一页上[①]。

雕字人的名字很少在印刷品中出现，如果出现，除了记在版口下方以外，还可以与书字人的名字一起以题记形式附在卷

① 例如敦煌研究院藏元刊本西夏文《龙树菩萨为禅陀迦王说法要偈》卷尾有一方无边框的汉文牌记："僧录广福大师管主八施大藏经于沙州文殊舍利塔寺永远流通供养。"影件见《中国藏西夏文献》16，页148。

尾，例如大安十一年舍布施印本《佛说阿弥陀经》的卷尾题记（孙伯君 2011c）：

> [illegible]
>
> [illegible]
>
> [illegible]
>
> [大白高国大安十一年八月八日记
>
> 译经证义讲经律论思经和尚舍布施
>
> 书字人和尚马智慧 雕字人李什德 刘奴哥]

与宋刻本相比，西夏刻本的最大特色是在叶面的空白处添上各种补花。这些补花最初的作用大概是希望在刷印时托住纸张，防止出现凹陷以致撕裂，后来则发展为频繁出现的叶面装饰。补花有的是简单的图案，如四菱形、圆形等，也有的是花草、飞禽走兽乃至人物（Терентьев-Катанский 1981：183－187）。人物构图有时还比较复杂，显得不像补花而更像插画（图 5）。西夏刻本里出现的补花不是应客户的要求加上去的，而是雕字人临时的兴致所至，雕花的时候肯定也没有画稿，所以只有雕出的几何形图案看得过去，而花鸟人物画则实在谈不上什么艺术水平。不过值得注意的是，补花往往会出现“卍”字、金刚杵、莲花座之类图形，表现了刻工内心潜在的佛教意识。

图 5　《番汉合时掌中珠》版面上的补花

第四节　活 字 本

迄今还不知道活字印刷术传入西夏的具体时间①，也没有西夏木活字或者泥活字的实物出土。存世文献里关于活字的记载只有三条，其中一条见于黑水城遗址所出《胜慧彼岸到要门教授现观庄严论诠颂》（聂鸿音 2002c），原件是早年活字印本的光定六年（1216）复抄本，在卷尾题记里提到了活字印刷的主持人，从中我们知道这本书最初的印制是由“功德司”和“工院”首领操办的：

① 一种猜测是在 12 世纪 30 年代以前，因为西夏文《圣胜慧到彼岸功德宝集偈》的一个印本被认定为 1139—1141 年间的活字本（陈炳应 2006）。

[illegible]

[illegible]

[御前注疏印活字都大勾当出家功德司承旨尹智有

御前注疏印活字都大勾当工院正罔忠敬]

作为印刷品的实物，俄罗斯科学院东方文献研究所藏元代活字本西夏文《三代相照语文集》（инв.№ 4166）卷尾题：

[illegible]

[新集活字者陈杨金]

“活字”（[illegible]）又称“碎字”（[illegible]），日本京都大学藏元代活字本西夏文《大方广佛华严经》卷五的末尾有牌记说（西田 1975：179）：

[illegible]

[都发愿令雕碎字管勾印制者都罗慧性，复一切同发愿助缘随喜者，皆当共成佛道。]

有题记确认为活字本的只有这两部书。通过与雕版印刷品对照，人们感觉活字印刷品的叶面特征是边栏线的四角拼接不太紧密，行列不太整齐，有些字歪斜且字与字的间距较大，整体墨色不太均匀。不过，由于目测的经验毕竟不能作为科学的鉴定标准，每个鉴定人都会有自己的把握尺度，所以要回答一件具体的印刷品究竟是雕版还是活字时，学术界不一定总会形成一致的意见。

西夏文的活字印刷品虽然数量较少，但在世界各地均有收藏，其中最引人关注的是 1991 年在宁夏贺兰山拜寺沟方塔出土的一套年代不明的《吉祥遍至口合本续》（图 5）。这套佛经被认为是中国现存时代最早的木活字印本[①]，因为它不但具有上述活字印刷品的所有表面特征，而且在版口还出现了一个放颠倒了的“二”字（牛达生 1994）。由排字工粗心而导致的误排来判断这套佛经是活字印本，这当然没有问题，但若说那是“木”活字，恐怕还需要预先建立一套大家公认的判断标准。

在那以前，木活字印刷术和泥活字印刷术都已在中原出现，但是并没有可供对比的实物样本保存下来。现在人们区分西夏木活字印本和泥活字印本的方法是仅凭目测——从感觉上说，木活字是从成块的雕版上用小锯一个个锯下来的[②]，所以刻字的刀法应该与雕版印刷一样，而泥活字是把字先刻在小泥块上再烧制成的，想来笔画会粗糙一些。在现存的西夏活字印

① 必须承认，把一件没有标明年代的印本认定为“最早的”，这恐怕称不上是无可挑剔的结论。

② 王祯《农书》卷二二：“今又有巧便之法，造板木作印盔，削竹片为行，雕版木为字，用小细锯锼开，各作一字，用小刀四面修之。”

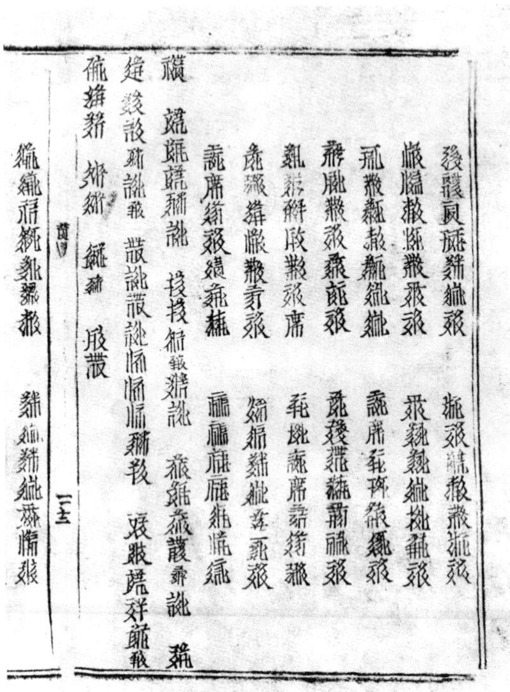

图 6　贺兰山拜寺沟方塔所出活字本《吉祥遍至口合本续》

本中，《吉祥遍至口和本续》的刻字质量较好，而武威所出《维摩诘所说经》的刻字质量明显较差，尤其是不能准确表现用毛笔写字带出的笔锋（图 7）。通过对比这两种印本，人们认定《吉祥遍至口和本续》是木活字本而《维摩诘经》是泥活字本。这个认定大抵可以接受，不过从感觉出发的目测毕竟不能

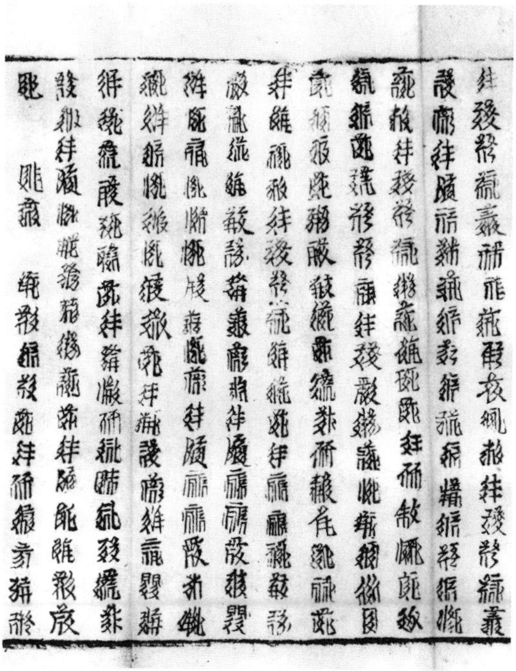

图 7　武威所出活字印本《维摩诘所说经》

上升到科学检测法的高度①，何况孙寿岭已经用实验证明了在泥块上也可以刻出质量较高的字形来（庄电一 2002）。

据牛达生（2008）统计，除去上面提到的几种外，近年来被确认为活字印本的还有黑水城出土的《大乘百法明镜集》

① 关于泥活字本的争议情况及补充说明参看牛达生（2003）。

《德行集》《圣大乘守护大千国土经》，敦煌出土的《地藏菩萨本愿经》《诸密咒要语》，宁夏山嘴沟石窟出土的《圆觉注之略疏第一上半》《妙法莲华经集要义镜注》和《占察善恶业报经》。这些文献判断为活字印本应该不错，但由于叶面上大多没有明确的时间题记保存下来，所以还没有绝对的把握确定它们都是出自西夏而非蒙元时期。

西夏活字本的排印工艺取法中原，印刷品的行格款式和普通雕版一样，但叶面的美观程度远不及同时代的雕版印刷品，这大约就是活字印刷长期以来没能完全取代雕版印刷的原因。“活字”这个词在西夏既可以写作“[illegible][illegible]”（活字），又可以写作“[illegible][illegible]”（碎字），术语的不统一也说明这种印刷新技术没有受到党项人的重视。

第五节　抄　　本

党项抄本书籍主要出自西夏时期，此外还有少量出自蒙元早期，时间最晚的是北京北海白塔所出明代泥金字抄本《妙法莲华经》（罗福成 1919）。

抄本书籍中质量最高的是寺院的经折装写经。这些经本是应施主的要求抄写的，即施主向寺院施舍一定的财物，寺院就应要求抄写一卷或几卷佛经，并在卷尾写上施主的名字，由施主带回家中或存放在寺内供养。出于这个目的抄写的一般是大部头佛经中的零卷，例如《大般若波罗蜜多经》《大宝积经》之类，抄经时每卷自成一册，还加上了精致的护封，卷尾大多题有施主和抄写人的名字。据目前统计，黑水城佛经卷尾出现的施主名字有四百多个。这些施主一般是下层的百姓，他们不像王公贵胄那样能拿出足够的资金请寺院开版印制成千上万本经书，只能花很少的一点钱请寺院抄写其中的一卷或几卷。抄写人是寺院里的职业写经僧，多数人受过书法训练，他们运笔精熟，虽然写的是西夏字，但从中可以明显看出颜真卿、欧阳询等唐代名家的书法风格。写经僧的日常工作就是一遍一遍地反复抄写佛经，一旦有人前来施舍发愿，就拿来预先抄好的一册，写上施主的名字另存起来，因此我们看到的发愿抄本都用正楷大字精抄，而卷尾的发愿人题名却是临时用草书小字补写的。黑水城出土的一帙《大般若波罗蜜多经》里有一份资料可以反映写经僧的工作效率——在卷三八一至三九〇的卷尾有一个名叫慧海的抄写人写下了几则题记，从中可以知道他抄写这十卷佛经共用了四十天多一点，平均每四天抄写一卷（Кычанов 1999：23）。

佛经抄写完毕后一般要例行校对一遍甚至两三遍，经校对的抄本卷尾写有“𘈩𗰗𘆄𗧓”（一遍校同），校对人可能是抄经人自己，也可能是他的同事。在校对中发现了错误要改正过来，所用的校改符号在敦煌文献中都有所见[①]，应该是遵循了当时的传统。常见的符号是在相应位置的右下方画一小斜线补入脱文，在两个字中间的右侧写一个“√”号纠正倒文，在字的右侧标一个“+”号删除衍文或者直接用纸片粘贴覆盖。对讹字的处理办法有二：或者在讹字中央点一个墨点，然后把正确的字写在右边，或者用一小片纸粘贴覆盖讹字，然后把正确的字写在上面（黄延军 2012：6－7）。这样经过校改的本子称不得“精抄”，其书法水平也略逊一筹，估计是出自书法训练时间不长的写经僧之手。

发愿的精抄本大多写成于 12 世纪，但似也不能排除有西夏末年甚至蒙元初年的作品。存放在寺院里几十年的抄本连施主都已不知去向，所以会被用作废纸来裱糊制作新抄经本的护封[②]，用不完的就放在黑水城外的那座塔里封存起来。

不用作发愿的写经，特别是卷数相对较少的佛教文献可能是寺院的收藏。这类抄本的装帧形式不限于发愿本那样的经折

① 关于敦煌文献里标点符号的详细介绍，参看李正宇（2010）。
② 黑水城出土的西夏佛经护封裱纸绝大多数都是废弃的抄本佛经。

装，而且纸幅略小一些，纸质略差一些，书法水平高下不等。其比较突出的特色是有时会描出花式的栏线，例如可以有单线朱丝栏，也可以有朱墨双栏，甚至还可以有棕色、黄色或绿色的栏线（Терентьев-Катанский 1981：60）。少量抄本用娴熟的草体字写成，目前还难解读。

非佛教作品的抄本可以分为两类：一类是准备付梓的译稿，最著名的例子是吕惠卿《孝经传》的译本，这个本子用草体墨书写成，上面有大量的朱笔校改①，从内容上看，那显然不是常规的校对，而是在反复斟酌句义后对译文的修改。另一类抄本是普及西夏文字的产物，内容多为字典和童蒙读本，偶尔也可以见到文学作品。这类抄本大都书法幼稚，用纸也不考究，估计是初学者的习抄。有的抄本甚至可以写在其他书叶的纸背，最著名的例子是所谓“宫廷诗集”②，这本书写在一册刻本的背面，由于正面透墨，字是用小楷写在行间的，辨认起来相当困难（图 8）。

有少量开本很小的书，通常称作巾箱本和袖珍本。这种本子上面可以用大字抄写篇幅短小的佛经，为的是方便日常携带念诵；也可以用蝇头小楷抄写字典或者韵图，为的是方便考试

① 《俄藏黑水城文献》1，彩图四七。
② 《俄藏黑水城文献》10，页 283—309。

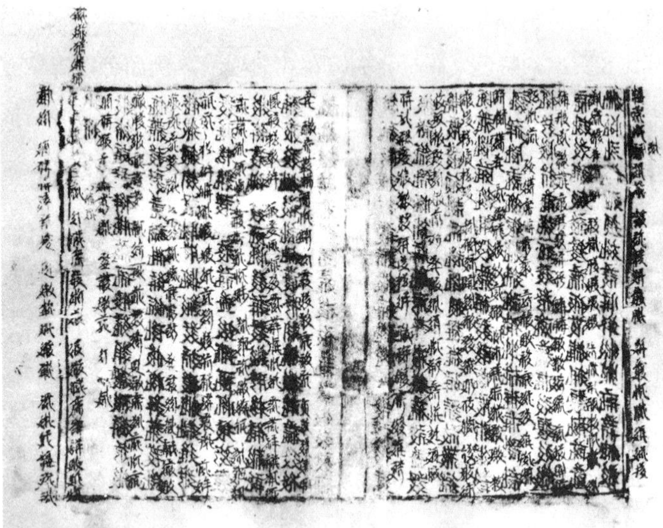

图 8　写在刻本纸背的“宫廷诗集”

时夹带作弊。

第六节　插　　图

有些佛教书籍的卷首附有插图，蝴蝶装书籍的插图占两个页面，经折装书籍的插图较大，最多可以占到六个折面。插图可以是手绘的，也可以是雕版印刷的，后者通常称为“版画”。手绘的插图比较简单粗糙，一般是一尊佛像或一尊天王，有时施以彩色。雕版印刷的插图则精细得多（图 9），从中甚至可以看出中原和西域两种不同的艺术风格。有些发愿精抄的大部头佛经如《大般若波罗蜜多经》等，其各卷卷首的版画都是一样的（图 10），这是寺院利用同一块雕版预先印制了许多单幅的版画，只要有人发愿抄经，就在抄好的佛经卷首为他贴上一张。

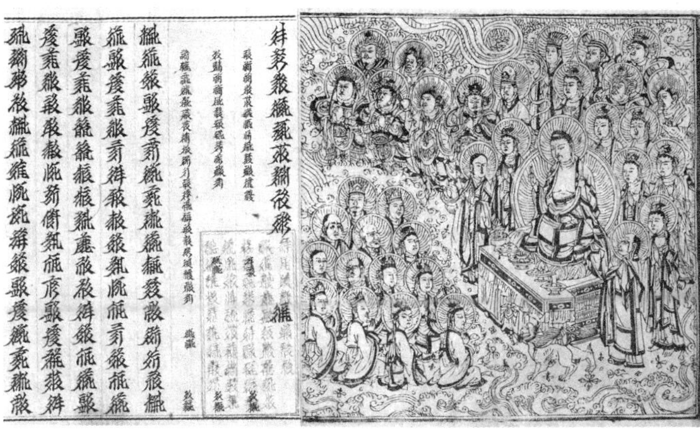

图 9　黑水城所出《佛说宝雨经》的卷首版画

中原风格的版画有的用来描绘佛说法时的场景，通常人物众多，也有些卷首版画由多幅图组成，每幅图描绘经文中的一个故事情节，类似后代的“连环画”。例如黑水城所出西夏本《佛顶心观世音菩萨大陀罗尼经》（инв.№ 6535）的卷首版画共

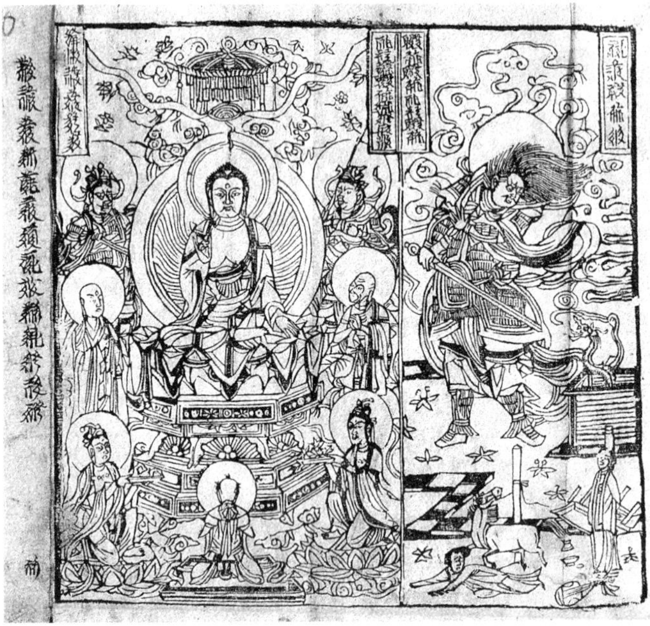

图 10　黑水城所出《大般若波罗蜜多经》的卷首版画

有八图，每幅都带有文字说明（图 11），可以分别翻译如下（张九玲 2015）：

[illegible]

[持经故善神守护]

[illegible]

[不欲还城主钱，抛和尚入水中]

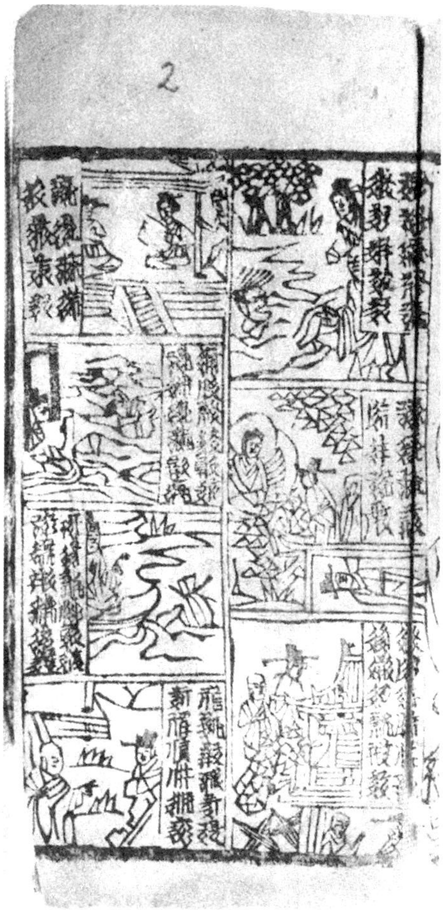

图 11　黑水城所出《佛顶心观世音菩萨大陀罗尼经》的卷首版画

[illegible]

[长者子生寿短，持写经故寿长]

[illegible]

[观音化身居士，罽宾国中治病]

[illegible]

[持经故见弥陀佛面]

[illegible]

[化为和尚，说昔缘解冤]

[illegible]

[普光精舍中城主取常住钱]

[illegible]

[观世音菩萨说此神咒，佛言善哉]

这些对应于经文的插图与宋崇宁元年所刻《佛顶心观世音菩萨大陀罗尼经》的卷首版画（郑阿财 2001）主题相似但画面不同。事实上，有些雕刻特别精细的版画上面还有中原风格的殿宇，使人怀疑那不是西夏原创，而是参照中原现成的版画复刻的，只不过是把上面的汉字换成了西夏字而已。

有的刻本佛经分为上下两栏，下栏是佛经正文，上栏是一幅接一幅的插图。敦煌莫高窟出土过一卷元刊本《妙法莲华经观世音菩萨普门品》，书的叶面上部刻了五十三幅连环版画，

依次描述了“善财童子五十三参”的故事（图12）[①]。另一种有特色的插图是“佛名经”，这种书里罗列了大量的佛名，每尊

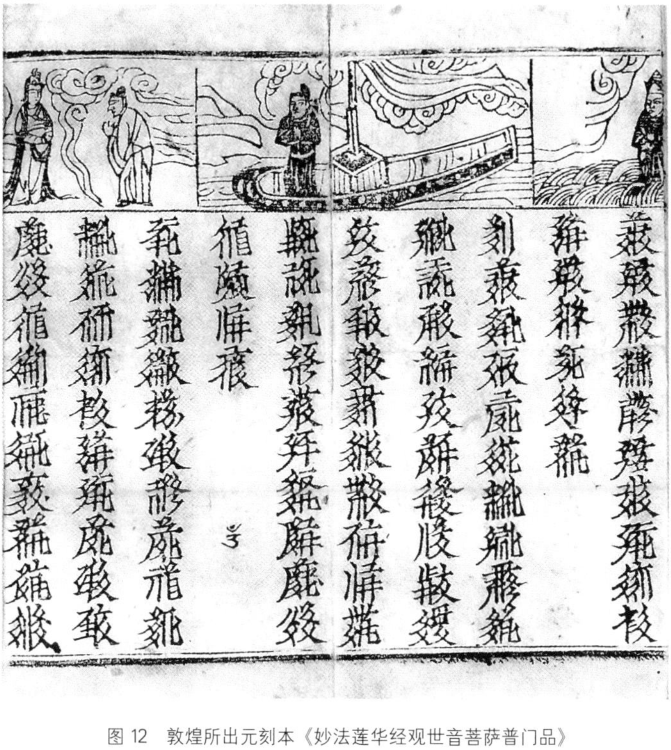

图12　敦煌所出元刻本《妙法莲华经观世音菩萨普门品》

① 参看刘玉权（1985）和陈炳应（1985）。“善财童子五十三参”的故事原出《大方广佛华严经·入法界品》，这里用作《法华经·普门品》（观音经）的插图，大约是出自后人附会。

佛自成一行，上面是佛像，有的还施以鲜艳的彩色，下面是一句口号——“南无某某佛”，意思是向某某佛敬礼（图 13）。

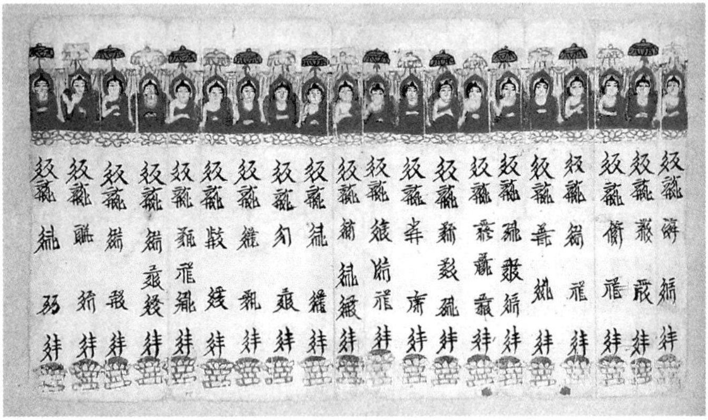

图 13　黑水城所出彩绘抄本“佛名经”

第七节　装　　帧

从书籍发展史的角度看，西夏正处在从早期卷子装到宋元蝴蝶装的过渡阶段，加之受到佛教书籍的影响，由此产生的多种装帧形式是西夏书籍最突出的特色。黑水城出土文献为研究古代书籍的装帧提供了丰富的实物素材。

西夏书籍装帧的标准形式取法中原和吐蕃，另外还有一些本地特有的形式。其中取法吐蕃的形式叫做“梵夹装”或者“贝叶装”（图 14），最初起源于古印度，方法是把南亚特产的“贝多罗”树叶压平干制后裁切成长方形，用铁笔在两面刻写文字。由于单独成片的书叶之间不相连接，所以要用两块同样形状的木板把排好次序的书叶夹起来再用线捆紧，形成著名的“贝叶经”。这种形式随佛教传入吐蕃，但吐蕃并不出产贝多罗树，于是人们就用几张厚纸粘贴在一起代替，仍然用两块同样形状的木板夹起，叫做一“函”。这种装帧形式在西藏俗称“长条书”，适用于所有的书籍，但在西夏只用于佛经①。

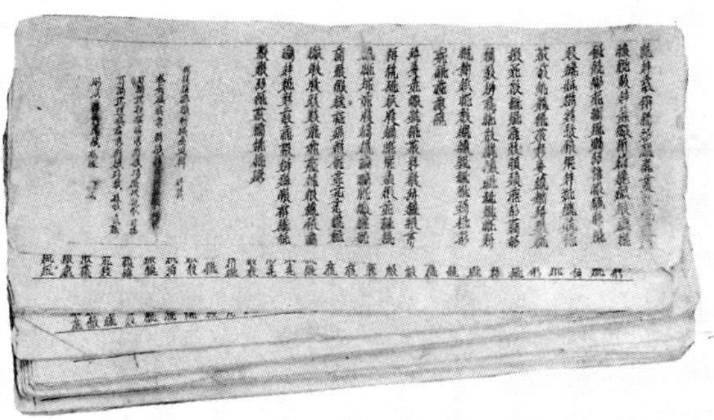

图 14　梵夹装抄本

① 从目前掌握的资料看，梵夹装的大部头佛经都出自惠宗和崇宗两朝，12 世纪中叶仁宗时代新校印的佛经一般都改作经折装或蝴蝶装，旧式的梵夹装似乎逐渐被废弃了。

取法中原的装帧形式有以下几种：

卷子装（图 15）——把一张纸的右边粘贴到另一张纸的左边，这样一张张地连接成一个长幅，然后在最左边粘上一个小木棍或小竹棍，以这个小棍为轴把整个长幅从左向右卷起来。讲究些的还可以在卷子的右端纸背粘上一个小木条，上面有一条布带（缥），可以把卷好的书捆紧，最后在卷子开头的纸背写上书题。我们当代的传统书画作品有的还在采用这种形式。卷子装有一个缺点，即篇幅大的书展开后的长度往往在五米以上，阅读完后必须重新卷起保存，极不方便。

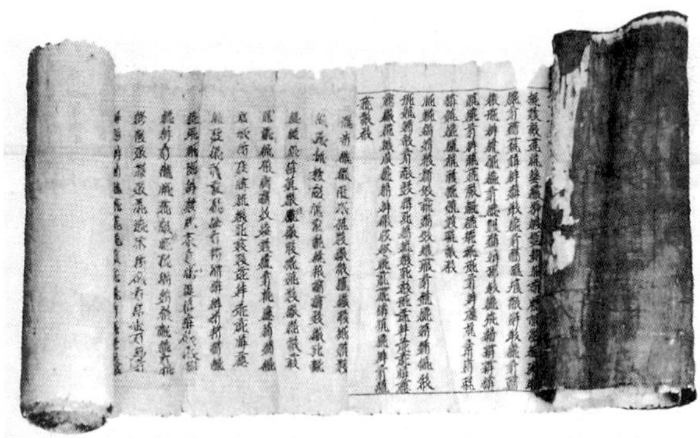

图 15　卷子装抄本

经折装（图 16）——把纸张像卷子装那样粘成长幅，然后按照一定的规格依次向内、向外折叠，最后把纸从头到尾折成

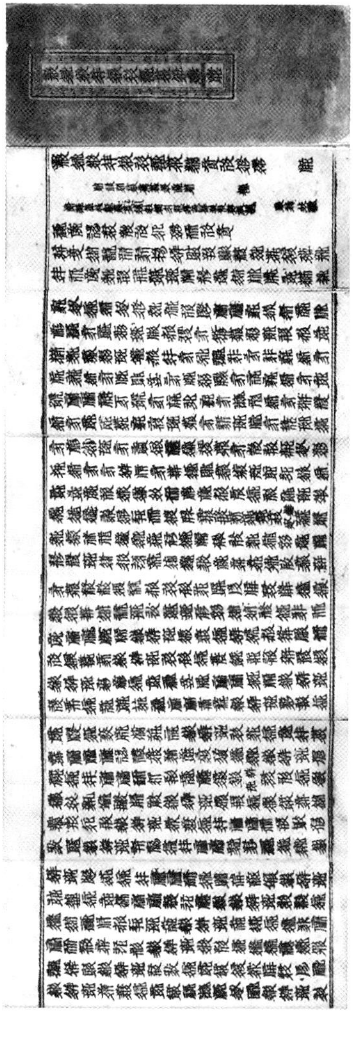

图16　经折装活字印本

一叠，另用两片较厚的裱纸贴在两端作为封面和封底，在封面的左上部贴一张“书签”，写上书题。经折装的书从侧面看上去有些像手风琴的风箱[1]，这是西夏和元代佛经最多用的形式。

册叶装——把纸按照一定的规格裁切成单叶，然后在右端打孔，用线绳或纸捻逐叶穿过固定。穿绳的孔可以上下各一个，也可以只在上面打一个穿绳孔。这有些像现代用订书机装订单页纸的形式。这种装订形式只用于抄本，如果所用的纸较薄，则只在一面写字，如果纸较厚则可以在正面和背面都写上字。

缝缋装——把纸按照一定的规格裁切成单叶，逐张向里对折，然后以三叶或五叶为一组叠置，在折缝处用线绳或纸捻穿过固定。穿绳的孔可以上下各一个，也可以只在上面打一个穿绳孔。这有些像现代印刷品采用的锁线装订形式。

蝴蝶装——把纸按照一定的规格裁切成单叶，逐张向里对折，一叶叶依次叠置，然后在折缝的背面涂上胶水粘连。这是宋代书籍的典型形式，但由于这样粘连的书叶经反复翻阅后容易散落，所以后来被线装取代了。

另外还有三种形式是从蝴蝶装发展来的，一般认为不是“正规”的书籍形式，而是当地人们临时想出的办法。

---

① 由于形状相似，西方称这种装式为“手风琴装”——俄语叫 гармоника，英语叫 accordion。

包背蝴蝶装——在蝴蝶装书籍的基础上再粘上一张宽度为书页两倍多一点的大纸包住书脊，同时又用作封面和封底，目的是防止蝴蝶装的书叶脱胶散落。这有些像现代印刷品简装的封皮。

线订蝴蝶装——在蝴蝶装书籍的叶面右端打一个或两个孔，用线绳或纸捻逐叶穿过固定，以防书叶脱胶散落。这种装订形式的缺点是书叶的版口有时会被订在里面而不能全部打开，甚至会遮挡版口左右那两行字，影响正常阅读。

双叶蝴蝶装——把纸按照一定的规格裁切成单叶，逐张向里横着对折后再竖着对折一次，然后按蝴蝶装的办法粘连。这类书籍都是手抄的巾箱本，因为一张纸叶被折叠了两次而致开本很小。

书籍翻阅的次数多了会有破损，保存者会予以修复。除了粘补破损的地方以外，修复者有时也会改变最初的装订形式，例如把原来的蝴蝶装改为线订蝴蝶装，把原来的经折装改为卷子装，等等。

元代的西夏文刻本都是佛经，一律采用经折装。西夏时代的刻本大多采用蝴蝶装①，少数佛经刻本采用经折装。寺院里

① 例外的只有黑水城出土的西夏文刻本《妙法莲华经心》，原文短小，只印成了梵夹装的一个单叶。

供发愿用的佛经精抄本一律采用经折装，其他抄本的装订形式不拘一格。

装订好的书籍有的会加上护封。普通的护封是用废纸层层裱糊而成（图 17），偶尔也有用皮革做的，形制有些像后来的“函套”，例如巾箱抄本《五音切韵》。最讲究的见于寺院供信众发愿的精抄本佛经，那些护封在纸质护封的外面又用彩布或彩绢粘裹了一层，正面的左上部贴有纸质的书签，左下角贴有纸质的“帙号”，护封的封底还贴有一张朱砂印的纸片，上面

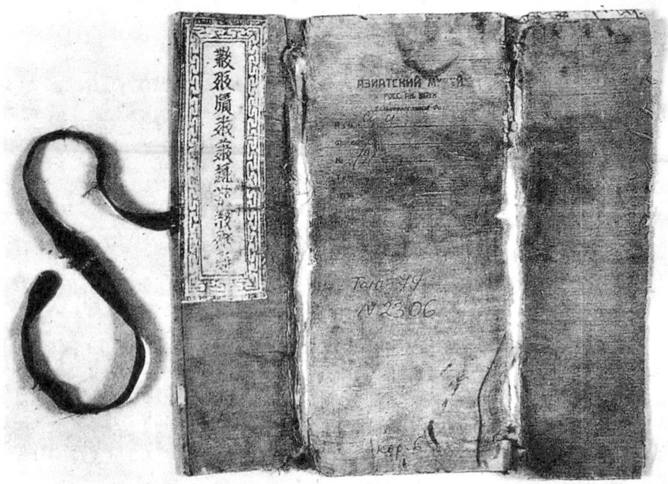

图 17　经折装书籍最常用的护封样式

用悉昙字写有一首短小的梵文咒语。彩绢有黑、黄、蓝、褐等多种颜色，每十卷书的护封颜色都一致，下一个十卷就换用另一种颜色，显得相当整齐。

第四章
整理研究简史

到19世纪末为止，尚无一件西夏文的纸质文献被发现，当时为学界所知的党项资料只有两件石刻：一件是1345年刻在北京居庸关云台券洞石壁上的《佛顶尊胜陀罗尼》[①]，另一件是1094年立在甘肃武威的《凉州护国寺感通塔碑铭》（Devéria 1898），此外还有少量传世的钱币（Bushell 1895—1896）。石刻和钱币在当时虽然没有获得彻底解读，但人们已经通过它们知道了西夏文是什么样子。进入20世纪以后，随着大量党项文献的相继出土，解读的方法也日渐成熟，经过科学校理的西夏资料正在中国历史和语言研究领域发挥着越来越大的作用。

---

① 伟烈亚力（Wylie 1871）最早研究了这通石刻。他虽然把西夏文误会成了女真文，但是对“佛顶尊胜陀罗尼”里一些译音字的解读却是基本正确的。他对文种的误会不久也被纠正了。

第一节　考古发现和文献刊布

首次发现西夏文古书的是法国汉学家伯希和（Paul Pelliot）。1900 年的庚子事变中，伯希和伙同他的两个朋友在北京北海白塔下的一堆废纸和旧书里找到了六册西夏文金书抄本《妙法莲华经》[①]。这六册佛经现在分别收藏在法国的吉美博物馆和波兰的雅盖隆图书馆[②]。此后，他又在 1908 年 3 月来到了敦煌莫高窟，在北区的两个洞窟里发掘出了两百多件西夏文佛经的残纸，其中一叶有元代的汉文施经牌记——“僧录广福大师管主八施大藏经于沙州文殊舍利塔寺永远流通供养”。这些残纸现在收藏在法国国家图书馆，全部照片以《法藏敦煌西夏文文献》为题，由上海古籍出版社于 2007 年刊布。他的发现品中有待仔细研究的只有一部题为“二十一种行”的佛教著作[③]，其

---

① 参看伯希和为聂历山《西夏研究小史》写的评论，载 *T'oung Pao* 29 (1932)：226－229。

② 法国所藏三卷的照片已经刊布（史金波、克拉美罗蒂 2018）。另有三册《妙法莲华经》是 20 世纪 40 年代从柏林图书馆转移到雅盖隆大学图书馆的，现在柏林还保存着当年转移文献的记录（上架号 Libri sin. 1414），据说原件在 2018 年刚刚重新找到。

③ 这书的内容来历尚不清楚。俄罗斯科学院东方文献研究所也收藏有印本多件，而且显然与法国所藏出自同一雕版。

余都是常见佛经的译本，伯希和自己也承认其学术价值不是很高。

伯希和在莫高窟发现西夏文残叶后不到一个月，科兹洛夫（Петр Кузьмич Козлов）率领俄国皇家蒙古四川地理考察队来到了内蒙古额济纳旗的黑水城遗址，在城内找到了三十多本西夏文的书籍和账簿。1909 年 6 月初，他奉命再次来到这里，从西城墙外旧河床边一座佛塔里发现了一个巨大的文献和文物库藏。这批发现品随即被运回了圣彼得堡，其中的文献部分已初步整理出近九千个编号，现存俄罗斯科学院东方文献研究所[①]。这批文献占全世界所藏党项文献总数的 90%以上，构成了迄今世界上最丰富的、学术价值最高的西夏特藏，只不过其确切数量目前还无法统计，有人估计有十余万叶，20 世纪的西夏学就是在整理和研究这批文献的基础上建立起来的。这批文献中的西夏文部分由上海古籍出版社陆续刊布在《俄藏黑水城文献》的第 7 册以后，至今还未最终完成出版工作，最终的出版物估计会超过 30 册。不过，由于发生粘连和霉变的大量原件在入藏后没有经过修复，无法提供阅览和拍摄，所以要想刊布俄国收藏的全部资料还是个非常遥远的目标。

① 关于发现这批文物的具体过程，参看《俄藏黑水城文献》第 1 册卷首的克恰诺夫序言。

科兹洛夫在黑水城的收获引起了英国探险家斯坦因（Marc Aurel Stein）的注意，他在1914年夏天也来到了额济纳，希望找到科兹洛夫没有发现或者没有带走的一些东西。他这次的收获已知的有4000多个编号，现在收藏在英国国家图书馆和印度国家博物馆。英国国家图书馆的多数藏品已经编入《英藏黑水城文献》，由上海古籍出版社刊布①，而印度国家博物馆的藏品则连简单的介绍也未见发表。斯坦因发现的党项文献大都是佛经残叶，甚至只是些碎片，因此其学术价值不能与俄国藏品相比，里面受到学界重视的只有托名诸葛亮所著《将苑》的译本（Grinstead 1962），而那个写卷的纸张下部也残缺了。

1917年，宁夏灵武县在修城墙时发现了五个瓦坛，里面装满了西夏文的佛经②。这批佛经从发现之初就开始零星地散失，遗存部分在1929年被当时的北平图书馆收购，现在收藏在中国国家图书馆，后来由甘肃人民出版社和上海古籍出版

① 这次集中发表的文献只是20世纪经过整理的那部分，另有一些残片自从入藏以来从未经过修复整理，估计有上千件，内容不详。英国国家图书馆已将其纳入2018年的修复计划，何时可以最后完成则不得而知。

② 这批佛经的发现和流传过程长期以来众说纷纭，参看白滨（2006）的总结和史料分析。

社分头重复刊布[①]。散失的经卷落入国内收藏家之手[②]，其中有些被日本人买去，分别收藏在日本的几家图书馆，后来由中华书局全部刊出（武宇林、荒川慎太郎 2011）。灵武发现的佛经大都是保存完整的元代刻本或者活字印本，在明代经过修复，20 世纪下半叶中国和日本的西夏学研究主要以这批文献为基础。

1927 年，斯文赫定（Sven Hedin）和徐炳昶率领的中瑞西北科学考察团在额济纳河三角洲有些零星的收获。40 年代初，画家张大千也在敦煌搞到了一些残片。这些收集品后来的去向并不十分明确，除中国社会科学院考古研究所图书馆的收藏品外，人们一般认为当今瑞典斯德哥尔摩民族博物馆[③]、美国普林斯顿大学东亚图书馆（荒川慎太郎 2012）、中国文化遗产研究院图书馆（Nie 2012）、北京大学图书馆（北京大学图书馆 1995：302－306）、台北中研院傅斯年图书

① 《中国藏西夏文献》1—11，宁夏社会科学院编《中国国家图书馆藏西夏文献》，1—4，上海：上海古籍出版社，2005—2006。

② 其中张思温收藏的五卷元活字本《大方广佛华严经》在 2009 年被宁夏自治区档案馆收购。

③ 瑞典的藏品可以肯定是元刊“河西字大藏经”的一部分，据说为中瑞西北科学考察团的伯格曼（F. Bergman）所获，有克平（Кепинг 2003）的详细介绍，但是只发表了一张照片（Kepping 1995）。

馆（林英津 2001），以及日本的个别收藏大约都是来自这里[①]。

20 世纪下半叶以后发现的西夏文书籍主要来自四个地方，即敦煌莫高窟、甘肃武威市附近、内蒙古黑水城附近，以及宁夏银川市附近。其中敦煌发现的文献收藏在敦煌研究院，甘肃武威天梯山石窟和张义乡小西沟岘发现的文献收藏在甘肃省博物馆，武威新华乡亥母洞发现的文献收藏在武威市西夏博物馆，这批文献中的西夏文部分大都由甘肃人民出版社和敦煌文艺出版社联合刊布于《中国藏西夏文献》第 16 册。1983 年和 1984 年间，内蒙古自治区文物工作队组织人力对黑水城进行了再次发掘，找到了西夏佛经残纸 200 多片，1991 年，中央电视台的一个摄制组在距黑水城几十公里的一处寺庙遗址内发现了一些相对完整的西夏文佛经，这批资料收藏在今天的内蒙古自治区文物考古研究所和额济纳旗文物管理处，刊布于《中国藏西夏文献》第 17 册。

由中国考古工作者完成的最丰富也最有学术价值的发现都来自宁夏的贺兰山。这些文献共分两批：一批在 1991 年发现于

① 德国勃兰登堡科学院藏有西夏文元刊西夏文佛经刻本的少量残纸，其中五片公布于“国际敦煌项目”网页，但没有注明来历，估计也与这前后的西域探险有关。

拜寺沟方塔废址，另一批在2006年发现于山嘴沟石窟，全部资料已由宁夏文物考古研究所（2005，2007）整理刊布。宁夏发现的佛经相对完整，有些经本译自藏传佛教作品，其详细内容和来源至今还不完全清楚，人们甚至难以判断它们是来自西夏时代还是来自元代。

附带说，21世纪初的中国文物市场上陆续出现了一些西夏文书籍残本，绝大多数是佛教作品的刻本和抄本，其中有几篇佛经的序跋以及一部带有民间道教意味的《大圣五公经》为前所未见。这些文献属于非专业的私人盗掘品，其出土地点已经不得而知，一般估计是在距离黑水城不太远的额济纳河三角洲范围内。根据目前所见，这些文献来自元代可以确定无疑，同时可以预料，这批资料今后将在市场上分批多次转手，最后不知散落何方。

到目前为止，除俄国和英国的藏品还有待陆续整理出版外，世界各国主要的党项文献特藏都已在中国发表[①]。这些出版物的编辑质量参差不齐，总的说来，对于原先编目比较成熟的特藏，编辑的质量就高些；而对于原先没有编目或者编

① 格林斯蒂德（Grinstead 1973）曾选取中国国家图书馆和俄罗斯科学院东方文献研究所收藏的一部分西夏文佛经，汇编为九卷本的《西夏文大藏经》，在印度的新德里刊布。这套书收录的大都是译自汉文的常见佛经，且编辑体例不够完善，图版质量不高，所以没能在西夏学界产生足够的影响。

目不够成熟的特藏，编辑的质量就差些，原因是中国学者追求的只是尽快出版，而没有投入足够的时间和精力研究文献的内容。这方面最有代表性的是上海古籍出版社的《英藏黑水城文献》，这部书只是把英国国家图书馆藏品依照最初的流水号一件一件地简单排列，而图版的定题工作则做得粗疏，更没有考虑同一文献的残片缀合和整编。可以说，这部书里遗留的问题远远多过解决的问题，认识英藏文献全貌的目标依然遥远。

另外要提到的是伯希和等在北京北海找到的金书抄本《妙法莲华经》，其中法国吉美博物馆所藏三卷由史金波和克拉美罗蒂（2018）合作主编出版。这部书中的彩色图版印制极为精美，但相应的校理工作根本没做，而且还在前言中错判原件为西夏时代抄本，出自北京阜成门内的白塔寺，并称在伯希和发现文献之前就已经有中国人做出了解读。出现这样的错误反映了编者对西夏研究史的生疏。

第二节　解读历程

伯希和在北京和敦煌取得收获之前，人们已经知道了西夏文是什么样子，并且开始尝试解读（Bushell 1895—1896，

Devéria 1898)，但因资料所限而始终没有取得决定性的进展。所幸在科兹洛夫发现的黑水城文献运抵圣彼得堡后不久，俄国学者便在其中找到了一本题为《番汉合时掌中珠》的小书(Ivanov 1909)，这是西夏人骨勒茂才在1190年仿中原“杂字体”字书编写的西夏文—汉文对照识字课本，从中可以整理出上千组西夏字的汉语意义和读音标注。这本小书于20世纪被多次翻印，其内容广为各国学者所知，因而成了早期西夏学研究的首要参考[①]。

近百年来，人们解读党项文献经过了由浅入深的认识过程。初期阶段的学者如罗福成、罗福苌、王静如、聂历山(Николай Александрович Невский)、石滨纯太郎等，其解读目标是最基本的“识字”，也就是通过文献中西夏字和汉字的对应来初步了解久已消亡的党项语言，这包括在《番汉合时掌中珠》的基础上尽可能地扩大词汇量，同时尽可能地熟悉党项语的语法结构和表达习惯。下面借用早期解读的《大般若波罗蜜多经》卷一的开头两句[②]，以展示利用《掌中珠》扩大词汇量的过程。具体的解读分为三行：第一行是原文西夏字

---

①《番汉合时掌中珠》最清楚的抄录本和索引见李范文（1994：376－520）。

② 抄件最初由罗福成（1930：332）发表。为了叙述的方便，下面的举例对罗福成当初的对译格式有所改动。

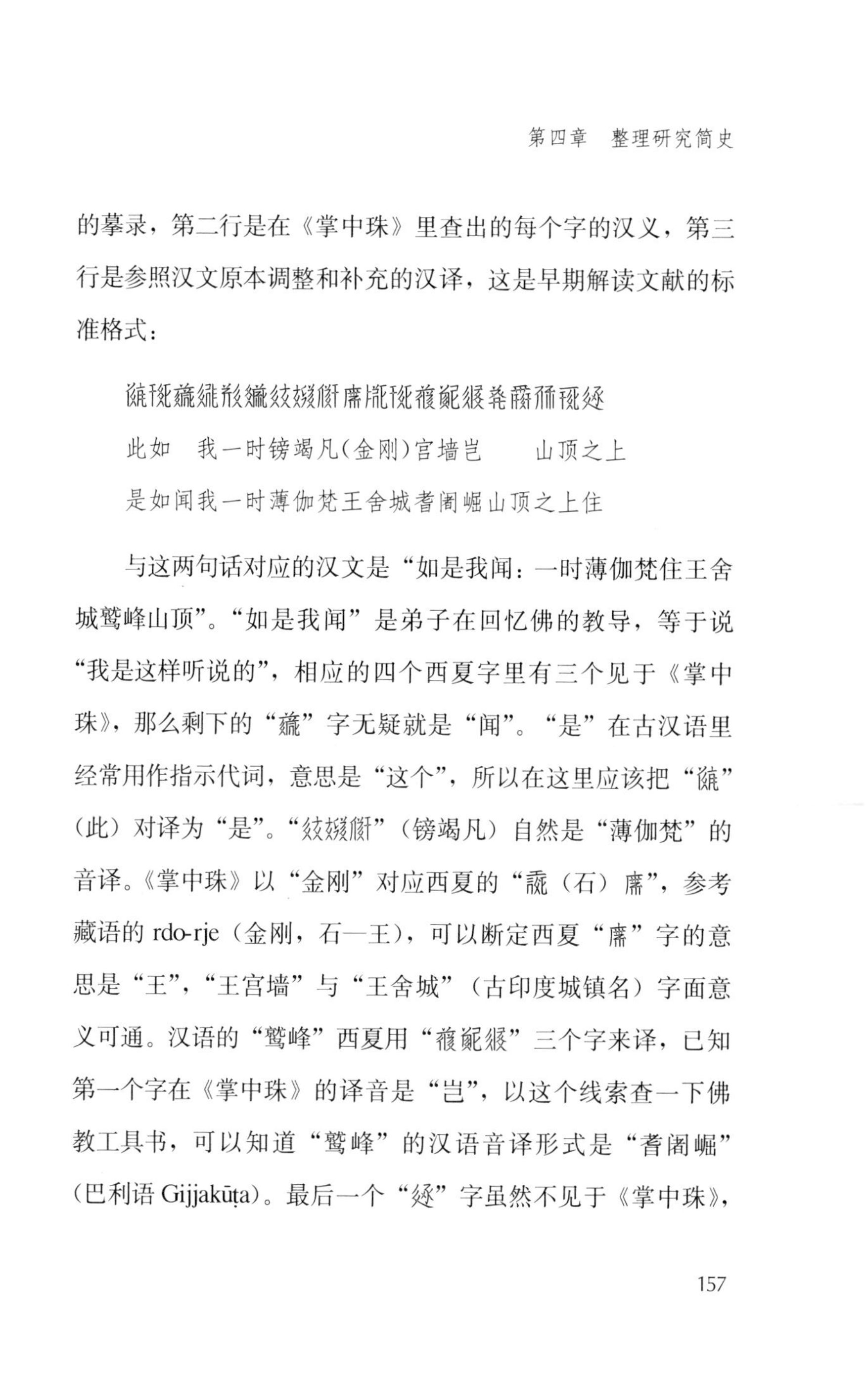

的摹录，第二行是在《掌中珠》里查出的每个字的汉义，第三行是参照汉文原本调整和补充的汉译，这是早期解读文献的标准格式：

[illegible]

此如 我一时镑竭凡(金刚)宫墙岂 山顶之上

是如闻我一时薄伽梵王舍城耆阇崛山顶之上住

与这两句话对应的汉文是“如是我闻：一时薄伽梵住王舍城鹫峰山顶”。“如是我闻”是弟子在回忆佛的教导，等于说“我是这样听说的”，相应的四个西夏字里有三个见于《掌中珠》，那么剩下的“[illegible]”字无疑就是“闻”。“是”在古汉语里经常用作指示代词，意思是“这个”，所以在这里应该把“[illegible]”（此）对译为“是”。“[illegible]”（镑竭凡）自然是“薄伽梵”的音译。《掌中珠》以“金刚”对应西夏的“[illegible]（石）[illegible]”，参考藏语的 rdo-rje（金刚，石—王），可以断定西夏“[illegible]”字的意思是“王”，“王宫墙”与“王舍城”（古印度城镇名）字面意义可通。汉语的“鹫峰”西夏用“[illegible]”三个字来译，已知第一个字在《掌中珠》的译音是“岂”，以这个线索查一下佛教工具书，可以知道“鹫峰”的汉语音译形式是“耆阇崛”（巴利语 Gijjakūṭa）。最后一个“[illegible]”字虽然不见于《掌中珠》，但是对照汉文不难判断那是“住”的意思。

通过解读这句话，人们知道了“[Tangut]”（闻）、“[Tangut]”（王）、“[Tangut]”（住）三个西夏字的意义，以及“[Tangut]”（阇）、“[Tangut]”（崛）两个西夏字的读音，还知道了西夏语的动词“[Tangut]”（住）位于句子的末尾。像这样一步一步地扩展下去，党项文献里常用词语的意义或读音就会逐渐变得明晰起来。

伴随着早期的文献解读出现了字典的萌芽——研究者首先要给《番汉合时掌中珠》编制一个索引，把原书里那些无序排列的西夏字按照自己理解的“部首”归类以便检索，然后把对应的汉字写在旁边。在今后阅读文献时，如果发现了新的字形或者字音、字义，如上面提到的“[Tangut]”（闻）、“[Tangut]”（王）、“[Tangut]”（住）、“[Tangut]”（阇）、“[Tangut]”（崛），就不断地补写进去，同时也不妨加进自己的一些体会。这样最终形成的东西类似一套卡片，虽然还不是一部规范的字典，但毕竟足以服务于编者自己的日常研究工作。在聂历山去世二十多年后，他生前编写的这样一套卡片由戈尔巴乔娃整理刊布（Невский 1960），成了20世纪下半叶西夏研究最重要的工具书。20世纪60年代，西田龙雄开始研究党项文献，在这过程中他也做了大量笔记，最后编成了一部小字典正式出版（西田 1977）。不过西田龙雄作为语言学家，他的这部字典更多关注的是西夏字的读音和结构分析[①]，在文献解读方面能提供给研究者的帮助不及聂历山字典。

第一个以编写一部大型字典为初衷的是李范文。他的《夏汉字典》在 1997 年初版，又在 2008 年出版了增订本，在 2012 年出版了简编本。这部巨著是当前研究西夏学的首要参考，里面收集的资料之丰富为迄今同类出版物之最，其缺点是绝大多数素材都拣选自那以前刊布的党项语工具书以及聂历山等人的解读成果，即所谓“从字典到字典”，而编者亲自到党项文献里收集的第一手语料较少。另外，在面对没有汉文献佐证其意义的西夏字时，编者偶尔也会因贸然猜测而造成误断。相比之下。克恰诺夫在日本出版的多语种对照词典（Кычанов 2006）可以在某种程度上弥补《夏汉字典》的缺憾——这部字典的主要素材都是编者毕生亲自搜集的结果，其中有汉语明确对译的大量佛教专业术语极大地丰富了当今的语料库，只不过编者在搜集语料时仅提供了简单的词义而没有随手记下例句和原始出处，不便研究者进一步查证，这是克恰诺夫字典不及《夏汉字

① 性质类似的还有克劳森从 20 世纪 30 年代末开始编写的一部字典手稿（Everson 2016），不过限于当时的条件，编者无法接触到更多的西夏文原始资料，所以他只是整理了《同音》和《番汉合时掌中珠》，然后又从 30 年代以前发表的研究成果里补充了一些资料。

典》的地方[①]。

到 20 世纪 60 年代末为止，党项语言的面貌在学者头脑中已具雏形[②]，这时的解读格式根据专业目标的不同分化成了两种。旨在服务于历史学和文献学的解读走向了简化，研究者一般会直接给出完整的译文，再加上必要的注释，然后在适当地方附上原件的照片，克恰诺夫（Евгений Иванович Кычанов）、克平（Ксения Борисовна Кепинг）、史金波、索罗宁（Кирилл Юрьевич Солонин）等采用的就是这种格式。进入 21 世纪以后，随着西夏文电脑字符的出现[③]，人们开始使用电脑录文来代替原件照片[④]，并不再进行逐字对译，最终形成了当代中国学者使用的典型格式，即：

① 另有两个原因导致克恰诺夫词典不如李范文字典普及。其一是前者没有采用西夏学界传统的“部首 + 笔画”检索法，而是参照了俄国汉学界的汉字检索法，即首先看每个字的下部和右部，这不太符合大家的检索习惯。另一个原因，也是更重要的原因，即李范文字典首创的一种“四角号码 + 附号”编码方式成了中国大陆西夏字电脑软件的基础，这套软件已经广泛应用于西夏学著作的出版。

② 这时期出现了两部重要的党项语研究著作，即西田龙雄的两卷本《西夏语之研究》（1964，1966）和苏敏的两卷本《西夏语语法》（Софронов 1968）。

③ 当前国际上使用的西夏文电脑字符有三套，即日本的“今昔文字镜”（Mojikyo Font Database）、台北中研院的“西夏字符库”，以及中国大陆景永时、贾常业的“西夏文字处理系统”。由于前两种只是“字库”而没有相配的输入法，学者使用时必须逐字查找，费时费力，所以不如中国大陆带有字形编码输入法的文字处理系统应用得广泛。

④ 这样做的好处是可以把原件照片上模糊不清的残字变得清晰易读，但由于每个人对残字的识读和理解不同，有时也会出现一些疑问甚至误录。

原文：

[illegible]：[illegible]。

译文：

如是我闻：一时薄伽梵[1]住王舍城鹫峰[2]山顶上。

注释：

［1］薄伽梵（Bhagavān），等于说“世尊”，指释迦牟尼。

［2］鹫峰（巴利语 Gijjakūṭa），西夏音译“耆阇崛”。玄应《一切经音义》卷六：“耆阇崛山……此翻云鹫台，又云鹫峰。”

与此相反，旨在服务于语言学研究的解读则把格式不断“繁化”，力求表现每个西夏字的读音、意义甚至语法功能，西田龙雄、龚煌城、林英津、荒川慎太郎、向柏霖（Guillaume Jacques）等采用的就是这类格式。下面仍用“如是我闻”举例，相应的解读分为四行：第一行是原文西夏字的摹录，第二行是标音，第三行是字义对译兼“语法标注”，第四行是最终的译文。

[illegible]	[illegible]	[illegible]	[illegible]
$thji^2$	sju^2	mjo^1	$ŋa^2$
是	如	闻［2］	1sg

如是我闻

第三行里“[2]”的意思是“跟第一人称和第二人称呼应的第二组动词”，“1sg”的意思是“动词的第一人称单数后缀”[①]。更加详细的解读还可以再加上两行，分别标示西夏字在李范文《夏汉字典》的编号和所属的韵类。毫无疑问，这样繁复的标注对于语言学研究是必要的，而用于历史学研究则显得多余。

无论出于什么研究目标，最关键的是要得出令读者满意的译文。如果西夏译本所据的原著依然存世，那么人们在解读时只要找来相应的汉文本放在旁边做参考，就不难保证解读的质量。然而在很多情况下，党项文献并没有明确的题记显示其来源——有不少文献只是残本，现存部分连书的题目都没有保存下来，也有不少文献只是零星地摘引其他书籍，并不和任何一种汉藏文献完全相当，这时，解读者就不得不到浩如烟海的历史文献中去一点一点地寻找相关的内容拿来参考。毫无疑问，这是一项相当艰苦的工作。不过相比之下，更为困难的是对党项原创作品的解读，这是对研究者学术素质的真正考验。在解

① 解读西夏文献时使用的“语法标注”是在互联网资料“莱比锡标注规则”（The Leipzig Glossing Rules）基础上设计的，不过西夏语的一些特殊情况在原规则中未见涉及，西夏学者必须自己临时增设一些规则之外的标记。由于每个人对一些西夏语法现象的理解不尽相同，所以每人设计的标记也不尽相同，至今没有统一的迹象。

读西夏文字的早期阶段，人们对党项语言的结构和表达法还很陌生，那时的译文一般仅仅能够做到西夏字和汉字的简单置换，不但读来佶屈聱牙，而且经常让读者感到不知所云。由此造成的后果是，长期以来人们误认为这就是“解读”，于是关注的焦点似乎仅在“识字”，却忘记了译文流畅乃是翻译的第一要义，也就是说，译者无论对原文做出怎样的理解，只要没有形成通顺晓畅的译文，一切就都无从谈起。

作为更高一步的要求，译文还应该尽可能地再现原作的语言文学风格。西夏的原创作品中有一些佛经序跋，作者显然是在用党项语模拟当时中原流行的骈体文。在解读这类作品的时候，应该尽可能地再现骈文的格律和用典等等特色。例如太后曹氏的《佛说阿弥陀经后序愿文》(聂鸿音 2009c)：

原文：[illegible]，[illegible]；[illegible]，[illegible]。

直译：妙觉圆成，观智源而无方；利生现相，毁迷山以显路。

正译：圆成妙觉，观智本以无方；现相利生，破迷山而有路。

格律：平平仄仄，平仄仄△平平；仄仄平平，仄平平△仄仄。

直译的“圆成”和“无方”都是平声字，“现相”和“显路”都是仄声字，不合骈文格律。在“正译”中调整了词语顺序之后，就可以看出这几句话是在模仿唐沙门道镜、善道共集《念佛镜》的序言：“圆成至觉，尽智海以无方；普应群机，破迷山而有路。”[①] 再如神宗遵顼的《金光明最胜王经发愿文》：

原文：[illegible]，[illegible]；[illegible]，[illegible]。

直译：夜以继日，顺思远柔近能；废寝忘食，念国泰民安事。（史金波 1988：282）

正译：焚膏继晷，想柔远能迩之规；废寝忘餐，观国泰民安之事。

格律：平平仄仄，仄平仄平仄△平；仄仄平平，平仄仄平平△仄。

“夜以继日”连用四个仄声字，不合格律，所以正确的译文改为意思相同的“焚膏继晷”，典出韩愈《进学解》“焚膏油以继晷，恒兀兀以穷年”。“废寝忘食”连用四个仄声字，不合格律，所以正确的译文改仄声的“食”为平声的“餐”，与上联“焚膏继晷”的语法和声韵结构对应。“远柔近能”语义不

---

① 《大正新修大藏经》第 47 册，页 121 上栏。

通，作者原意必是“柔远能迩”，典出《诗经·大雅·民劳》“柔远能迩，以定我王”，“平仄平仄”的声调不谐，但那是经书的成句，不可更改，所以这里临时不强求合乎格律。

可以预料，在现代人编写的西夏字典问世以后，对党项文献的解读质量已不再单纯取决于识字的多少，而更多地取决于译者的中国传统文化素养，其中对汉文古书的熟悉程度和古代汉语的写作能力至为重要。

第三节　20世纪的文献编目

党项非佛教古籍里有不少是汉文著作的译本，此外还有一些模仿汉籍体例编成的书，真正由民间产生的本民族原创作品很少，这很容易使人想到套用中国传统的“四部分类法”来为党项非佛教文献编目。不过不知是什么原因，现有的党项文献目录全都没有沿用四部分类法，这令人感到有些不解。

除去早期文献辨识阶段的不完整著录之外[①]，迄今学界做出的党项文献目录有四份。作为开端的一份是戈尔巴乔娃和克恰诺夫在1963年发表的《西夏文写本和刊本》，其中著录了俄

① 早期的目录为龙果夫和聂历山所编，载《国立北平图书馆馆刊》第4卷第3号，1930。

罗斯科学院东方文献研究所收藏的西夏文非佛教著作60种，佛教著作300种。由于当时人们的研究兴趣集中在非佛教著作上面，所以戈尔巴乔娃和克恰诺夫在佛教文献部分仅仅列出了西夏文书题和对应的汉文、梵文书题，而对于非佛教文献则详细介绍了每个馆藏号的文献题名、馆藏号、版本形制、基本内容、保存情况和相关参考资料。例如对吕惠卿《孝经传》的著录（Горбачева，Кычанов 1963：32－33）：

> 《孝经》，инв. № 2627。
>
> 抄本，行草书，蝴蝶装，页面24×14.7厘米，墨框19×12.5厘米，7行，行20字，注解行19字。无页码，77面。保存良好（抄本经过修复），文中多有朱笔校改。
>
> 公元1095年（据序言判断）。
>
> 为汉文《孝经》译文，有吕惠卿所撰前言和注释。除第十八章末尾以外保存完整，未署译者。
>
> 参阅《唐古特语文学》I，第85页；聂历山档案：Ф. 69，оп. 1，ед. хр. 20（б）21，37[①]。

① 以上著录中的“инв.”为俄文“инвентари”（收藏清单＝英文inventory）的缩写，是该研究所对黑水城特藏的分类编号，“唐古特语文学”指Невский（1960）。“聂历山档案”指20世纪30年代聂历山研读俄藏黑水城文献时写下的大量笔记，现在集中收藏在俄罗斯科学院东方文献研究所。

详细著录的全部非佛教文献被分为以下六类（Горбачева，Кычанов 1963：29），明显与中国的传统分类习惯差异很大：

1. 汉籍的西夏文译本。

2. 字典和语音表。

3. 西夏文学原著。

4. 历书、图表、图样。

5. 咒语和医书。

6. 西夏法律文献。

由于大量文献在当时尚未得到仔细的研究，所以目录里有时会把同一种书的不同版本误断为两种书，也有时会把两种不同的书误断为一种书[①]。此外，对书题和图书性质的误判也未能避免[②]。这些疏失在中国的西夏学界造成了一段时间的误导，直到《俄藏黑水城文献》开始出版后才逐渐得以纠正。

第二份目录是西田龙雄（1977：13－59）的《西夏语佛典目录》。这份目录是作者在前人著录的基础上加上了他自己周游欧洲各地收集来的资料，虽然没有著录版本形制，但在迄今

① 前者例如把写有书题全称的“三才杂字”和只写简称的“杂字”误断为二书，后者例如把西夏文书题相同的《德行集》和《正行集》（[illegible]）误断为一书。

② 例如据版口书题简称把《华严经普贤行愿品》误断为“到贤”。

的所有同类著作中堪称取材最广。另外，作者还尽量考察了夏译佛教著作的来源，其中一部分勘同意见，特别是对藏传佛书的勘同意见被后来的克恰诺夫目录所采用。不过，目录中对佛教译本的勘同似乎大多停留在经题大致对应的层面上，并没有进一步核查佛经正文，所以其结论并非处处可信。例如下面这条著录：

净土生求顺要论［疑译自汉文］

参看［大正藏第 1984 号］　往生净土忏愿仪（一卷）宋　遵式撰

列宁格勒目录第 393 号

取《大正藏》原文与西夏本对读一下就可知道，二者的文句并不相干（孙伯君 2012）。

第三份目录是史金波（1988：343－413）的《西夏文佛经目录》。这份目录的俄国藏品部分直接录自戈尔巴乔娃和克恰诺夫的《西夏文写本和刊本》，日本和欧洲藏品部分直接录自西田龙雄的《西夏语佛典目录》，提供的新资料是中国藏品部分，那里有一些是作者亲自调查搜集的结果。不过遗憾的是，目录中对每一种著作都仅列出了西夏文的经题和汉文的字面翻译，此外没有做出任何必要的描述和说明，而且作者未能在任何地方交代自己目录中日本和欧洲藏品的信息出处。

第四份目录是克恰诺夫的巨著《西夏文佛教文献目录》（Кычанов 1999），著录的是俄罗斯科学院东方文献研究所的收藏。这份目录不但所收著作的种类远多于当年的《西夏文写本和刊本》，而且在每个编号的藏品下面都有迄今最为详细规范的介绍。例如对《长阿含经》的著录：

> 佛说长阿含经
>
> 译自汉文，见《大正藏》第 1 号，西田龙雄《西夏语佛典目录》（西夏文华严经）第 194 号。
>
> инв. № 150　卷十二
>
> 抄本经折装，折面 31×12 厘米。41 折 + 2 折版画，佚卷尾。每折 6 行，行 17 字。有墨框，天头 4 厘米，地脚 3 厘米。经题后有译者题名：中国三藏法师佛陀耶舍共竺佛念译，乾顺皇帝及其母梁氏皇太后御译，仁孝皇帝嵬名御校。首折有朱砂牌记一方，曰："大白高国清信弟子皇太后罗氏新增写番大藏经一整藏，舍于天下庆报伽蓝寺经藏中，当为永远诵读供养。"用第 1 类纸[1]。

---

[1] 克恰诺夫对纸张的分类参看本书第三章第二节，这里的"第 1 类"大致相当于中国传统上说的"白绵纸"。

克恰诺夫目录对西夏文佛教著作的分类法相当复杂，大致可以概括成这样：

作者首先把已经可以考定题名的佛经逐一与日本编的汉文《大正藏》目录和乾隆北京版藏文大藏经目录核对，大致确定每部西夏文佛经的原本，前人若有研究成果也一并提示以供参考[①]。全部文献依照其来源编为“见于汉文《大正藏》的佛经”和“见于藏文大藏经的佛经”两大类，然后再按不同的情况对译自汉文的佛经和译自藏文的佛经进行分别处理。译自汉文的佛经基本上参照《大正藏》的顺序以“经”“律”“论”排列，译自藏文的佛经基本上参照北京版藏文大藏经的顺序排列。对于一时难以考订其具体来源的作品，作者只得转而大致参照西夏文经题中的术语进行分类，其次序为“经”“颂”“赞”“注疏”“义”“仪轨”“论”“记”“文”“集”“次第”“本”“品”“纲”[②]“序”“部”，等等。由于西夏文中藏传佛教术语的解读问题至今没有得到圆满解决[③]，当前人们对西夏文经题中一些关键词语的翻译并不一定准确，所以上述对西夏文藏传佛教经典的分类自然也还不能视为最后的结论。

① 参考文献中甚至包括俄罗斯科学院东方文献研究所收藏的半个多世纪前聂历山的研读笔记。

② 这里的“纲”实际指对佛经条分缕析的“科”。

③ 对于这些术语比较好的解释是西田龙雄（1977：10－11）做出的。

由于还有大量的党项古籍没有获得初步的整理和鉴定，克恰诺夫著录的也只是俄国藏品的一少部分，所以即使把此前所有的目录合并在一起，也不能形成一部真正的“党项古籍总目”。就目前的情况而言，为了使理想中的“党项古籍总目”更便于学界使用，我们建议在将来摸清绝大多数文献的性质和来历以后采用下面的分类方法：

第一级分类：在“四部”的基础上加入“释典”一类。传统的“四部”一般不收佛教著作，传统的大藏经一般也不收非佛教著作，只有《法苑珠林》、《高僧传》等工具书和史传书在“四部”和“释典”两收，党项古籍中恰好没有这类作品，因而不会产生矛盾。

第二级分类：参照清《四库全书总目》。在非佛教著作的“经”“史”“子”“集”四部中，经部实有“孝经”“四书”“小学”三类，我们把“孝经”“四书”合并为“儒经”，再把“小学”分为“字典”和“蒙书”，因为这一部分涉及的书籍较多。史部实有“杂史”“史钞”“政书”三类，我们把“杂史”“史钞”合并为“杂史”。子部实有“儒家”“兵家”“医家”“术数”“类书”“道家”六类。集部在“别集”外另立“谣谚”一类。另参照党项文献的具体情况，把“释典”分为“汉传佛书”“藏传佛书”和“此土著述”四类。

译自汉文的非佛教著作遵照《四库全书总目》分别归类，汉文原本佚失的译著和党项原创作品根据内容斟酌派入各类，如夏译吕惠卿《孝经传》派入经部（儒经类），党项诗歌《月月乐诗》派入集部（词曲类）。

译自汉文的佛教著作不妨遵照日本《大正藏》归类[①]，汉文原本佚失的译著根据内容斟酌派入各类。西夏境内藏族僧人的口传作品派入此土著述类，唯多数藏传经典的来源还难以确定，所以下面仅参照内容做一个总体的概观。

① 这里参照《大正藏》而没有参照传统藏经，是考虑到此前西田龙雄和克恰诺夫的著录都根据《大正藏》，而且现在我们有《大正藏》的电子版（CBETA）可供检索。

第五章

党项文献的内容——四库

下面分类介绍存世的党项古书内容。这些古书都是出土物，大多有残损，我们一般不顾及残损情况，也就是说，哪怕只留下一页残纸，也可以证明当年有过这种书。另外如前面所说，这里只介绍此前经学术界研究过的文献，除了比较重要的著作，一般不包括仅见于书题著录而实际性质不明的作品。学界迄今对这些文献的研究深浅程度不一，许多问题还未及详细探讨[①]，所以我们只分别叙述各类书籍的产生背景、基本内容和现存情况，对具体书籍的介绍则难免详略不等，这是需要预先说明的。

① 总的说来，由于知识结构的问题，学界对非佛教文献的研究相对深入，而对佛教文献的研究还大多停留在简单的解读和泛论的层面上。

第一节　经

（1）儒经

中原儒家典籍曾经在西夏传播，但如果不考虑唐宋模式下的政治制度，纯粹的儒家经典乃至整体学说对西夏人的影响极其有限（李华瑞 2006）。此前一个有代表性的看法认为西夏儒学“在政治、文化界十分流行，整个国家机器在这一思想指导下运转”（史金波 1986：127），这明显是把中原的典章制度和儒家的思想学说混为一谈了。事实上，尽管西夏统治集团也曾采取了一些手段来倡导尊孔读经，但儒家学说从未像佛教那样深入西夏国民的精神世界，其在国内的地位或许还不及道教。就中原俗称的“儒释道”三家而言，西夏《天盛律令》可以把“僧人”（[illegible]）和“道士”（[illegible]）并提，却不见经常出现在儒家经典里的“儒士”（[illegible]）。西夏“儒”（[illegible]）的语源有些费解。这个西夏字读若 $rjir^2$，在文献里一般与汉语的“才”形成词义对应，例如《番汉合时掌中珠》的作者叫“骨勒茂才”（[illegible]）。由此进推测——大概西夏人把“儒者”理解成了“有文才的人”[①]。

① 著名的西夏诗歌《夏圣根赞歌》中说到党项人的先祖是个身高十尺的“[illegible]”，意思大约就是“有才能的男人”（Кычанов 1970）。

党项文献可以把“𗡪”（教，法）一词用于释家和道家却从来不用于儒家，西夏的政府设有管理僧人和道士的机构却不对儒者实行专门管理，这表明儒学与释道二教在西夏不被列为同一层次，至少不属同一类别。《宋史·夏国传》记载西夏仁宗即位后增设了多种学校、实行了科举制度，不过那都是建国百年之后的事情。仁宗当然希望效法中原制度来为政府培养人才，可是目前并没有资料表明他设立这些学校时还计划向学生灌输儒家学说。至于西夏文字创制之初夏景宗元昊曾敕命“译《孝经》、《尔雅》、《四言杂字》为番语”，其真正目的不过是要借助几本篇幅较小的书来推广新创的文字，并没有打算要借儒家经典来教化国民，否则我们就不能解释为什么会有儒经之外的《四言杂字》厕身其中。

按照常理，西夏既然有官方主办的学校，自然会有官方指定的教材。此前我们已经确切知道，西夏政府没有组织过全部儒家经典的翻译（李吉和、聂鸿音 2002），出土文献中“儒经”的西夏文译本也不出《孝经》、《论语》、《孟子》三种。《孝经》、《论语》、《孟子》迟至晚唐五代甚至宋代才先后和《尔雅》一起跻身“经书”之列，而西夏人唯独关注这三部书，必是因为它们的篇幅比“三礼”和“春秋三传”短小，且文字比早年“入经”的《易》、《书》、《诗》浅显易懂。

黑水城所出西夏译本《孝经》《论语》《孟子》的照片最初由科罗科洛夫和克恰诺夫发表（Колоколов，Кычанов 1966），1999年再次发表于《俄藏黑水城文献》第11册。共四个译本，基本情况如下：

《孝经传》，宋绍圣二年（1095）吕惠卿原著，相应的汉文原本已不存。俄罗斯科学院东方文献研究所藏夏仁宗时期（1140—1193）草书稿本，佚卷尾。首有吕惠卿序言，文中有朱笔校改，偶见西夏“孝”字阙末笔作“”以避仁宗讳[①]。格林斯蒂德曾尝试把全文的草书转写为楷书（Grinstead 1972：300－376）。

《论语全解》，宋陈祥道原著（Wu 1969），俄罗斯科学院东方文献研究所藏夏仁宗时期刻字司刻本，残存《公冶长》《先进》《卫灵公》《子张》《尧曰》[②]。

《孟子章句》，经文，俄罗斯科学院东方文献研究所藏楷书抄本，存卷四至卷六（彭向前 2012）。

《孟子传》，考为宋陈禾原著（聂鸿音 1997a），俄罗斯科学

① 可以肯定这不是景宗元昊在1036年敕命翻译的那个《孝经》，因为宋吕惠卿的《孝经传》在60年后才告完成。

② 英国国家图书馆的Or.12380/385号西夏文刻本残片仅存八行，每行底部仅存两个字。最初的刊布者拟题为“同音”，后来史金波（2010）指为《孟子》，那是仅凭残纸上存有西夏文“”（孟子）两个字而做出的轻率判断。事实上这纸残片出自《论语全解》卷七“冉子退朝”一章的陈祥道注。

院东方文献研究所藏楷书抄本，存卷八《离娄下》。相应的汉文原本已佚。

学界相信这几种书都是为西夏学校准备的儒学教材，其中一个最有力的佐证来自《论语全解》的版口——版口底部题写的几个刻工名字与乾祐十二年（1181）的刻字司刻本《类林》相同，则《论语全解》必为西夏官刻本无疑（聂鸿音 1997c）。西夏刻字司是专为王室和政府服务的出版机构，人们自然可以将它与西夏官办的学校联系起来。至于另外三个抄本，由于上面多有文字校改，则不妨估计是未及付梓的译稿，一旦印制完成，肯定也会被当作科举考试的参考书。

此前人们所谓的西夏文《孟子》实际上是两种完全不同的书，一种是删除了注释的《孟子章句》，一种是带有注释的《孟子传》。按照常理，科举用书不允许任意替换，也就是说，那两种书至少有一种不是学校的法定教材。随着近年来大量原始资料的公布，我们又见到了以前没有注意到的两个译本：其中一个西夏时期的草书抄本今藏英国国家图书馆，编号 Or. 12380/3858，为唐玄宗注《孝经》的全文翻译，存《三才第七》至《丧亲第十八》（孙颖新 2017）；另一个是夏天盛九年（1157）的草书抄本，今藏俄罗斯科学院东方文献研究所，编号 инв.№ 6850，为汉赵岐《孟子章句》的全文翻译，存卷十三

《尽心上》（聂鸿音 2012b）。相关的译本也许将来还会有所发现，但目前这点资料已经足以反映一个事实，即这六个译本明显可以分为两组，第一组来源于中原最通行的本子，包括后世被编入《十三经注疏》的《孝经》玄宗注和两种《孟子章句》，第二组来源于北宋“新经学派”的作品，包括吕惠卿的《孝经传》、陈祥道的《论语全解》和考为陈禾所著的《孟子传》。鉴于《论语全解》已可确证为官刻本，那么我们的初步结论就是：第二组译本是西夏科举的法定用书。“新经学派”的作品在12世纪的中原已经受到冷落，却意外地在西北边陲得到了青睐，这大约主要起因于夏仁宗在文化上标新立异的念头。另外，新经学派的作品只求借题发挥自己的政治主张和人伦理念，完全不像汉唐注疏那样立足于解经，这也会使得西夏人的翻译工作变得容易一些。当然，人们很难想象完全不解释经文词句的教学活动怎么能够正常进行——学生只是听了一场离题万里的政治报告，孔孟的原话却还是一句也没看懂。

第一组译本中带有注释的那部《孟子章句》抄写于1157年。假定现存的这几个抄本都是译者最初的手稿或者是在译成之后不久抄写的，那么就可以看出第一组译本的形成年代在第二组之前。由此可以想到一个比较合理的解释，即第一组译本出自教师个人之手，所以照惯例采用了中原最流行的本子作为翻译底本，他们当初授课就是依据这几个译本。在二十多年之后，政府突然下令采用“新经学派”的注释作为法定教材，于是教师就必须依照新的底本重行翻译，这就形成了我们所说的第二组译本，只是不知道其中的《孝经传》和《孟子传》为什么没有来得及付梓。当然，由于缺乏相关的史料记载，我们没有能力描述西夏学校的教学制度。

这两组译本肯定出自不同的译者之手，因为不同的译本对同一段经文经常会有不同的译法。例如对《孝经·圣治章》“言思可道，行思可乐，德义可尊，作事可法，容止可观，进退可度”几句的翻译，两个译本表达的意思虽无二致，但其中字面上的大相径庭当可一望而知：

唐玄宗注本：

[illegible]，[illegible]，[illegible]，[illegible]，[illegible]，[illegible]。

[言思谓应，行思乐应，德义尊应，事所法应，威仪观可，进退法可。]

吕惠卿传本：

[illegible]，[illegible]，[illegible]，[illegible]，[illegible]，[illegible]。

［言道可思，行乐思应，德尊应可，事做法为，盛容行应可，进退量为可。］

现在我们估计黑水城出土的全部六种儒经译本都是夏仁宗即位后所建学校的产物①，只不过最初的教材是在天盛年间由教师自行翻译的，而到后来的乾祐年间则被法定的新教材取代了。

夏仁宗即位时距离西夏正式开国已逾百年，中原儒学典籍在这百年中间的流传情况我们几乎一无所知。据汉文史书提供的信息，自西夏建国之初就有人愿意阅读中原儒学典籍，例如《宋会要辑稿》记载夏毅宗谅祚曾于1062年向北宋朝廷求得了“国子监九经”（礼，六二之四〇），还说到西夏允许在榷场交易的书籍只有“九经”（食货，三八之三八）。众所周知，唐代用以取仕的“九经”包括《易》《书》《诗》、“三礼”和“春秋三传”，其中恰好没有后来最受西夏人重视的《孝经》《论语》和《孟子》，迄今也没有任何资料表明西夏时期曾经出现过“九经”的译本。事实上，我们应该认定西夏人从未产生过翻译“九经”的念头，因为那些书的语句相对古奥，当时的汉人

① 《宋史》卷四八六《夏国传下》载，绍兴十五年（1145）“八月，夏重大汉太学，亲释奠，弟子员赐予有差。十六年，尊孔子为文宣帝”。

已经不易理解，若让党项人阅读，其困难之大更是可想而知。如果进一步假定传入西夏的“九经”在正文之外还有唐代流行的注疏，我们就更可以相信，若要把那些繁复的词义训诂和书证全部译成流畅的西夏语，那不但没有必要，而且根本就难以实现①。

这就是说，至少在12世纪中叶以前，儒学典籍都是以汉文本的形式在河西传播的②，其读者也大都是汉人。西夏童蒙读本《新集置掌碎金》说境内“羌多敬佛僧，汉皆爱俗文”（聂鸿音、史金波1995），就是这种状况的写照——“俗文”（[illegible]）自然指的是除佛教文献以外的中原文史著作。参照周边少数民族的情况不难推想③，党项人大都不会直接去读汉文的书籍，在西夏境内同时精通汉语和党项语的人才恐怕也很有限，这决定了儒学典籍在河西地区的流传范围是狭小的。事实

① 面对汉人注解中的“诂训”部分，西夏译者采取的办法是不按字面翻译诂训，而是把相关的解释直接替换到正文中。例如赵岐《孟子章句》：“于不可已而已者，无所不已。”赵注：“已，弃也。”西夏译作：“[illegible]，[illegible]。”即“弃所不弃者，无不弃也”。译者略去了赵注的诂训，直接把经文的三个“已”字都译成了“[illegible]”（弃，丢掉）。

② 作为汉文本流传的证据，黑水城出土有汉文《论语》抄本残叶两种（TK.208、268），分别出自《微子》和《子张》。

③ 一个值得参考的事实是，北朝时高昌学校讲授儒经大约是靠教师口译，就像现在的一些日本学者习惯用日语读中国古书一样。《周书》卷五〇《高昌传》：“有《毛诗》《论语》《孝经》，置学官弟子以相教授。虽习读之，而皆为胡语。”

上，不但西夏的“番学”和“汉学”在政府机构中各自分立，番汉两种民族文化在民间的隔膜也很长时间未被打破，“番有智者，汉人不敬；汉有贤士，番人不崇”的尴尬局面直到《番汉合时掌中珠》印行的1190年还依然存在。由此导致的结果自然是国人对中原儒学所知甚少，即使是政府的文职官员，其对儒家经典的理解力若放到中原也只能位列末流。此前的研究表明，即使是在用作官学教材的几种《孝经》《论语》《孟子》译本里也都出现了一些误译①，事实上西夏知识分子对中原典籍的生疏程度令人吃惊，这自然也证明中原儒学在西夏远不及佛教那样受到朝野的一致追捧。

据元代虞集《道园学古录》卷四《西夏相斡公画像赞》说，夏仁宗朝的中书令斡道冲在任职番汉教授的时候曾经用西夏文翻译了《论语》的一个注本，另外还用西夏文撰写了《论语小义》和《周易卜筮断》两部书。如果这的确是事实，则可以证明真正意义上的儒学终于在西夏立国一个多世纪后开始萌芽了，可惜他的《论语小义》和《周易卜筮断》没有保存到今天，我们无从窥见其学术主张和对资料的把握能力。

① 例如西夏译《孝经传・开宗明义》引《诗经・大雅・文王》“无念尔祖”，西夏文作“[illegible]”，字面意思是“不念汝祖”。按“无念”毛传训“念也”，孔疏：“言当念汝祖。”知“无”在此为发语辞，或可译“当”，或可不译，西夏译以否定词“不”，大误（聂鸿音 2003a）。

由政府简单地倡导尊孔读经，这并不是件难事，难的是怎样通过读经把儒学的思想理念灌输到国民心中，并转化为统治者所期待的行动。西夏时代可以尊孔子为“文宣帝”并立庙祭祀，却没有为后人留下一部本土的儒学“经解”，这说明孔子在西夏仅仅是作为一个文化的符号而存在，而西夏则直到覆亡也没有发展出真正的儒学。

（2）字典

在西夏文字制成之后，自然需要编写一些字典和识字课本以供国民学习。这些著作属于中原传统的“小学”领域，不过与中原略有不同的是，西夏人编写小学著作纯粹是服务于本国的识字教育，而不像中原那样有时以“解经”为目标。

小学著作中最重要的是字典。这种工具书的特点是必须尽量收录当时能见到的全部单字，并按照某种检索法来列字，字下要有注释，而且除了以语音归类的“韵书”之外，同一个字不能在同一部字典中重复收录。由此出发来审视存世的西夏“小学”著作，可以归为字典的只有《文海》《文海宝韵》《同音》和一些佚题的字书抄本残片[①]。

在西夏文字创制之前30年，北宋陈彭年等人奉诏编写的

① 西夏学界过去曾把《杂字》之类的童蒙教材也笼统地称为字典，我们没有采用这种意见。

《大宋重修广韵》正式颁行，并取代唐以来的《切韵》和《唐韵》成了中原科举考试的标准。这部在当时最受重视的字典自然最有可能成为西夏人编写本国字典的首要参考，而西夏官修的字典也主要是以《广韵》一系韵书为模板编写的。

仅有的一部西夏官修字典收藏在俄罗斯科学院东方文献研究所，仅存上卷，学界一般称之为（[illegible]），依据的是刻本的版口书题，可惜卷首的题名和序言没有保存下来。该研究所还另有一册与“文海”性质类似的抄本，题为“大白高国文海宝韵”（[illegible]），卷首的序言残损非常严重，已经不能通读，下面的文句拼配也不敢保证绝对正确：

> ……[illegible]……[illegible]

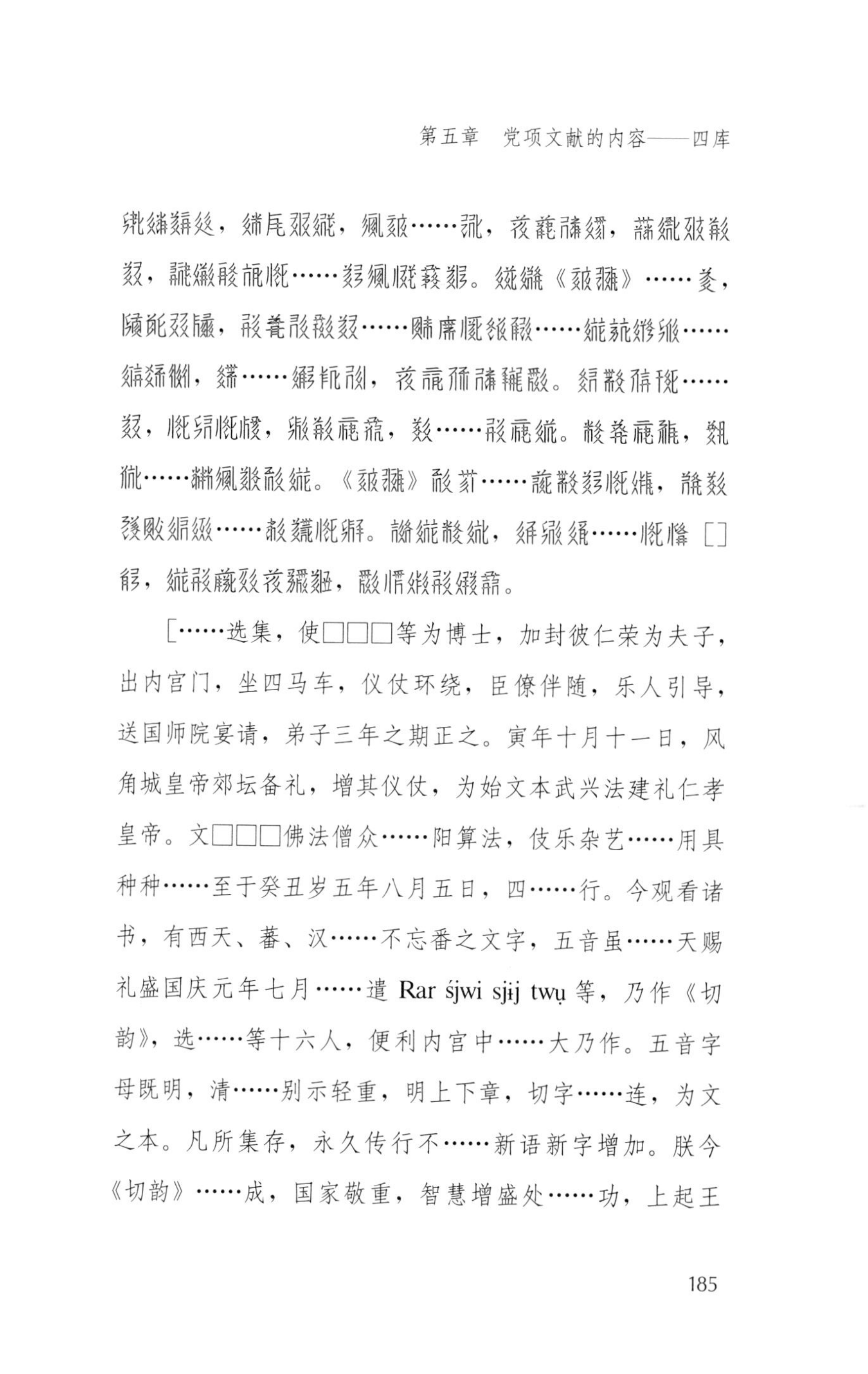

[illegible]

[……选集，使□□□等为博士，加封彼仁荣为夫子，出内宫门，坐四马车，仪仗环绕，臣僚伴随，乐人引导，送国师院宴请，弟子三年之期正之。寅年十月十一日，风角城皇帝郊坛备礼，增其仪仗，为始文本武兴法建礼仁孝皇帝。文□□□佛法僧众……阳算法，伎乐杂艺……用具种种……至于癸丑岁五年八月五日，四……行。今观看诸书，有西天、蕃、汉……不忘番之文字，五音虽……天赐礼盛国庆元年七月……遣 Rar śjwi sjɨj twụ 等，乃作《切韵》，选……等十六人，便利内宫中……大乃作。五音字母既明，清……别示轻重，明上下章，切字……连，为文之本。凡所集存，永久传行不……新语新字增加。朕今《切韵》……成，国家敬重，智慧增盛处……功，上起王

旨敕禁……儒诗……阳吉凶、历……庆典集，为文之本源也。譬如大海……不竭不溢，随求皆得，日……智悉悟。诸山皆高，诸业……中字宝为上，《切韵》略头……不显深广之语，晓日无限灯光……而量不尽。天上种类多，写释能……不自以为是，上智巧人校核，是非来哲辨之。]

从存留的少量语句大致可以猜想，字典是天赐礼盛国庆元年（1069）前后由十几个大臣奉敕合作编写的（史金波 2001），那时候距离西夏文字的创制已经过去了三十多年，不知道文字的创制者野利仁荣是否在世。另外，现存最早的党项文献“瓜州审判记录”于同时写成[①]，瓜州（今属甘肃酒泉）距西夏都城兴庆府（今宁夏银川）有近千公里，而远在那里的官府皂隶已能熟练地使用西夏文字，这使人相信在《文海》之前很可能出现过另外一部字典，不过那部字典没能保存到今天。

《文海》原件最初由克平等刊布并译为俄文（Кепинг，Колоколов，Кычанов，Терентьев-Катанский 1969），其后有史金波、白滨、黄振华（1983）的汉译。这是一部标准的“韵书”，从形式到内容都模仿中原的《广韵》。全书上下两卷，上卷平

① “瓜州审判记录”上面有两处记录了书写的时间，分别为“天赐礼盛国庆元年腊月”和“天赐礼盛国庆二年正月”。图版见《中国藏西夏文献》12，页351－356。

声分韵97，下卷上声入声分韵86，每字下有比较详细的字义说解，每个同音字组中第一字的注释下面有反切注音和该字组包含的字数。与《广韵》一系韵书相比，《文海》的体例创新之处有三。首先，中原韵书同一个韵内各同音字组的排列次序是任意的，《文海》则按照中原等韵图方式，按唇舌牙齿喉及清浊声母发音部位依次排列同音字组，给读者检字带来了更大的方便，这可以看作《文海》编写体例里最为精彩的一处[①]。其次，中原韵书不设专门的字形说解，《文海》则仿《说文解字》用四个字逐一简要解释西夏字的形体结构，放在释义部分之前[②]。不过应该承认，这种体例固然可以给读者提供更多的知识，但韵书的作用主要在于提供写诗押韵的标准，而字形说解则并非必要。第三，《文海》在每卷的末尾专设了“杂部”（杂类）一章，以唇舌牙齿喉的声母发音部位列出正文没有收录的字，字下同样给出了字形说解、释义和反切。至于编者为什么给这些字专立一章而不将其分别派入相应的韵里，其中的缘故尚不十分清楚。

① 汉文韵书的一韵内按三十六字母次序列字，传统上把这种体例归于金代韩道昭的《五音集韵》首创。《五音集韵》的成书时间（1208）晚于西夏的《文海》一个世纪左右，且列字以牙音起首而不同于西夏韵书以唇音起首，所以二者之间应该不存在继承关系。

② 《说文解字》里“从某，某声”之类说解是放在释义部分之后的。

《大白高国文海宝韵》是《文海》的节略本（李范文 2006：295－476），其分韵和列字次序与《文海》相同，只是把注释删除了十之八九——字形说解和反切基本都被略去，释义也仅以三五字为限，少量常用字甚至不再保留注释，使之作为韵书的实用价值更加突出。很明显，由此形成的《文海宝韵》与初编的《文海》已经是内容迥异的两种书，就像宋代的《礼部韵略》不同于《广韵》一样[①]。当然，经过如此简化的《文海宝韵》已几乎不再具备字典的功能，而仅仅是庠生抄来供自己使用的备考资料而已。

《文海》刊刻精良，应该是西夏官方指定的考试用书，但对于普通的学习者来说，未免显得篇幅过大且内容繁杂。据西夏童蒙读本《三才杂字》的序言记载，后来的大臣有感于此，于是编写了一部简明的字典，题名“同音”（聂鸿音、史金波 1995）[②]。

现存的《同音》（[illegible]）主要收藏在俄罗斯科学院东方文献研究所，另有大量残片收藏在英国国家图书馆和中国各地的

① 《俄藏黑水城文献》的编者把《文海宝韵》称作“文海宝韵乙种本”，把《文海》称作“文海宝韵甲种本”，是把两种不同的书混为一谈了。

② 《三才杂字》的序言原文是“[illegible]，《[illegible]》[illegible]”（后而大臣怜之，乃刻《同音》）。从 20 世纪 30 年代开始，学界对这个书名就有“同音”和“音同”两种大同小异的译法。由于未见西夏时代的汉文记载，何者准确已经无法确定。这里译作“同音”，是想附和英文的 homophone（同音）。

文物部门[1]。这部书最初由切韵博士令吠犬长和罗瑞灵长二人合作编纂，在流传过程中又经过了多名学士先后“刊谬补缺”，最终形成的梁德养重订本从列字次序到字义说解都与前代的本子有很大差别，实际上成了两种不同的书：即 1132 年刊的义长校订本和半个世纪后梁德养的增字重订本，只是令吠犬长和罗瑞灵长的初编本没有保存下来。现存最早的资料只有一篇年代不明的“同音本序”，作者是学士兀啰文信：

[illegible]

［依音设字，据语成词，为世间大宝，成庶民所观。先集者略杂，后新出另行。吾等失其助，学人不易寻。故

① 俄国藏品发表在《俄藏黑水城文献》7，页 1－122。英国和中国藏品散见《英藏黑水城文献》和《中国藏西夏文献》。

而节亲主德师知中书枢密事执正净聚文武业敬孝诸巧东南族长上皇座嵬名德照检视少许文本，因略有杂乱，乃请御史正谏臣考虑文书东南族长上大荫学士兀啰文信[1]，重正杂乱，依音合类，大字六千一百三十三，注字六千二百三十。命工镂版，国内传行，劝民习之，为智之本，勿生懈怠。]

梁德养在后来的《同音重校序》里简要叙述了这段历史[2]：

[illegible]

[今《同音》者，昔切韵博士令吙犬长、罗瑞灵长之

① 嵬名德照和兀啰文信的职衔不能彻底解读，故这里仅据字面翻译。

②《俄藏黑水城文献》7，页 29、58。序言此前有史金波和黄振华（1986）的翻译，这里的译文略有改动。

所造作。后增加新字时，学士浑吉白、兀名犬乐有新字，别作《同音》一本，是以新旧两部各自传行。其后节亲主嵬名德照深谙番文，因见旧本有讹，新字别出，故延请学士兀啰文信，结合新旧，集成一部，即今日此本。彼亦眼心未至，未离偏见。德养既见此书，因有杂乱，故与《文海宝韵》细细比对，于《手镜》《集韵》好好校雠，勘正讹脱之外，亦增新造之字。巧智君子见此本时，勿生嫌恶，可为增删。]

前代的几个切韵博士和学士在文献中无可查证，目前只知道最后对《同音》进行增字重订的梁德养是西夏仁宗朝的“御史承旨番学士”。存世的党项文献里另有两处出现过他的记录，一处在民间谣谚集《新集锦合谚语》卷尾（陈炳应 1993：26），一处在字书《同义》的卷尾，时间分别是乾祐十八年（1187）和十九年。这说明梁德养重订《同音》应该在此之前不久。

学界一般称 1132 年刊的义长校订本为“旧版本”，称乾祐年间梁德养的重订本为“新版本”。旧版本在 1935 年由罗福成摹录，以《西夏国书字典音同》为题，由旅顺库籍整理处印行。在这基础上有李范文（1986）的全文校订和汉译，因而比新版本在当代的流传要广。苏敏（Софронов 1968：vol.2）曾经把《同音》的新版和旧版逐条剪裁加以对照，从中可以看出两个版本在内容上的差别有四：第一，新版本在旧版本基础上增收了 22 个新字并附有释义（李范文 1986：2 – 3）。第二，新版本对旧版本的注释有所改动，例如旧版本有 13 个字注为“不行”（㲉䘺），意思是“不通用”，新版本改为具体的解释。第三，两个版本同音字组排列的先后顺序多有不同，但似乎都看不出什么理据。第四，也是最受学术界重视的一点，即旧版本在编写时不考虑西夏语的“平”“上”两个声调，凡声调有异而声韵相同的字一律归入一个同音字组，而新版本则把平声字和上声字分别看待，归入不同的字组。显然，后者准确反映了当时西夏语的实情，而前者则让学术界明白了西夏语平上声音节的对应关系（桥本 1963）。

从中国字典史的角度看，《同音》有一项最突出的体例创新，即放弃了中原韵书建立的“依韵列字”规则，转而改用“依声列字”，于是就形成了一部前无古人的“声书”①。编者将所有的西夏字分别列成《文海》那样的若干同音字组，每个同音字组结尾处用小圆圈标示，然后把这些同音字组按照声母的发音部位分别归入九个“品”，相当于书的九章，即“重唇音”

① 据唐代封演《闻见记》记载，三国时期李登编著的《声类》即“以五声命字，不立诸部”，似乎可以认为是这类著作最早的消息，但李登的原书早已亡佚，现在无从校核。

“轻唇音”“舌头音”“舌上音”“牙音”“齿头音”“正齿音”“喉音”和“来日音”。“九音”的分类和排序表明西夏人在努力模仿中原的等韵学，尽管其中有个别声类可能会导致混乱[①]。有些西夏字不能与其他字构成同音字组，编者就把他们集中放在每一品的末尾，称为“独字”（[illegible]）。

《同音》的每一个大字下面都有用小字写的注释。注释极为简单，一般仅用一两个字提示字义，例如对专有名词只注“族姓”“人名”“地名”，对虚字只注“语助”，对译音字只注“梵语”“真言”等等。最多见的注释手法是利用被注释字组成一个双音节词或者词组，注释的格式也是迄今所见最为简略的——仅把一个注释字写在被注释字的右下方或者左下方。如果写在右下方，就是提示读者用“注释字 + 被注释字”的顺序组词，如果写在左下方，就是提示读者用“被注释字 + 注释字”的顺序组词，例如：

注“[illegible]”（窗）字的时候把“[illegible]”（屋）字写在右下方[②]，

① 例如三十六字母里没有的党项声类 r 就被勉强归入了“来日”音里（西田 1964：141 - 142）。

② 左下方的小圆圈是隔开同音字组的标记。

组成词组“[illegible]”（屋［里的］窗）；注“[illegible]”（律）字的时候把“[illegible]”（令）写在左下方，组成“[illegible]”（律令）。“同义相训”的注释字也写在左下方。这种特殊体例是在中古俗字书基础上发展而来的。在出土《同音》的同时，黑水城还出土了一部“平水韵”式的韵书，孟列夫（Меньшиков 1984：310 – 311）推测为南宋刻本。这个本子的特点是在双行小注里用一个小竖线替代重复出现的被解释字，例如：

帷　　骸

幄｜　｜形

“帷”下面的“幄｜”等于“帷幄”，“骸”下面的“｜形”等于“形骸”。成书在此之前的辽代字典《龙龛手镜》也是同样的体例，这可以看作俗刻本或少数民族地区刻本的一个特征。大约是当时的刻写工匠为图省事想出了这样一个办法，而到了刻写《同音》的工匠手里，竟然是仅仅在相应的地方保留一个空位，连小竖线也省去不用了。

从 20 世纪的出土情况来看，《同音》在西夏的普及程度远远超过了官修的《文海》[1]，想必是因为其收字很多但篇幅相对

[1]《同音》的各种印本在西北各地都有出土，但《文海》迄今只发现了半部。

短小，印刷品的价格肯定便宜。事实上《同音》最初的印数不能满足广大民众的需求，于是其初编本和校订本在问世后经私家书铺翻刻达十次之多（景永时 2012），甚至因书商单纯逐利、无暇核对而致错字迭出。在义长刊本的卷尾有一篇于正德六年（1132）写下的跋，其中就在抱怨那些粗制滥造的版本误人子弟①，但这种抱怨毫无疑问是不起任何作用的。

《同音》虽然因篇幅短小而得以在国内广为传行，但对于追求更多知识的人来说，其注释又显得过于简略。于是不知是谁想到了一个办法，即把《文海》的注释全部移到《同音》里面，形成了一部当时资料最为丰富的字典，不过似乎从未刊行。

这部字典存世只有俄罗斯科学院东方文献研究所收藏的一些残片②，全部资料由韩小忙（2008）整理并译成了汉文。就目前所见，那些残片规格不等，抄写质量极差，而且大多写在其他文献的纸背，因正面透墨而字迹辨认困难，很明显不是供正式典藏的抄本，而是抄书人留作自用的。

书的卷首和卷尾都没有保存下来，我们无从知道书题、作

① 相应的西夏文跋语见本书第二章第六节。
②《俄藏黑水城文献》7，页 233－258。当时的编者拟题为“音同文海宝韵合编”，这显然不可能是当时的实际书题。

者和编写时间。如前面所述，所谓“新版《同音》”和“旧版《同音》”的编排方式大不相同，而这些佚题抄本残片的列字次序完全等同于新版，由此可以估计其编成时间应该在某个新版问世之后。不过，似乎有迹象表明该书依据的不是最终的梁德养校订本，而是那之前的一部字典。前面引述的梁德养《同音重校序》里提到他在编书时曾参考过《文海宝韵》《手镜》和《集韵》三种书，其中《文海宝韵》今日可见，西夏文的《集韵》虽然不存，但从书名估计，那应该是像中原《集韵》那样的韵书而非《同音》那样的“声书”。余下的只有《手镜》一种，假如这些佚题的字典残片真的是来自未知的《手镜》[①]，则其编定时间就应该在梁德养校订本《同音》问世的 12 世纪 80 年代之前，当然也不会早于旧版《同音》问世的 1132 年。

我们假定的这个《手镜》在西夏字典中是注释最为详尽的一种。编者在注释中不但从《文海》抄录了字形说解、释义和反切，而且还在反切旁边同时注上了被释字所属的声类和韵类名称，这可以视为《手镜》编者的一项创新。

黑水城出土的《五音切韵》（[illegible]）在俄罗斯科学院

---

① 乾祐十八年刻本《三才杂字》的卷尾跋里也提到了《手镜》（聂鸿音、史金波 1995）。“手镜”这个书题令人想到辽代的《龙龛手镜》，不过，编成于公元 997 年的《龙龛手镜》使用的是“部首 + 四声”的列字法，这种特殊方法并没有被其他字典继承使用。

东方文献研究所收藏有几件不同的抄本①，其中一件署“乾祐四年”（1173），有西田龙雄（1981—1983）和李范文（2006：6－283）的详细研究。卷首有一篇以某皇帝名义撰写的序言，其中说到②：

[illegible]

［今观看诸书，有西蕃、汉人之《切韵》。今文字之五音者，平上去入，各以字母明之，分析清浊平仄，别示重轻，明上下章，呼应切字，斟酌韵母，为文之本。凡所集

① 书题或译“五声切韵”。全部照片见《俄藏黑水城文献》7，页258－398。

② 汉译参考李范文（1986：24－26），有改动。

存，永久不忘，是以传行。以朕之功德力，依时修成今之《切韵》，国家敬重，为智慧增盛之本。佛法经藏、王旨敕禁、诗文清浊、阴阳吉凶、历日正法、治人定律、赞庆典集等，为文之本源也。譬如大海深广，诸水所聚，不竭不溢，随求皆得，日月普照，智愚悉悟。诸山中须弥最高，诸业中无当之宝，一切内文宝最上。是以建立《五音切韵》者，统摄《文海宝韵》之字，名义不舛，共立纲目。当知此理。]

《五音切韵》卷首还有西夏韵母、声母表和所谓“众泛海入门”①，讲解最简单的语音道理，目的是教大众怎样理解《文海》之类韵书的声韵格局。正文由 105 幅图表组成，解析西夏语平上声相承的 105 个韵②。每幅图表纵行排列依声母九音为序，下系本韵字例，空位用圆圈标识。图内列字非常简单，甚至收录的党项语音节也不齐全，所幸有一个抄本在每幅图表的当页夹入了一张小纸片，上面用蝇头小楷抄录了《文海》相应

① 这里的“众”（𗗂）也许是“𗦻𗗂”（合众，僧伽）的略写，取义于梵文 saṃgha（僧）。《大智度论》卷三：“僧伽，秦言众。多比丘一处和合，是名僧伽。”若果真如此，则可以判断这类韵图最初的目的是帮助僧人正确地读出字音，这与汉文等韵图的起源相同。

② 不可理解的是，《五音切韵》的作者竟然不知道像中原韵图那样把不同等列的韵合并到一张图里，导致他的这套韵图无谓地增加了许多篇幅。

韵部的全部西夏字，那大约是作者感到图表的内容不敷使用而自行添加上去的[①]。

中原的《韵镜》、《切韵指掌图》一系韵图的编写目的在于指导人们拼读反切，所以在卷首一般会用一定的篇幅介绍利用图表查字的具体方法，即所谓“门法”，可是《五音切韵》却没有这方面的内容，从图里也找不出常用的反切上下字。这表明，编者的意图只是希望读者借助这本书熟悉党项语声韵的大致分类，而与韵书的本质功能无关。这就是说，《五音切韵》不能称作真正意义上的韵图，反而更像是《文海》的纲目。

（3）蒙书

西夏学童的课本里有一类最简单的著作，习惯上称为“杂字”，或者叫“杂字体字书”，这是学界对南北朝之后一批民间童蒙识字教材的统称。编者摘取书本和生活里的常用词语，按照语义的相关度分成若干类，然后依“天”“地”“人”的顺序排列成书。这种书不是字典，因为它收字不全，而且同一个字可以在书里反复多次出现，更为关键的是一般没有注释，如果离开了教师的当面讲解，任何人也不可能读懂。不过，尽管这

① 这些小纸片夹在俄罗斯科学院东方文献研究所收藏的инв. № 623号抄本里，部分照片发表在《俄藏黑水城文献》第7册。这套资料可以帮助我们还原《文海》所佚下卷的列字情况，对西夏字典的研究有很大意义，但可惜至今没有经过整理。

种民间教材因编写质量粗劣而难登大雅之堂[①]，但其内容毕竟比儒家经典更加贴近普通百姓的日常生活，所以在民间始终大行其道。

西夏人在编写这类教材时完全袭用了汉地的传统。俄罗斯科学院东方文献研究所收藏有一种题为“纂要”（[illegible]）的残刻本，收录的每则西夏词语下面都用音译方式注出了汉语的同义词，使人感觉到这书是直接从汉文的同名著作翻译来的。下面是书中《乐器部》的前四条（西田 1986：8－9）：

[illegible]，[illegible]。

［大鼓，汉语 tha^{2} kwo^{1}（大鼓）。］

[illegible]，[illegible]。

［丈鼓，汉语 tɕhjwo^{1} kwo^{1}（丈鼓）。］

[illegible]，[illegible]。

［和鼓，汉语 xa^{2} kwo^{1}（和鼓）。］

[illegible]，[illegible]。

［导鼓，谓 xiəj^{2} thew^{2} kwo^{1}（行导鼓）。］

---

① 这类书籍有时会遭到国家禁制，例如晚些时候的《大元通制条格》卷五载：“至元十年五月……村庄各社请教冬学，多系粗识文字之人，往往读《随身宝》《衣服杂字》之类，枉误后人，皆宜禁约。”

为了照顾本国的需要，西夏人也在模仿汉地的体例编写自己的教材。《三才杂字》（[illegible]）是这方面的一个典型例子。这部教材有多种刻本和抄本，今分藏俄罗斯科学院东方文献研究所、英国国家图书馆和中国的几个文物部门[①]，李范文和中岛干起（1997）曾经用汉文翻译了正文的现存部分，此后又有捷连吉耶夫—卡坦斯基和苏敏的俄文翻译和研究（Терентьев-Катанский，Софроиов 2002）。事实上在正文之前还有一篇没有署名的序言，讲述了书的编写缘起（聂鸿音、史金波 1995）：

[illegible]□[illegible]。[illegible]，[illegible]，[illegible]。[illegible]，[illegible]，[illegible]。[illegible]，《[illegible]》[illegible]，[illegible]，[illegible]，[illegible]，□[illegible]。[illegible]！[illegible]，[illegible]，[illegible]，[illegible]，[illegible]，[illegible]，[illegible]？[illegible]，[illegible]，[illegible]《[illegible]》[illegible]。

［今文字者，番之祖代依四天而三天创毕。此者，金

① 俄国的几种藏本相对完整，见《俄藏黑水城文献》10，页 39－69。英国和中国藏品则为零叶甚至残片，散见《英藏黑水城文献》和《中国藏西夏文献》。

石木铁为部首，分别取天地风水，摘诸种事物为偏旁。虽不似仓颉字形，然如夫子诗赋，辩才皆可。后而大臣怜之，乃刻《同音》。新旧既集，平上既正。国人归心，便携实用。呜呼！彼村邑乡人，春时种田，夏时力锄，秋时收割，冬时行驿，于四季皆不闲，又岂暇学多文深义？愚怜悯此等，略为要方，乃作《杂字》三章。]

《三才杂字》可以看成是西夏字典《同音》的摘录改编本，里面收录的词语大都是从《同音》里拣选而来的，只不过根据义类另行编成了“天”“地”“人”三章，又在每章下面分设了“天”“日”“月”“星宿”等等小类而已。唯一值得注意的是，在第三章“人”的开头有“番族姓”一个小类，里面收录了一批党项人的常见姓氏，这显然是作者有意要提高教材的实用价值。

俄罗斯科学院东方文献研究所收藏的《三才杂字》刻本卷尾署“乾祐十八年”（1187），并残存两行题记，可以大致译作“此《杂字》者，《宝韵》《手镜》……新刻”。显然保存至今的这个本子是个复刻本，也许付梓之前还像乾祐年间梁德养重订《同音》那样，取《文海宝韵》和《手镜》两部字典校对了一下。由此看来，《三才杂字》的初刻时间似乎不会在1187年之前太久。

西夏的“杂字”类教材中最著名的是《番汉合时掌中珠》（[illegible]），这部书的特点是有西夏文和汉文的音义对照，因此成了后人识读西夏文字的关键参考。就目前所见，原书至少刻印过四次，可是当年经俄罗斯科学院东方文献研究所的修复师予以分叶装裱，把初刻本和复刻本混在了一起，后来虽有吕光东（Kwanten 1982）和黄振华、史金波、聂鸿音（1989）整理，但确定每一叶的版本归属始终是一件困难的事情。景永时（2013）对复原《掌中珠》存世残片的页次和版本已经做出了最大的努力，然而令人感到遗憾的是，至今还没有人做出一个类似王念孙《广雅疏证》那样体例的《番汉合时掌中珠》注释本。

《番汉合时掌中珠》为张氏书坊刻本，卷首有编者骨勒茂才用西夏文和汉文分别撰写的两篇内容相同的序言，其汉文序言全文如下：

> 凡君子者，为物岂可忘己？故未尝不学；为己亦不绝物，故未尝不教。学则以智成己，欲袭古迹；教则以仁利物，以救今时。兼番汉文字者，论末则殊，考本则同。何则？先圣后圣，其揆未尝不一故也。然则今时人者，番汉语言可以俱备。不学番言，则岂和番人之众？不会汉语，则岂入汉人之数？番有智者，汉人不敬；汉有贤士，番人

不崇。若此者，由语言不通故也。如此则有逆前言。故愚稍学番汉文字[1]，曷敢默而弗言？不避惭怍，准三才，集成番汉语节略一本，言音分辨，语句照然[2]。言音未切，教者能整；语句虽俗，学人易会。号为“合时掌中珠”。贤哲睹斯，幸莫哂焉。

序言署乾祐庚戌二十一年（1190），一般说来这应该就是初刻本的付梓时间，其他复刻本的时间当然要略晚于此。

《掌中珠》全书分九章——“天体上”“天相中”“天变下”，“地体上”“地相中”“地用下”，“人体上[3]”“人相中”“人事下”。从章节的设置和收录的词语来看，不能完全否认这部教材是从汉文某种同类字书脱胎而来的[4]，但就其释词的体例而言，却绝对是编者空前绝后的创新。由于中原的字书只服务于汉人，而《掌中珠》却要同时服务于汉人和党项人，所以骨勒茂才想到了一个既醒目又节省篇幅的好办法——把每则词语的解说分成四行：右起第 1 行是汉字，给第 2 行的西夏字注

① 愚，另一印本作“茂才”。

② 照然，另一印本作“昭然”。

③ “天体”“地体”“人体”在另一印本作“天形”“地形”“人形”。

④ 例如首章“天体上”有“昊天”“旻天”“上天”三条，这三个词实际不见党项文献使用，却合于《尔雅·释天》的“夏为昊天，秋为旻天，冬为上天”。

音；第 4 行是西夏字，给第 3 行的汉字注音；中间的两行西夏字和汉字互注意义①。以“明日”（明天）一条为例：

4	3	2	1
[illegible]	明	[illegible]	那
[illegible]	日	[illegible]	啰

右起第 1、2、3 行是给汉人看的，从中他会知道西夏文“[illegible]”读作汉语的“那啰”，意思是“明日”；第 2、3、4 行是给党项人看的，从中他会知道汉文“明日”的意思是“[illegible]”，读作西夏语的“[illegible]”mjịj[1] zjɨr[1]。这种体例有一个最大的好处——即使是零起点的读者也可以通过自学大致了解其他民族的语言。

中原的童蒙读本里最受欢迎的是《千字文》，这篇短文用不重复的 1000 个字组成，语句连贯且读来上口，颇便记忆。不知是否受到了中原的影响，西夏人也编过一篇“千字文”，题为“新集置掌碎金”（[illegible]），卷首卷尾又简题“碎金”（Кычанов 1969）。这个标题很容易让人联想到敦煌所出的识字课本《碎金》，只不过那是纯粹的“杂字”

① 其后一些汉语和少数民族语对译的杂字体字书至多只有三行，如“华夷译语”，因为那是仅供汉语使用者学习外民族语的教材。

体，而西夏的这个童蒙读本则像《千字文》那样从天地的起源讲到世事人生，所不同的仅仅是采用了五言句式，凡 100 联。

西夏的《碎金》是党项官员息齐文智在 12 世纪编写的，卷首有一篇简短的序言，其中表明编者的目的是为百姓提供一个简单易学的识字教材：

[illegible]

[夫人者，未明文采，则才艺不备；不解律条，故罪乱者多。今欲遵循先祖礼俗，以教后人成功，故而节略汇集眼前急用要义一本。不过千字，说释总涉万义。方便结合，斟酌系联；类林头隐，非持明义。虽是如此，抑或求少求多，无不备述；寻易寻难，焉用旁搜？五字合句，四二成章，睿智弥月可得，而愚钝不过经年，号为“碎金置掌文”。愚不揣浅陋，见疵勿哂！]

附带说，除了俄罗斯科学院东方文献研究所收藏的两种相对完整的《碎金》抄本以外[①]，英国国家图书馆还收藏有一些内容相关的残纸。这些残纸只能称作“习字”而不能称作真正的抄本——写字人先把《碎金》的内容从右至左横行抄在纸上作为字样，然后在每个字样的下面再反复抄写十几遍。考虑到残片上的笔法多不相类，显然出自多人之手，我们可以相信《碎金》在当时最大的作用是充当学童习字的样本。

《碎金》内容浅显，不像《千字文》那样铺陈典故，所以显得更加贴近百姓的日常生活。比较有趣的是其中列举汉人姓氏时利用谐音字组句，以便读者诵读和记忆。例如这一部分的开头两句：

[illegible]，[illegible]。

［张王任钟季，李赵刘黎夏。= 张王人中贵，李赵琉璃下。］

黑水城还出土过一种题为“同义”（[illegible]）的西夏文字书[②]，乾祐十九年（1188）和尚梁习宝撰，御史承旨番学士梁

---

① 《俄藏黑水城文献》10，页 108 - 119。另外，英国国家图书馆收藏有一个残片（《英藏黑水城文献》1：218），可以证明当时还出现过《碎金》的刻本。

② 书题旧译“义同一类”（[illegible]），实际意思是“同义一部”。

德养校定。俄罗斯科学院东方文献研究所收藏的乾祐十九年讹青公茂势抄本比较完整，有李范文、韩小忙（2005）的全文汉译。另有少量残片藏英国国家图书馆，其中一纸来自一个年代不明的刻本（韩小忙 2009），刻本的出现证明该书在西夏受到了人们的欢迎。

《同义》正文仿中原的“急就章”体，收不重复的单字5 800左右，基本上囊括了西夏字的全部。全书分“全清”“次清”“半清浊”“全浊”四卷，每卷分七至八章不等，以意义相同或相关的字组合成“句”，每句七言，间有八言。《同义》虽然收字齐全且不重复，但由于没有注释，所以不能称作字典。其内容相对易懂，但章题的含义是个至今不能解决的难题——从字面上看，各卷以语音清浊为题，那明显是受到了汉语“等韵学”的影响，给人的印象是据声母的清浊来分章列字，可是各章却转以义类为题，而题目与所收字的音义类别又不尽相关。下面是卷一《全清》中《慧》（[illegible]）章的开头两句，可以看到所列西夏字的声母并非都属“全清”，意义也与“智慧”无涉：

[illegible]，

[illegible]。

ljụ^{2} kwər^{1} giụ^{2} gjịj^{2} kow^{1} low^{2} ljụ^{2}， ɣie¹ khiow¹ tsewr¹ ɣạ¹ ɣu¹ ljụ² tśjiw².

［身体身体躬体格，

身高关节头脑顶。］①

由于《同义》的卷首序言没有保存下来，目前还难以揣测作者这样分类究竟是出自怎样的考虑，只知道作者别出心裁地以佛教词语作为全篇的开端，必是与他的和尚身份有关。

按照中原的民间习惯，学童如果具备了初步的读写技能，则可以接触一些古代著作里的名言警句。由于西夏文字创制得很晚，导致党项人并没有形成早期的著作，所以翻译汉文作品就成了他们必然的选择。这类著作中流传最广的是《新集文词九经抄》②，在黑水城出土有该书同一版的多个印本（Горбачева，Кычанов 1963：35－36），可惜卷首的书题和序言残佚，版心也仅有页码而没有口题，前人拟题“经史杂抄”，其后黄延军（2009）通过与敦煌写卷的对勘，已经知道那是《新集文词九经抄》的西夏译本。这部书撮抄秦汉典籍中二百余则警句拼凑而成，资料来源有《周易》《尚书》《毛诗》《礼记》《左传》《论语》《孝经》《孟子》《周书》《汉书》《帝

① 译文参考李范文主编《西夏研究》1，北京：中国社会科学出版社，2005，页 62－64。

②《俄藏黑水城文献》11，页 117－132。

王世纪》《孔子家语》《韩诗外传》《论衡》《孙子》《淮南子》《管子》《老子》《庄子》《楚辞》《太公家教》等。全书不分篇章，也看不出引文的编排有什么标准。其中值得注意的是《太公家教》，那原是唐宋之际下层民众中颇为流行的童蒙读本之一，只不过文辞浅陋鄙俚，为上流学者所不齿，所以问世不久就在中原失传了，今天我们能见到的只有敦煌莫高窟藏经洞所出的三十余种残抄（汪泛舟 1986），足以反衬出《新集文词九经抄》的世俗性质。

与存世的同类书籍相比，西夏文《新集文词九经抄》堪称质量最差的一部。其编译态度草率，编译水平低下，表明编者和译者应该也像《太公家教》的著者那样，只是个粗识文字的乡塾先生，恐怕连四书五经都未认真读过。例如原件第 14 叶引《尚书》：

> 《[illegible]》[illegible]：[illegible]：[illegible]。[illegible]，[illegible]，[illegible]，[illegible]。
>
> [《尚书》曰：帝辛谓大臣傅说曰：尔犹我之股肱也。酿酒时与米曲一般，作羹时同于盐豉，济江河时如同舟楫，为大旱时不异霖雨。]

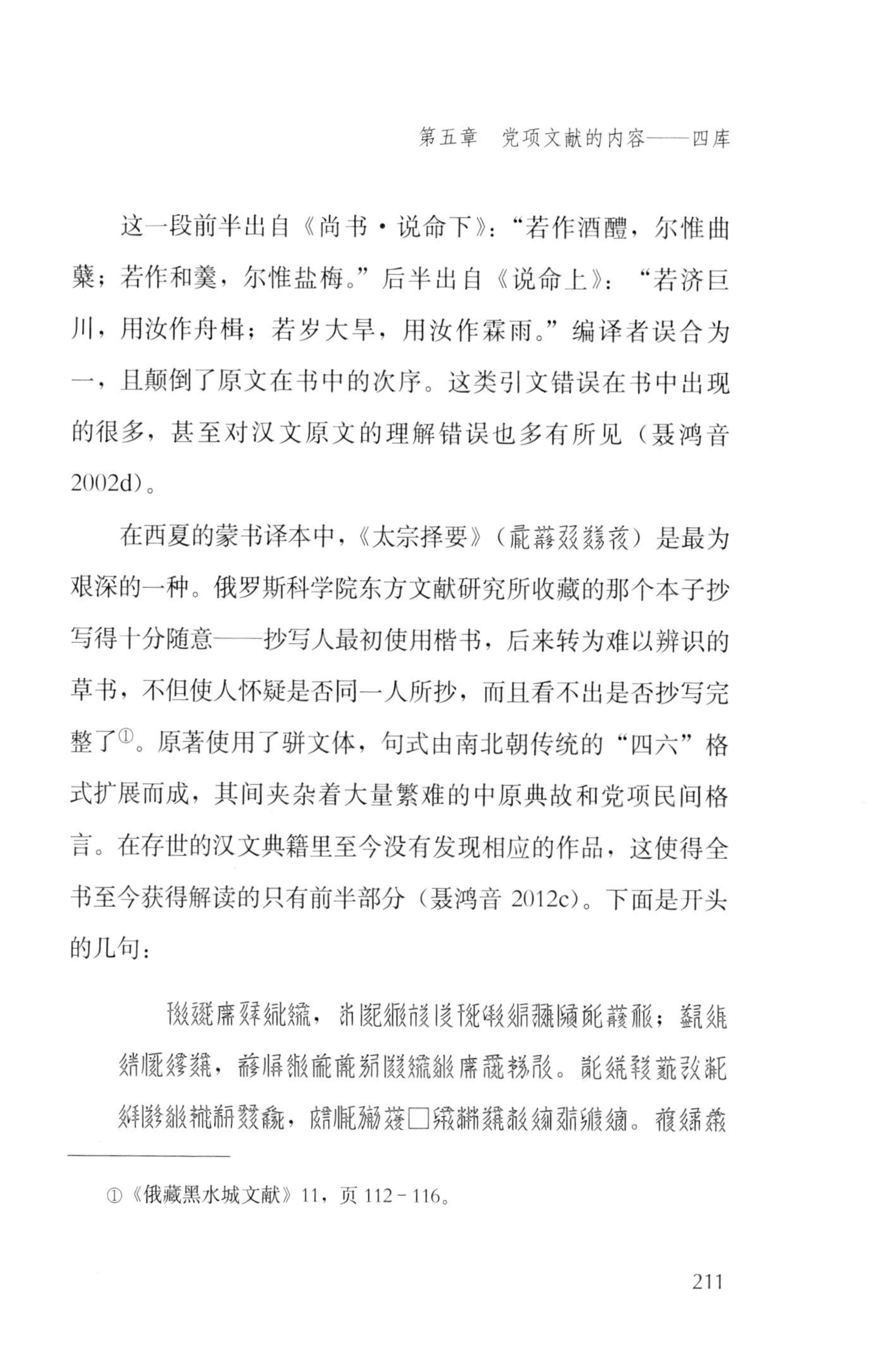

这一段前半出自《尚书·说命下》："若作酒醴，尔惟曲糵；若作和羹，尔惟盐梅。"后半出自《说命上》："若济巨川，用汝作舟楫；若岁大旱，用汝作霖雨。"编译者误合为一，且颠倒了原文在书中的次序。这类引文错误在书中出现的很多，甚至对汉文原文的理解错误也多有所见（聂鸿音 2002d）。

在西夏的蒙书译本中，《太宗择要》（[illegible]）是最为艰深的一种。俄罗斯科学院东方文献研究所收藏的那个本子抄写得十分随意——抄写人最初使用楷书，后来转为难以辨识的草书，不但使人怀疑是否同一人所抄，而且看不出是否抄写完整了[1]。原著使用了骈文体，句式由南北朝传统的"四六"格式扩展而成，其间夹杂着大量繁难的中原典故和党项民间格言。在存世的汉文典籍里至今没有发现相应的作品，这使得全书至今获得解读的只有前半部分（聂鸿音 2012c）。下面是开头的几句：

[illegible]，[illegible]；[illegible]，[illegible]。[illegible]，[illegible]□[illegible]。[illegible]

① 《俄藏黑水城文献》11，页 112－116。

[illegible]，[illegible]，[illegible]，[illegible]。[illegible]
[illegible]，[illegible]。

［徐偃王有仁德，却无左右股肱之人而国土丧①；汉高祖失礼义，实有内外肯綮之臣而帝道昌②。刘毅专心樗蒱而获死罪③，陶侃投博江水而美名扬④。嵇康锻铁⑤，梁鸿赁舂⑥，赵岐贩饼⑦，太公卖面⑧。鲁僖公务稼穑而国

---

①《韩非子·五蠹》："文王行仁义而王天下，偃王行仁义而丧其国，是仁义用于古不用于今也。"

②《史记·高祖本纪》："帝置酒洛阳南宫，上曰：'列侯、诸将毋敢隐朕，皆言其情：我所以有天下者何？项氏之所以失天下者何？'高起、王陵对曰：'陛下慢而侮人，项羽仁而敬人。陛下使人攻城略地，因以与之，与天下同其利；项羽不然，有功者害之，贤者疑之，此所以失天下也。'"

③《晋书》卷四五《刘毅传》："后于东府聚樗蒱大掷，一判应至数百万，余人并黑犊以还，唯刘裕及毅在后。毅次掷得雉，大喜，褰衣绕床，叫谓同坐曰：'非不能卢，不事此耳。'裕恶之，因挼五木久之，曰：'老兄试为卿答。'既而四子俱黑，其一子转跃未定，裕厉声喝之，即成卢焉。毅意殊不快，然素黑，其面如铁色焉，而乃和言曰：'亦知公不能以此见借！'既出西籓，虽上流分陕，而顿失内权，又颇自嫌事计，故欲擅其威强，伺隙图裕，以至于败。"

④《晋书》卷六六《陶侃传》："诸参佐或以谈戏废事者，乃命取其酒器、蒱博之具，悉投之于江，吏将则加鞭扑，曰：'樗蒱者，牧猪奴戏耳！'"

⑤《晋书》卷四九《嵇康传》："初，康居贫，尝与向秀共锻于大树之下，以自赡给。"

⑥《后汉书》卷八三《梁鸿传》："后至吴，依大家皋伯通，居庑下，为人赁舂。"

⑦《后汉书》卷六四《赵岐传》："汉末，赵岐避难逃之河间，不知姓字。又转诣北海，着絮巾袴，常於市中贩胡饼。"

⑧《史记·游侠列传》"吕尚困于棘津"《正义》引《尉缭子》："太公望行年七十，卖食棘津云。"

旱[1]，舜禹帝本农耕而民安[2]。]

尽管让党项人熟悉这些中原典故并没有太大意义，但是必须承认，这部来历不明的《太宗择要》在西夏的童蒙著作中是翻译得较好的一种。只是《太宗择要》的内容毕竟相对艰深，用作教材时需要由较高水平的教师讲解，所以其流传范围肯定不广，不可能像《新集文词九经抄》那样有大量的印本存世。

英国国家图书馆藏有出自黑水城的两纸残叶[3]，我们可以称之为“君臣问对”（聂鸿音 2017），因为里面在一个段落开头出现了“太宗问曰”（[illegible]）和“对曰臣闻”（[illegible]）这样的话，但从内容看，那不像是《李卫公问对》那样集中于政治和军事议题，而是一些民间俗话。高奕睿（Galambos 2016a：138－155）开创性地指出那一定是从汉文译来的某种童蒙读本，并识读出了其中的“鲍焦立槁”“颜叔秉烛”“子罕辞宝”和“震畏四知”四则典故。余下的有一段稍长些的文字：

---

① 《左传·僖公二十一年》：“夏，大旱。公欲焚巫尪。臧文仲曰：‘非旱备也。修城郭，贬食省用，务穑劝分，此其务也。巫尪何为？天欲杀之，则如勿生；若能为旱，焚之滋甚。’公从之。是岁也，饥而不害。”

② 舜农耕事见《史记·五帝本纪》：“舜耕历山，历山之人皆让畔。”禹躬稼事见《论语·宪问》：“禹稷躬稼而有天下。”

③ 《英藏黑水城文献》3，页 516。

[illegible]

［太宗问曰：“□□园苑内凤凰降，诸人不识。另一人来，谓‘我识此鸟，凤凰也’。又一人来，捕之网内，献诸上帝。若予赏赐，三人共谋，于此三人，孰当予赏？”对曰：“臣闻有羽之禽三百，凤凰最上。六像分别，五色异常，惟梧桐……”］

我们没有在现有的汉文典籍里找到这段对话的来源，只感觉那臣子是答非所问——太宗问的是应该奖赏谁，臣子却在回答凤凰是什么样子的，由此不难领略这部书的粗俗性质。

受汉地文化传统的熏陶，西夏小学著作的服务对象大致有二，首先是为国内的官吏和知识界人士提供新创文字的范本以供深入学习时参考，其次是为普通百姓和乡塾教师提供党项语言文字的基础教材以作入门之用。前者可以由大臣奉敕编写，形成时间较早，例如《文海》，后者的编写多为官吏和私塾教师的个人行为，形成时间略晚，例如《同音》和《番汉合时掌中珠》。

西夏小学著作在形式上多模仿同类汉文著作，编写水平不是很高，其中值得称道的体例创新只有三处。首先，《同音》一反前代韵书，改以声类为纲编排，称得上是前无古人。其次，《文海》尝试在每个韵内按“三十六字母”列字，使同音字组排列得整齐有序。然而大约是因为西夏偏居一隅，其语言文字不大为宋元两朝学人所知，所以上述两种体例并没有被编纂汉文字典的后人继承下来。最后，《番汉合时掌中珠》首创了双语音义对译的字书形式，在表面上与元代以后的“华夷译语”类字书有些相似，但目前没有证据表明“华夷译语”的编纂受到了《番汉合时掌中珠》的影响。

另外要提到的是一本私人收藏的小书，这是个出土地点不明的元代刻本，题目一度译为“择要常传同名杂字”（[illegible]）。全书蝴蝶装 14 叶，首有序言两篇[①]，第一篇全文如下：

> [illegible]，[illegible]。[illegible]，[illegible]，[illegible]。[illegible]□[illegible]《[illegible]》[illegible]，[illegible]，[illegible]。[illegible]

① 以下不吝篇幅，全文公布这两篇序言，是考虑到原件在文物市场几经转手，最后肯定不知下落何方，学者难以见到，不如在此保存一份资料。

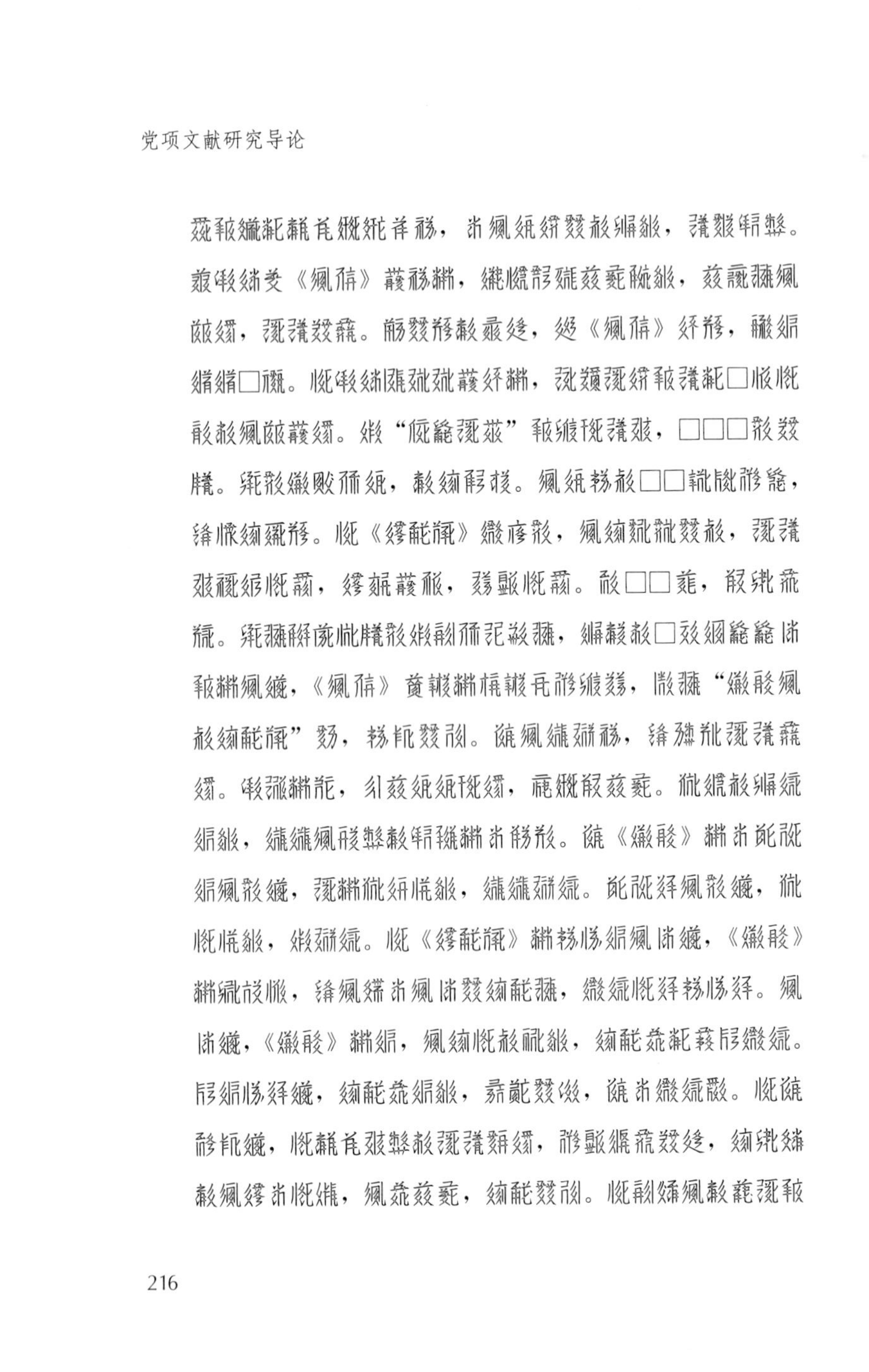

[illegible]

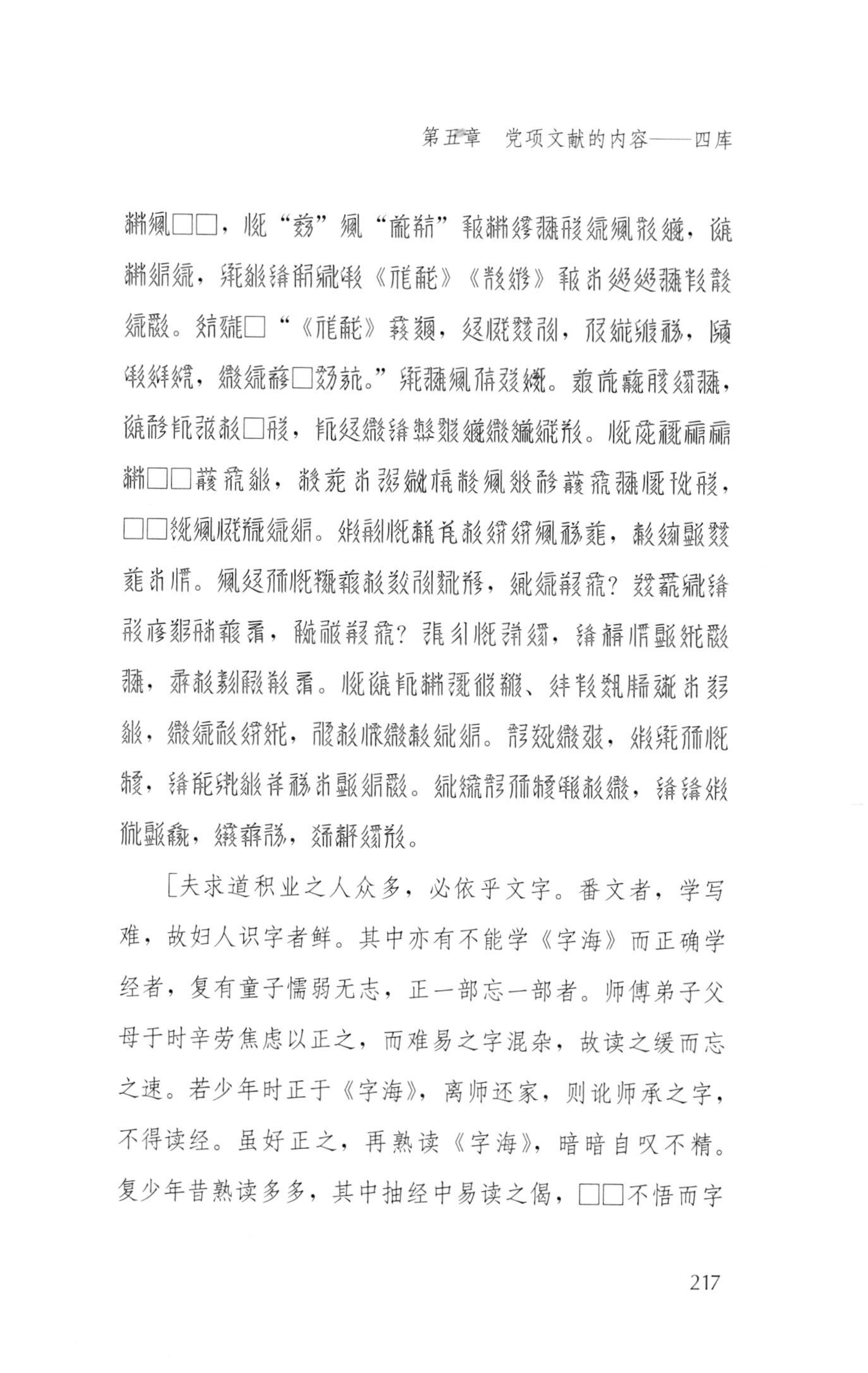

[illegible]

［夫求道积业之人众多，必依乎文字。番文者，学写难，故妇人识字者鲜。其中亦有不能学《字海》而正确学经者，复有童子懦弱无志，正一部忘一部者。师傅弟子父母于时辛劳焦虑以正之，而难易之字混杂，故读之缓而忘之速。若少年时正于《字海》，离师还家，则讹师承之字，不得读经。虽好正之，再熟读《字海》，暗暗自叹不精。复少年昔熟读多多，其中抽经中易读之偈，□□不悟而字

已成讹。后读“五部经”之类时，□□□等不识。彼等常问他人，乃至厌其义训。难字相杂，偏旁稍类，则矫枉其训。复学《同义序》诸人，以字训之众多且杂，读经时不成句法，失其涵义，不成利物。略求□□，徒造重苦。是以中界知识者慈悯后人，故共议之，而□四部及小部中之字，《字海》七分中取其二分半，别谓之“常传杂字同训序”，集为一本。先写此字而正之，则立便得以读经。为人中尊，如相问于圣人，皆离忧苦。众多无所混杂故，预先取字速而忘却少矣。此《常传》中不圈发之字，因经中多番见之，应先书写。圈发之字不多见，故应后写。复《同义序》中不偏之小字者，《常传》中计其有，则大字亦与小字同训，故所学之外有偏。小字者，《常传》中无，为其字训不杂，故当学注其互训。无注有偏者，无互训故，留为独字，此亦当学。复此略本者，不辛劳而能速以读经，虽有少许利益，然不明训之轻重及字义，字不相属，乃集其同训。复族人之字与藏经中字□□，又“[illegible]”（źjɨ）字“[illegible][illegible]”（tsewr-khiew）中依义所取之字[①]，此间所无，故此则有志人当依次教之《同音》《三才》。君子

① 以上两句还不能彻底解读。

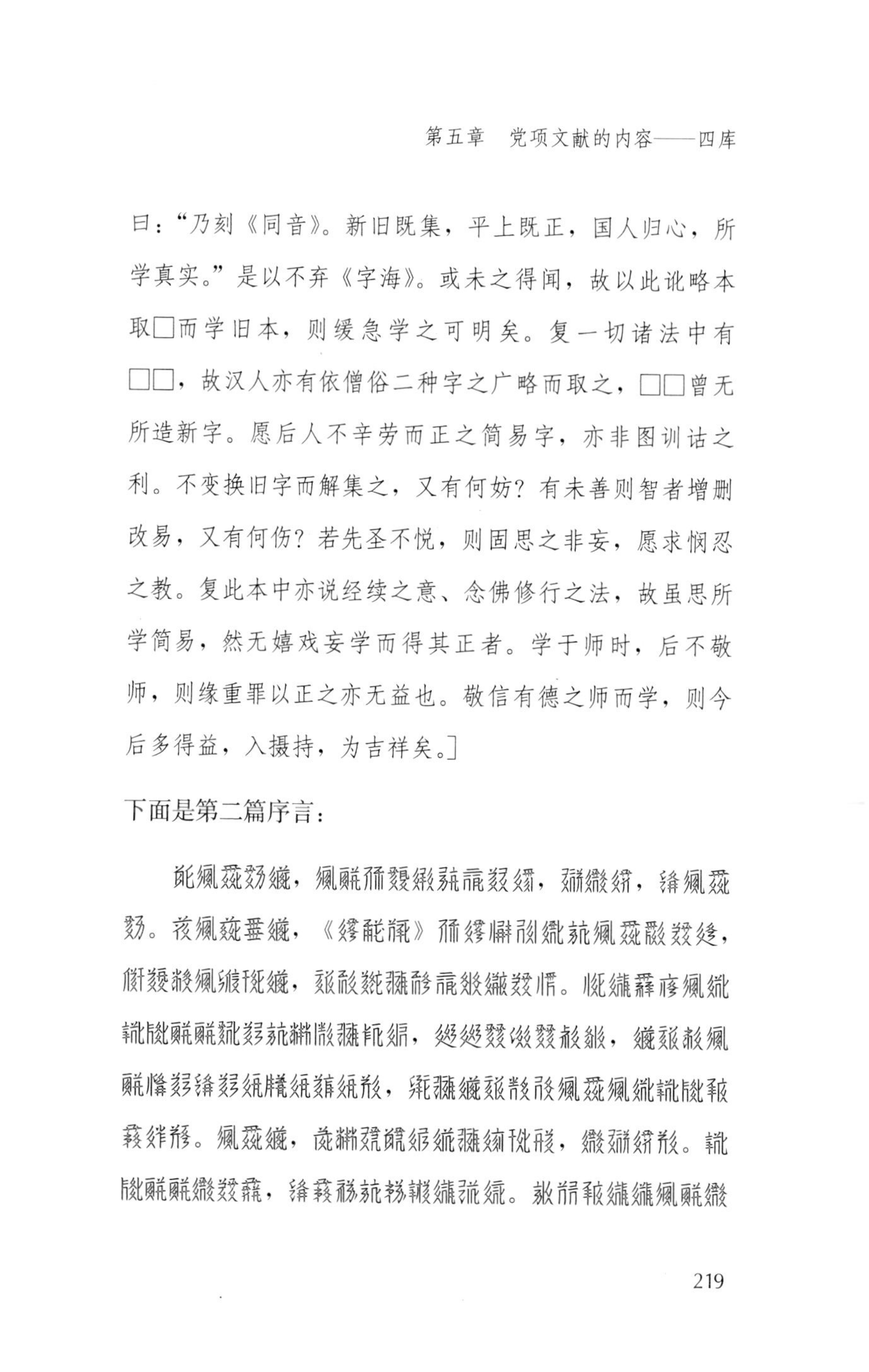

曰："乃刻《同音》。新旧既集，平上既正，国人归心，所学真实。"是以不弃《字海》。或未之得闻，故以此讹略本取□而学旧本，则缓急学之可明矣。复一切诸法中有□□，故汉人亦有依僧俗二种字之广略而取之，□□曾无所造新字。愿后人不辛劳而正之简易字，亦非图训诂之利。不变换旧字而解集之，又有何妨？有未善则智者增删改易，又有何伤？若先圣不悦，则固思之非妄，愿求悯忍之教。复此本中亦说经续之意、念佛修行之法，故虽思所学简易，然无嬉戏妄学而得其正者。学于师时，后不敬师，则缘重罪以正之亦无益也。敬信有德之师而学，则今后多得益，入摄持，为吉祥矣。]

下面是第二篇序言：

[illegible]
[illegible]
[illegible]
[illegible]
[illegible]
[illegible]
[illegible]

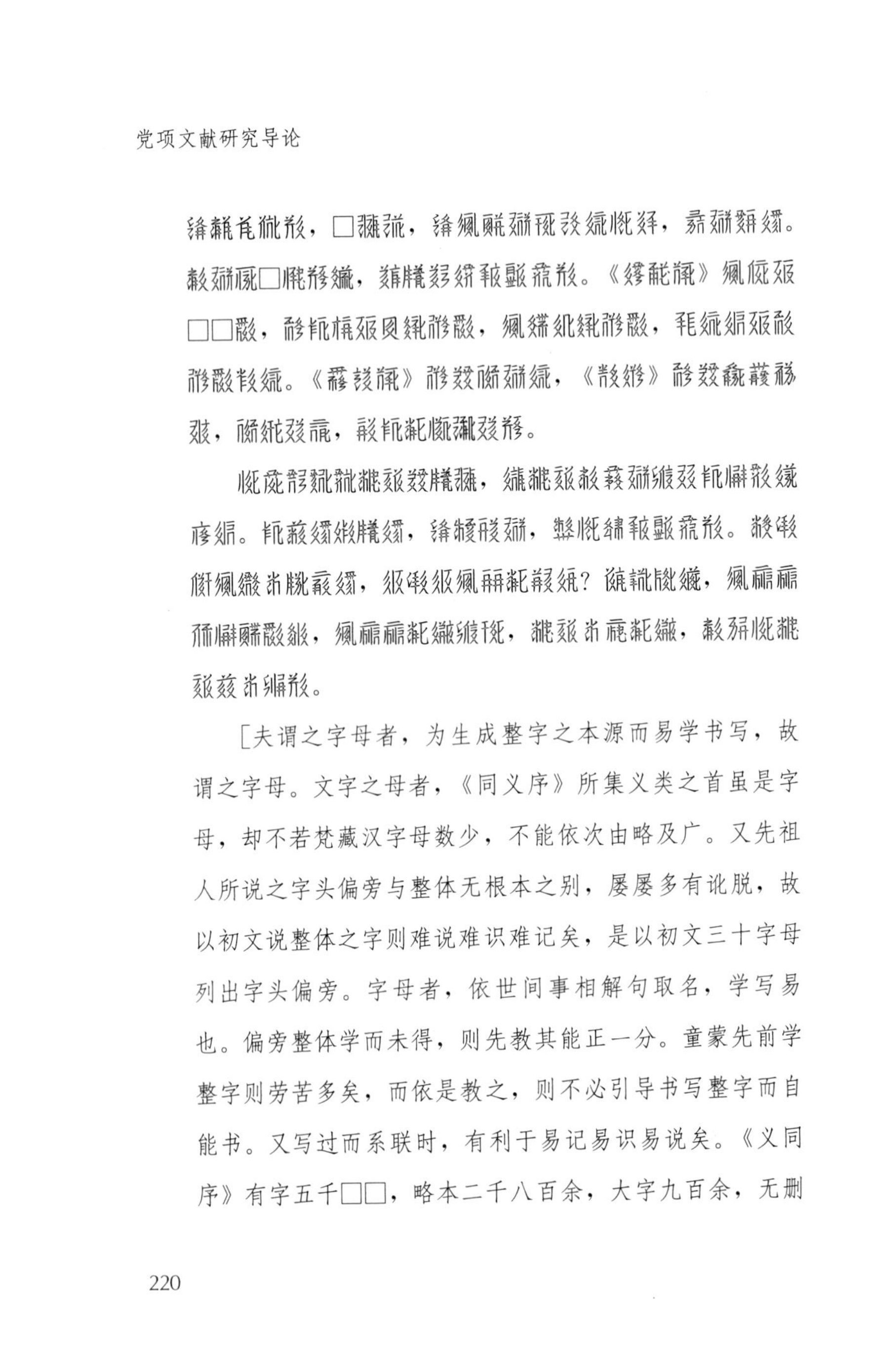

[illegible]

[illegible]

[夫谓之字母者，为生成整字之本源而易学书写，故谓之字母。文字之母者，《同义序》所集义类之首虽是字母，却不若梵藏汉字母数少，不能依次由略及广。又先祖人所说之字头偏旁与整体无根本之别，屡屡多有讹脱，故以初文说整体之字则难说难识难记矣，是以初文三十字母列出字头偏旁。字母者，依世间事相解句取名，学写易也。偏旁整体学而未得，则先教其能正一分。童蒙先前学整字则劳苦多矣，而依是教之，则不必引导书写整字而自能书。又写过而系联时，有利于易记易识易说矣。《义同序》有字五千□□，略本二千八百余，大字九百余，无删

削可列不及千数。《碎金序》字数不敷书写，《三才》略而未得其正时，休作补足之想，休以他本为懈怠。

复诸师多不识系联，故无先以系联书写为要以见纲目者。先字根而后识之，则敬取书之，即有不倦之益也。汉人学梵字既为灵巧，番人学番字比之何难？此偏旁者，一切字之纲目也，遍见于一切字，故系联亦至于一切，而后再以之系联亦可拼合。]

接下来是西夏字的笔画和偏旁表，每个偏旁下面附有楷书和草书对应的例字。正文的体例看上去很像中原《经典释文》式的“音义体”字书，即从古书里按顺序摘录难认难解的字，然后在下面用小字做出解释。然而与传统著作不同的是，这本“杂字”在每个字下面并没有解释该字的读音和意义，而是列出了一个或好几个读音相同或相近的字，这让人初步感觉到那是一部收罗同音字的著作（West 2018）。通过佛经初译本和校译本的对勘，孙颖新（2018a）进一步指出，那些类似注释的小字与被注释的大字实际上是编者从佛经的不同抄本中搜集来的“通假”应用实例，例如《大宝积经》卷十八有“当令书写执持经卷”一句：

西夏初译本：[illegible]

［复亦允写经卷执持］

西夏校译本：[illegible]

［复亦书写经卷执持］

初译本的“[illegible]”rjar^{1}（允）在此不通，校译本改作同音的“[illegible]”rjar^{1}（书），说明初译本的“[illegible]”rjar^{1}（允）借作“[illegible]”rjar^{1}（书），故《杂字》以“[illegible]”“[illegible]”互训①。

又如《大宝积经》同卷的“如是植众善本”一句：

西夏初译本：[illegible]

［如是植众说本］

西夏校译本：[illegible]

［如是植众善本］

初译本的“[illegible]”nẹ^{1}（说）在此不通，校译本改作近音的“[illegible]”new^{2}（善），说明初译本的“[illegible]”nẹ^{1}（说）借作“[illegible]”new^{2}（善），故《杂字》以“[illegible]”“[illegible]”互训。

总而言之，这部书旨在指导幼童认字写字，最终目的是帮助他们阅读佛经（Wang 2018），所以收录的都是佛经里的常见

① 如果勉强用传统的训诂学来解释，这也许更接近《说文解字》里的“读若”——“[illegible]”rjar^{1}（允）读若“[illegible]”rjar^{1}（书）。

术语甚至句子[1]。鉴于当时流行的佛经抄本众多，其中的通假字多有所见，拘泥于字面意思肯定会影响到读者对经文句意的理解，于是编者把自己平日阅读佛经时遇到的通假现象都辑录了下来，告诉读者这些字的意义在特殊的情况下是相同的。考虑到这一点，我们最好把书题“同名杂字”改译成“同训杂字”。

第二节　史

《续资治通鉴长编》卷一九六记载，夏毅宗谅祚曾于嘉佑七年（1062）向北宋进马五十匹，求购《唐史》等书，但似乎未能如愿。目前给人的感觉是西夏人并不重视读史和修史，——出土文献里只有两部中原“杂史”的译本，而西夏当代的历史实录则未见只言片字。唯一值得称道的是几部大型的法律著作，这些著作虽然摹仿唐宋旧律编成，但作为中国历史上最早用少数民族文字编写的王朝法典，在中国法律史上占有

---

① 例如正文开头部分的大字可以连起来汉译作“敬礼佛法僧。尔时释迦如来、药师琉璃光王、应供。南无阿弥陀、世尊、盖白（白伞盖）、胜相。要门、念、续、华严、圆觉、起信、宝积、涅磐、集偈、五部、心经。普贤、文殊、观音、势得（大势至）、虚空藏、救拔天母、辟支佛、罗汉、海会、僧伽……”

重要地位。

（1）杂史

《契丹国志》卷七记载辽圣宗耶律隆绪“好读《贞观事要》”，这里的“贞观事要”应该是《贞观政要》在当时的别称。相应的西夏译本题为“[Tangut][Tangut][Tangut][Tangut]”，从字面翻译是“贞事要文”①，书题略去了“贞观”的“观”（[Tangut]）字，大概是因为西夏崇宗乾顺也有一个年号叫“贞观”（1101—1113），用在这里容易引起人们的误会。这样就可以明白，西夏人采用的书题正是通行于宋辽时代的别称。

西夏文《贞观政要》刻本没有整体保存到今天。其中的卷四和卷五相对完整，今藏俄罗斯科学院东方文献研究所，相应的内容为《教戒太子诸王第十一》《规谏太子第十二》《仁义第十三》和《诚信第十七》（聂鸿音 2003c）。卷二仅余碎片，今藏英国国家图书馆，相应的内容为《求谏第四》和《纳谏第五》（王荣飞 2012）。

唐代吴兢（670—749）所撰的《贞观政要》原为十卷四十篇，而西夏译本的篇幅要小很多，事实上那仅仅是个节译本。其中整章的删略有《规谏太子第十二》贞观五年李百药作“赞

① 最后一个“文”（[Tangut]）字是西夏语书名的后缀，没有实义。

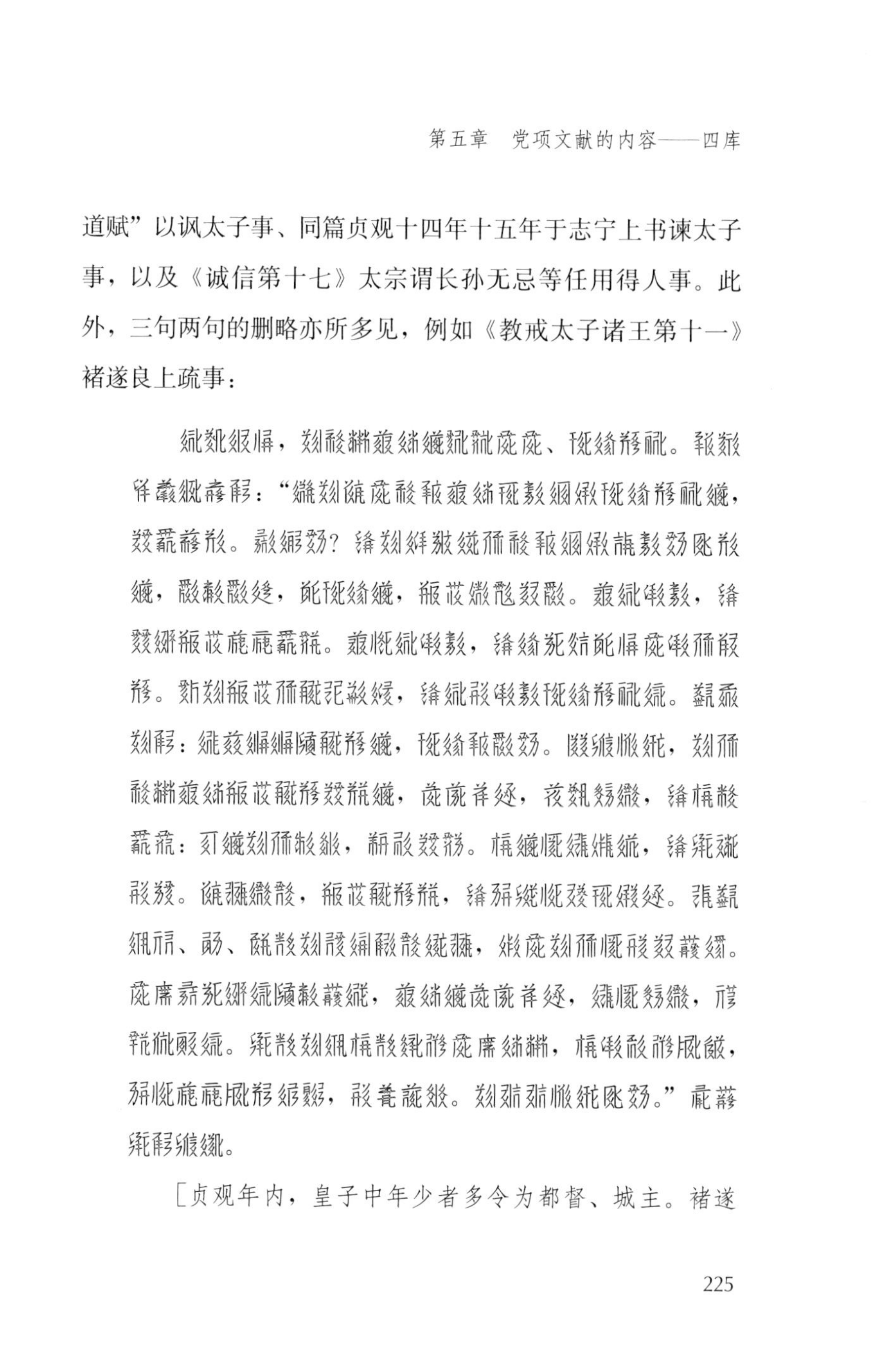

道赋”以讽太子事、同篇贞观十四年十五年于志宁上书谏太子事，以及《诚信第十七》太宗谓长孙无忌等任用得人事。此外，三句两句的删略亦所多见，例如《教戒太子诸王第十一》褚遂良上疏事：

[illegible]

［贞观年内，皇子中年少者多令为都督、城主。褚遂

良上疏谏曰："今帝遣此诸子，年少而令为四方城主者，实未安也。何者？则帝心下谓朕之子当派镇四方也。虽然，夫城主者，百姓庇护处也。若遣德人，则所属百姓尽皆得安；若遣不德人，则所辖地方诸人皆受苦。故帝治百姓欲慈恤，则当遣德智人令为城主。汉宣帝云：与我共同治国者，城主等是也。依臣计议，帝之子内年少未堪治百姓者，请住京师，学习文业，则二种全有：一者因帝之威，不敢犯罪；二者晓明礼仪，则自然增智。因此学习，堪治百姓，然后遣为执事。昔汉朝明、章、和三帝能教习子弟故，后为诸帝之所取法。诸王各人所属国既明，年少者当在京师，学习礼法，当多予恩赐。彼三帝世二三百诸小王中，仅二人性恶，其余尽皆性允词合，智慧深广。请帝好好计议。"太宗纳其言。]

对照一下戈直集解本的相应章节：

贞观中，皇子年少者多授以都督、刺史。（谏议大夫）褚遂良上疏谏曰："（昔两汉以郡国治人，除郡以外，分立诸子。割土分疆，杂用周制；皇唐郡县，粗依秦法。）皇子幼年，或授刺史，陛下岂不以王之骨肉镇捍四方？（圣人造制，道高前烈。）臣愚见小有未尽。何者？刺史师帅，人仰以安。得一善人，部内苏息；遇一不善人，合州劳弊。是以人君爱恤百姓，常为择贤。（或称河润九里，京师蒙福；或以人兴咏，立为生祠。）汉宣帝云：与我共理者，惟良二千石乎！如臣愚见，陛下子内年齿尚幼，未堪临人者，请且留京师，教以经学。一则畏天之威，不敢犯禁；二则观见朝仪，自然成立。因此积习，（自知为人，）审堪临州，然后遣出。臣谨按汉明、章、和三帝，能友爱子弟，自兹以降，以为准的。封立诸王，虽各有土，年尚幼小者，召留京师，训以礼法，垂以恩惠。讫三帝世，诸王数十百人，惟二王稍恶，自余皆冲和深粹。惟陛下详察。”太宗嘉纳其言。

西夏译文略去了括号里的部分。除此之外，中原王朝的官称也让译者感到难以处理，所以他把“刺史”和“二千石”一律译成了党项的“城主”（[illegible]），又把褚遂良的官职“谏议大夫”直接删掉了。当然，我们现在尚不能断定这是西夏译者在翻译过程中进行的删略还是翻译所据汉文底本原有的删略，虽然从感觉上说前者的可能性大得多，因为汉文原书所录的大臣奏议多讲究辞藻的华美和典故的铺陈，翻译起来颇费斟酌。事实上西夏本《贞观政要》表现了一种简约而随意的翻译风格，译者对于原书语句常常是只求得其大意，而不拘泥于文字本身，这与西夏人翻译中原儒家和佛家经典时采取逐字对应的方式迥然不同。

另一种史书是《十二国》（[illegible]），俄罗斯科学院东方文献研究所藏刻本。《宋史・艺文志》著录有唐代孙昱的《十二国史》十二卷，原书久已不传，克平（Кепинг 1974）最初猜想西夏本即由此译出，这个猜想后来由孙颖新（2003）据《战国策》姚宏注最终证实。今天见到的西夏译本为上中下三卷，各卷首尾皆佚，未见编译者的题识及版刻记录，也不知翻译时是否有所节略。原书是依照《国语》、《国策》成例编写的国别体史书，撮抄春秋战国时代的史事。西夏本现存约70章，据索罗宁（Солонин 1995：8）考证，其故事原型分别见于《史记》《春秋左传》《国语》《说苑》《新序》《战国策》《韩诗外传》《吕氏春秋》《韩非子》和《列子》[1]。从现存部分看不出所谓“十二国”具体是指哪十二个诸侯国——书中仅保存了“后齐”“鲁国”“晋国”“卫国”四个篇名，每篇前有化自《史记》诸“世家”的小序。在这些篇名中值得注意的是“后齐”，篇首小序大约化自《史记・田敬仲完世家》，但与原文多有差异：

① 此外的文献来源还有《礼记》和《孔子家语》。

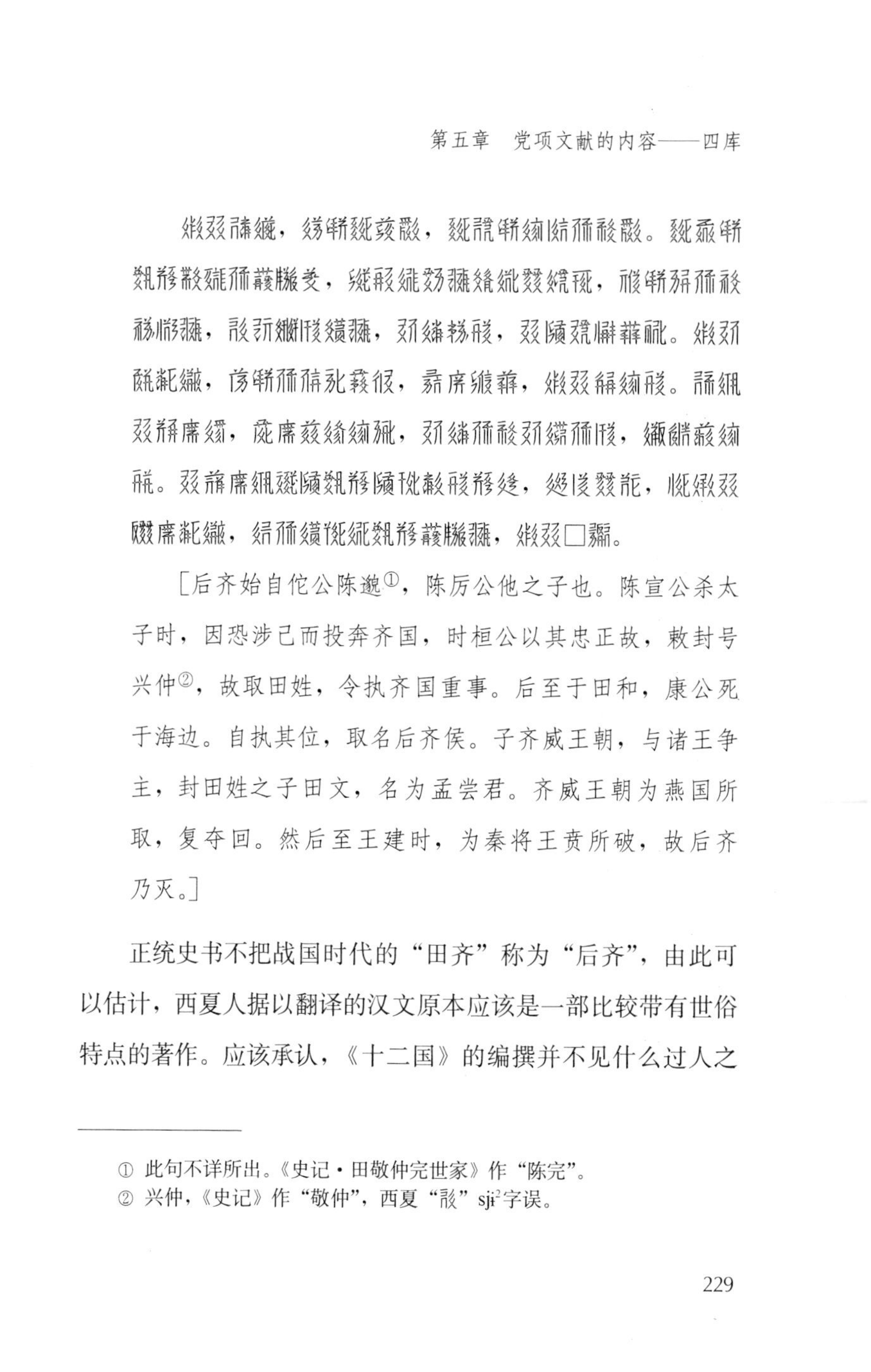

[illegible]

[后齐始自佗公陈遡①，陈厉公他之子也。陈宣公杀太子时，因恐涉己而投奔齐国，时桓公以其忠正故，敕封号兴仲②，故取田姓，令执齐国重事。后至于田和，康公死于海边。自执其位，取名后齐侯。子齐威王朝，与诸王争主，封田姓之子田文，名为孟尝君。齐威王朝为燕国所取，复夺回。然后至王建时，为秦将王贲所破，故后齐乃灭。]

正统史书不把战国时代的“田齐”称为“后齐”，由此可以估计，西夏人据以翻译的汉文原本应该是一部比较带有世俗特点的著作。应该承认，《十二国》的编撰并不见什么过人之

① 此句不详所出。《史记·田敬仲完世家》作“陈完”。
② 兴仲，《史记》作“敬仲”，西夏“[illegible]”sji^{2}字误。

处，编者不过是从古书中摘抄一些故事拼凑成书而已。他的个人喜好大约是重“言”而不重“事”，当然其中也选入了“邹忌讽齐王纳谏”之类脍炙人口的名篇，下面摘译这一篇的前半部分：

[illegible]

[齐国徐君平昳丽殊胜，人皆赞叹。邹忌自身澡浴，穿戴衣冠，问己之妻室曰：“我与徐君平孰美耶?”对曰：“汝美过徐君平也。”复问侍者。亦谓“汝美过徐君平也。”复问门下客，亦谓“汝美过徐君平也。”彼邹忌心下念曰：妻室之赞我者，顺我故也；侍者之赞我者，畏我故也；客之赞我者，是有所求于我也。]

下面是《战国策·齐策一》的原文：

邹忌修八尺有余，而形貌昳丽。朝服衣冠，窥镜，谓其妻曰：“我孰与城北徐公美?”其妻曰：“君美甚，徐公何能及君也？”城北徐公，齐国之美丽者也。忌不自信，而复问其妾曰：“吾孰与徐公美？”妾曰：“徐公何能及君也？”旦日，客从外来，与坐谈，问之客曰：“吾与徐公孰美？”客曰：“徐公不若君之美也。”明日徐公来，孰视之，自以为不如；窥镜而自视，又弗如远甚。暮寝而思之，曰：“吾妻之美我者，私我也；妾之美我者，畏我也；客之美我者，欲有求于我也。”

两相对照，可以明显看出西夏本的这一段不是从《战国策》译来的。尤其是其中反复出现的“徐君平”这个人名，《战国策》只作“徐公”，姚宏注云“《十二国史》作徐君平”，足以确证西夏本和孙昱《十二国史》的渊源关系。

阅读《十二国》给人的感觉是，所有的西夏译文都显得比较随意，译者时常对原文自行增删，或以一句话总括原文数句大意，或在原文以外另加补充说明，并不严守文句训诂，因而对原文的理解错误也时有所见，这与西夏官方组织翻译中原经典的态度迥然不同，由此我们可以相信西夏本《十二国》在当时的读者应是平民百姓而非党项上层人士。然而，尽管《十二国》和《贞观政要》的翻译质量很差，但毕竟都是民间书坊刻本，表明在当地还有一定的读者基础。

附带说，俄罗斯科学院东方文献研究所藏《天盛律令》

卷十七（инв. № 198）的纸背抄有两则列女故事[1]，其原型分别是《后汉书》卷一〇四《列女传》中的《姜诗妻传》和《鲍宣妻传》（松泽 2005）。不过，这两则故事的西夏译文从词句到内容都与《后汉书》有较大差异，使人怀疑那不是直接来自正统史书，而是来自经过搜录改编的某部民间通俗故事集（聂鸿音 2001b）。至于西夏境内是否真的有人专心攻读中原的“正史”，目前我们还没有证据给出肯定的回答。

（2）政书

西夏政府最庞大的著作工程是组织编纂了几部法典，这在当今已经成为全面了解西夏政治、经济、军事和生活状况的首要资料。

现存法典里产生年代最早的是《贞观玉镜将》（[illegible]），俄罗斯科学院东方文献研究所藏刻本。全书四卷，记西夏兵制、军纪及奖惩规则，有克恰诺夫德译本（Kychanov，Franke 1990：9－35）和陈炳应（1995）汉译本。书的序言没有保存下来，一般从书题判断为西夏贞观年间（1101—1113）崇宗敕编的军事法典。卷四的奖惩条格保存

[1]《俄藏黑水城文献》11，页 333。

得较为完整，经与《宋会要辑稿》、《武经总要》等汉文典籍里的相应内容对照，可以看到西夏法典虽然在格式上与中原相似，但是并没有直接搬用中原已有的条款，而且其间的规定比中原详密得多，给人的突出印象是西夏对违规者的惩罚比中原要轻。例如《武经总要》规定，战后试图以他人所获首级骗取奖赏或晋升者要处死刑，而相对的是，同样的犯罪在西夏则处以降级、罚马三匹或劳役（Kychanov，Franke 1990：52－54）。

西夏法典中最受当代学界重视的是《天盛革故鼎新律令》（[illegible]），《俄藏黑水城文献》第8册和第9册刊布了该研究所收藏的夏天盛二年（1150）刻本和其后的抄本多种，另有少量残叶藏英国国家图书馆。俄藏本有克恰诺夫俄译（Кычанов 1987—1989）和史金波、聂鸿音、白滨（1994）汉译。书题据西夏字面旧译“天盛改旧新定律令”，这是没有参照《宋史·夏国传下》的相关记载——（宋绍兴）十八年，复建内学，选名儒主之。增修律成，赐名《鼎新》，显然“鼎新”即是“新定”，那么相应的“改旧”必是“革故”，这符合《易·杂卦》所谓“革，去故也；鼎，取新也”。

《天盛革故鼎新律令》全书二十卷，正文150门，1 461条。另有名例二卷，为律令总目。首卷有北王兼中书令嵬名地暴等二十三位纂定者给仁宗皇帝的《进律表》①：

[illegible]

[奉天显道耀武宣文神谋睿智制义去邪惇睦懿恭皇帝，敬绍祖功，秉承古德，欲全先圣弘猷，能正大法文义。是以臣等共相商讨，校核新旧律令，见有不明疑碍，顺民众而取义，所成凡二十卷，奉敕名为“天盛革故鼎新律令”。雕版刊毕，敬献御前，依敕所准，传行天下，依此新旧兼有之律令为之。]

从这段文字看，此前西夏肯定还有某种“旧律”，不过那些资料没有保存到今天。

在《进律表》后面开列的纂定者名单里有“合汉文者”一人和“译汉文者”三人，说明有部分条文直接译自中原法令。与此相应的事实是，《天盛律令》中的“十恶”“八议”两部分

① 《俄藏黑水城文献》8，页 47。

内容就是直接从中原的《唐律疏议》或者《宋刑统》译来的，其他地方也多显露出对中原法律的模仿痕迹。当然，《天盛律令》里也有不少内容是针对西夏政权和党项民族特点制定的，例如关于亲属关系和畜牧税收的规定就详细得令人称奇。

大约在《天盛律令》正式颁布之后半个多世纪，西夏又出现了一部题为“亥年新法”（[illegible]）的法典。鉴于俄罗斯科学院东方文献研究所藏的几种抄本均出自夏光定年间（1211—1223），可以估计这部书编定于夏襄宗光定乙亥五年，即 1215 年（Кычанов 2013：12）。夏襄宗安全此前不久废桓宗自立，这会被国人看作篡位，所以他登基时比别的皇帝更感到树立权威的必要性，也更迫切希望重新修订法律以宣示自己的统治，全部工作在五年之内完成，但其后未及付梓，这应该是比较合理的想象。

《亥年新法》全书十七卷，今有克恰诺夫俄译本（Кычанов 2013）。正文中屡见“律令曰”的说法，这“律令”指的必是《天盛律令》，由此知道《新法》是在前代法典基础上修订而成的。不过就目前所见，《亥年新法》与《天盛律令》重复的条款并不像想象的那么多，给人的感觉是其间的补充多于修改。

另一部性质类似的法典是《法则》（[illegible]），俄罗斯科学院东方文献研究所藏西夏晚期抄本二册，卷一至卷五是至今不能识读的草书，卷六至卷九楷书[①]。全书虽为九卷，但每卷的内容并不太多。书的首尾不署撰人及颁行时间，一般估计那是《天盛律令》颁行后的修订增补条文。

西夏法典篇幅很大，涉及的社会生活领域极广，任何一个研究者都不可能具备那样全面的知识。尤其是其中党项民族独有的文化因素，研究者更是因为缺乏相关的文献佐证而无法给出圆满的解释。例如《天盛律令》卷五有这样一段话：

[illegible]

[illegible]

[依官爵高低箭数：

自“十乘”至“胜监”箭五十枝，自“暗监”至“戏监”箭百枝，自“头主”至“柱趣”箭百五十枝，自“语抵”至“真舍”二百枝，自“调伏”至“拒邪”三百枝，自“涨围”至“盛习”四百枝，“茂寻”以上一律五百枝。]

① 《俄藏黑水城文献》9，页 53－118。

引号里的词是西夏特有的爵位名称，俄国和中国学者都勉强据西夏字面翻译，真正的词义则不可解。事实上其中最后一句可以在《宋史·夏国传下》找到对应的线索——“团练使以上，帐一、弓一、箭五百”，由此我们知道西夏的所谓“茂寻”（[illegible]）相当于中原的“团练使”，即地方武装的首领，但仍然无从得知这个西夏词的真实含义和语源。至于其他古怪的爵位名称则全无踪迹可寻，我们只知道那些肯定是低于团练使的各级小头目。

在迄今所有的党项非佛教文献研究里，对法典的解读最不能令人满意。由于缺乏相关的资料可供参照，研究者不但面对大量官名、地名等专门术语时感到无能为力，而且在面对西夏语的复杂句式时也感到捉襟见肘，最终导致译文佶屈聱牙，完全词不达意的地方也时有所见。由此造成了一个多少有些严重的后果，即近些年在汉译本基础上完成的拓展研究也大都不是成功之作。尤其应该指出的是，存世关于西夏社会的文献里没有足够的资料能与法典形成印证，也就是说，我们不知道西夏政府设定的这些条款具体是怎样施行的，甚至不知道有多少条款曾经真的付诸实践。凭感觉说，那一套比中原法典繁冗得多的条款恐怕更多是反映了西夏王朝的政治理想，在实践中施行起来是相当困难的。

第三节 子

（1）儒家

真正力主用儒家思想育人的似乎只有西夏的少数上层文官，其中的代表人物是曹道乐（[illegible]）。曹道乐的生平不见史书记载，我们只知道他在夏仁宗时代任职中兴府承旨兼番大学院教授，仁宗去世后似乎在以“太师”的身份辅导年轻的桓宗，希望他尽快明白修身、齐家、治国、平天下的道理。为此他选编了一部《德行集》（[illegible]）供桓宗阅读，这本小书是罕见的12世纪末活字印本，今藏俄罗斯科学院东方文献研究所，保存完整。全书分“学习奉师”“修身”“事亲”“为帝难”“听谏”“知人”“用人”“立政”八章，摘译中原儒家著作文句拼凑而成（聂鸿音 2001a），卷首的节亲讹计序言说：

> [illegible]：“[illegible]，[illegible]。”[illegible]：“[illegible]，[illegible]。”[illegible]，[illegible]，[illegible]；[illegible]，[illegible]。[illegible]，[illegible]，[illegible]，[illegible]。[illegible]，[illegible]，[illegible]，[illegible]？[illegible]，[illegible]，[illegible]。[illegible]

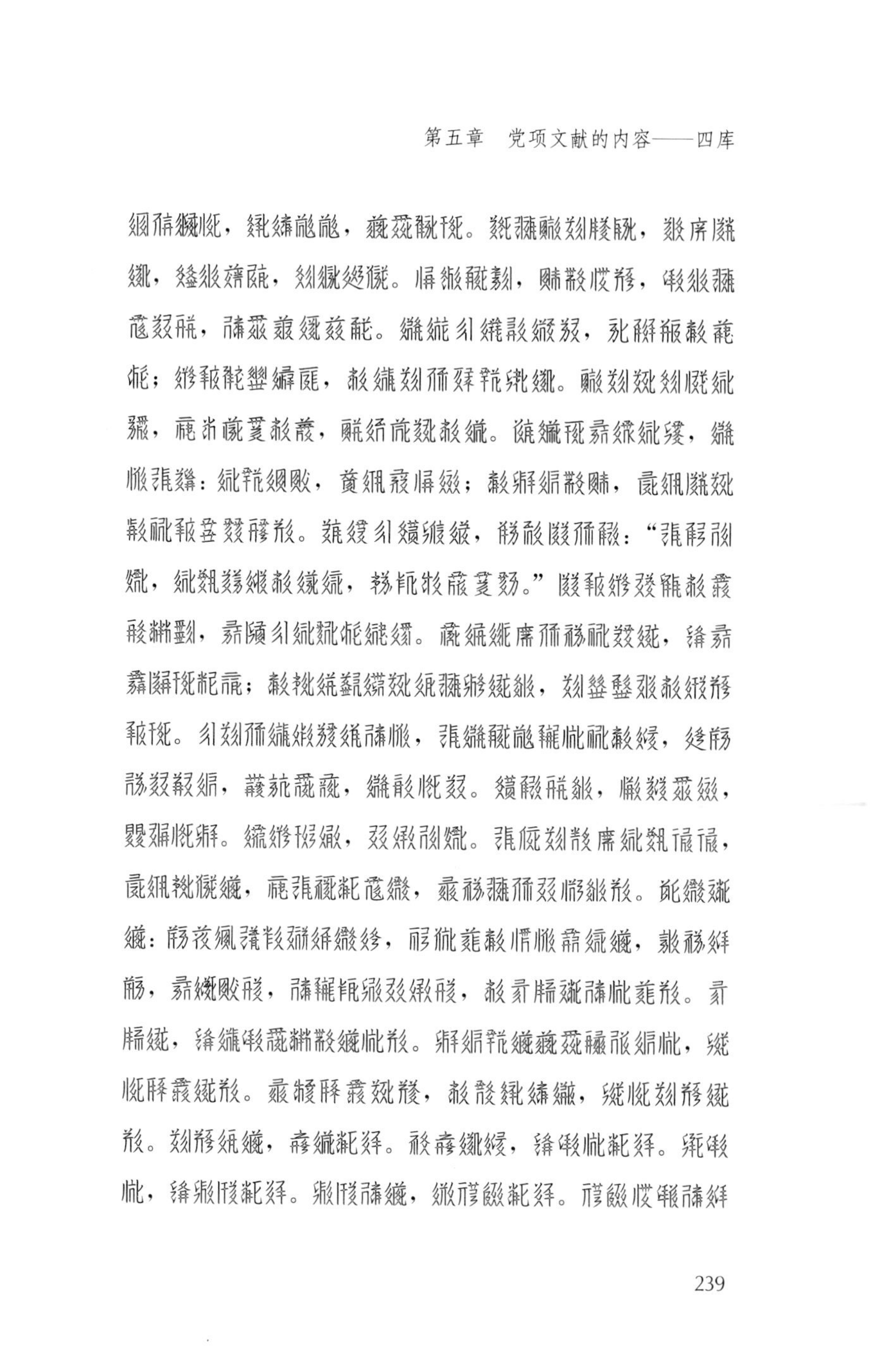

[illegible]

[illegible]

［臣闻古书云："圣人之大宝者，位也①。"又曰："天下者，神器也②。"此二者，有道以持之，则大安大荣也；无道以持之，则大危大累也③。伏惟大白高国者，执掌西土逾二百年，善厚福长，以成八代。宗庙安乐，社稷坚牢，譬若大石高山，四方莫之敢视，而庶民敬爱者，何也？则累积功绩，世世修德，有道以持之故也。昔护城皇帝雨降四海④，百姓乱离，父母相失。依次皇帝承天，袭得宝位，神灵暗佑，日月重辉。安内攘外，成就大功，得人神之依附，同首尾之护持。今上圣尊寿茂盛，普荫边中民庶；众儒扶老携幼，重荷先帝仁恩。见皇帝日新其德，

---

①《周易·系辞下》："圣人之大宝曰位。"

②《老子·无为》："天下神器，不可为也。"

③《荀子·王霸》："得道以持之，则大安也，大荣也，积美之源也；不得道以持之，则大危也，大累也。"

④ 西夏第七代皇帝仁宗仁孝寿陵碑题"护城圣德至懿皇帝"（李范文1984：48）。

皆举目而视，俱侧耳而听。是时慎自养德，抚今追昔：恩德妙光，当存七朝庙内[①]；无尽大功，应立万世嗣中。于是颁降圣旨，乃命微臣："纂集古语，择其德行可观者，备成一本。"臣等忝列儒职而侍朝，常蒙本国之盛德。伊尹不能使汤王修正，则若挞于市而耻之[②]；贾谊善对汉文所问，故帝移席以近之[③]。欲使圣帝度前后兴衰之本，知古今治乱之原，然无门可入，无道可循，不得而悟。因得敕命，拜手稽首，欢喜不尽。众儒共事，纂集要领。昔五帝三王德行华美，远昭万世者，皆学依古法，察忠爱之要领故也。夫学之法：研习诵读书写文字，求多辞又弃其非者观之，中心正直，取予自如，获根本之要领，而能知修身之法原矣。能修身，则知先人道之大者矣。知无尽之恩莫过父母，然后能事亲矣。敬爱事亲已毕，而教化至于百姓，然后能为帝矣。为帝难者，必须从谏。欲从忠谏，则须知人。知其人，则须擢用。擢用之本，须慎赏罚。信赏

① 七朝：指桓宗纯佑前的七个西夏皇帝：太祖继迁、太宗德明、景宗元昊、毅宗谅祚、惠宗秉常、崇宗乾顺、仁宗仁孝。

②《尚书·说命下》："予弗克俾厥后惟尧舜，其心愧耻，若挞于市。"

③《史记·屈原贾生列传》："后岁余，贾生征见。孝文帝方受釐，坐宣室。上因感鬼神事，而问鬼神之本。贾生因具道所以然之状。至夜半，文帝前席。"序言的作者对这个典故的理解有误。李商隐有诗句"可怜夜半虚前席，不问苍生问鬼神"（《贾生》），证明后人对此事持批评态度。

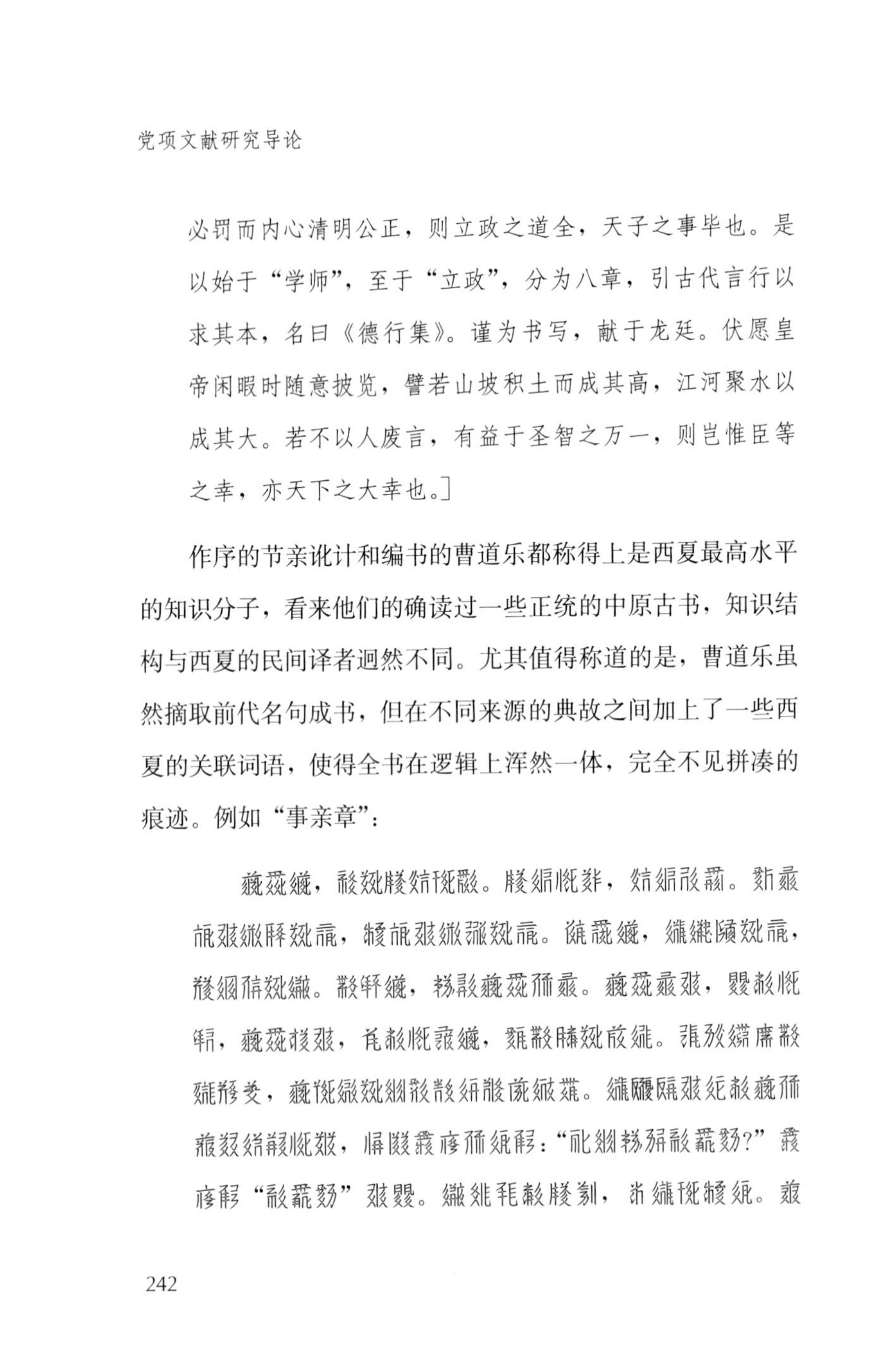

必罚而内心清明公正，则立政之道全，天子之事毕也。是以始于“学师”，至于“立政”，分为八章，引古代言行以求其本，名曰《德行集》。谨为书写，献于龙廷。伏愿皇帝闲暇时随意披览，譬若山坡积土而成其高，江河聚水以成其大。若不以人废言，有益于圣智之万一，则岂惟臣等之幸，亦天下之大幸也。]

作序的节亲讹计和编书的曹道乐都称得上是西夏最高水平的知识分子，看来他们的确读过一些正统的中原古书，知识结构与西夏的民间译者迥然不同。尤其值得称道的是，曹道乐虽然摘取前代名句成书，但在不同来源的典故之间加上了一些西夏的关联词语，使得全书在逻辑上浑然一体，完全不见拼凑的痕迹。例如“事亲章”：

[illegible]

[illegible]

［父母者，犹子之天地也。无天不生，无地不成[1]。故立爱时惟始于亲，立敬时惟始于长。此道者，先始于家邦，终至于四海[2]。大孝者，一世尊爱父母。父母爱时，喜而不忘，父母恶时，劳而不怨者[3]，我见于大舜也。昔周文王为太子时，每日三番往朝于父王季。初鸡鸣时起，立于父之寝室门后，问内臣侍者曰："今日其安？"侍者曰"安"则喜。至正午及天晚，亦如前敬问。若谓"不安"，则有忧色，行时不能正步。直至复能饮食，然后释忧也。武王继父道而行，不敢有加焉[4]。故君子之事亲，居时致

① 《法言·孝至》："父母，子之天地与？无天何生，无地何形？"

② 《尚书·伊训》："立爱惟亲，立敬惟长。始于家邦，终于四海。"

③ 《礼记·祭义》："大孝不匮。父母爱之，嘉而弗忘，父母恶之，惧而无怨。"

④ 《礼记·文王世子》："文王之为世子，朝于王季，日三。鸡初鸣而衣服，至于寝门外，问内竖之御者曰：'今日安否？'内竖曰'安'，文王乃喜。即日中又至，亦如之；及莫又至，亦如之。其有不安节，则内竖以告文王，文王色忧，行不能正履。王季复膳，然后亦复初。武王帅而行之，不敢有加焉。"

其敬，养时致其乐，病时致其忧，丧时致其哀，祭时致其严①。夫为人子者，失于事亲之道，则虽有百善，亦不能免其罪矣。]

这段文字糅合了《法言》《尚书》《礼记》和《孝经》的成句，又补写了“我见于大舜也”一句作为上面内容的小结，最后用“夫为人子者”以下几句收束全篇，立意行文显得颇具匠心。

另一部由曹道乐集译的书是《新集慈孝传》（[illegible]），原书上下二卷，今仅存下卷，藏俄罗斯科学院东方文献研究所。这可以看作中原慈孝故事的汇集，主旨在于规范家庭伦理道德（Кепинг 1990，Jacques 2007）。该书的编写基础是宋代司马光的《家范》（Nie 2008），编者从中选取了一部分故事，又据其他汉文史书增补了一些，下卷共得 44 则故事，仿《家范》分别归入“婆媳”“叔侄”“姑嫂”“兄弟”“姐妹”“夫妻”“妯娌”“舅甥”诸章②。

应该承认，曹道乐的翻译作品代表着西夏同类著作的顶峰。他在翻译中能努力严守原作的主旨，也较少出现对原文词

---

① 《孝经·纪孝行》：“孝子之事亲也，居则致其敬，养则致其乐，病则致其忧，丧则致其哀，祭则致其严。”

② 与《家范》对照，估计佚失的“卷上”包括“父子”“母子”“祖孙”等章。

语的误解，只是对附加的评论有时会灵活处理。例如“李勣”条后有一大段评论，赞扬兄弟姊妹之间的相亲相爱，那段文字本是司马光据《颜氏家训》转述的。由于是转述，则翻译就不妨随便一些，只要译文通俗晓畅就可以令人满意：

[illegible]

[夫兄弟姊妹者，同胞共气中为最亲，忧乐共之，与他人异。其中兄弟者，少时共食同衣，不能不相爱，然及壮时，各守妻子，故相爱心固笃，亦不能无少许之衰。娣姒者，存于兄弟，则是他人，有争求嫉妒之心。惟兄弟相爱深重，然后能离此害。故兄弟不睦则子侄不合，子侄不合则近人远离，近人远离则僮僕为雠，如此则谁救之哉？][1]

[1] 相应的原文见《家范》卷七：“方其幼也，父母左提右挈，前襟后裾，食则同案，衣则传服，学则连业，游则共方。虽有悖乱之人，不能不相爱也。及其壮也，各妻其妻，各子其子。虽有笃厚之人，不能不少衰也。娣姒之比兄弟则疎薄矣。……兄弟不睦则子侄不爱，子侄不爱则群从疏薄，群从疏薄则童仆为雠敌矣。如此则行路皆踖其面而蹈其心，谁救之哉？”

(2) 兵家

目前已知的西夏兵书有四种，即《孙子》、《六韬》、《三略》和《将苑》，均在20世纪初出土于黑水城遗址。其中《孙子》的版本最多，而且翻译所据的汉文底本相同，说明它在西夏的兵书里最受重视，或许那就是应用于“武举”的官方定本。

保存内容最齐全的《孙子》是个刻本，主体部分今藏俄罗斯科学院东方文献研究所[①]，另有少量残叶收藏在英国国家图书馆（李晓明 2016），俄藏本有克平（Кепинг 1979）俄译和林英津（1994）汉译。该书原题“孙子兵法三注”（[illegible]），内容为曹操、李筌、杜牧三家注释的合编本，卷尾附《史记·孙子传》[②]。《孙子兵法三家注》的汉文原本没有流传下来，从感觉上说，其内容应该散见于通行本“十家注”。然而克平曾取《孙子十家注》里收录的曹李杜三家注文对校，发现西夏译本在一些地方与今本的内容不能形成严格对应，我们不知道那部分文字上的歧异是出自不同的汉文底本还是出自西夏译者的翻译习惯。

---

① 另有行书写卷一种，似乎是同书的别译本，没有注释（孙颖新 2012b）。

② 《孙子兵法》传为孙武所著，而《史记》的《孙子传》实际上是孙武和孙膑两人的合传，西夏人未予区分。

《六韬》（[illegible]）今仅存刻本，分藏俄罗斯科学院东方文献研究所和英国国家图书馆[①]。经与今本《六韬》对校，可知西夏译本的现存部分多出了《一战》和《攻城》两篇（聂鸿音1996）。这两篇各有一段文字见于《太平御览》摘引（宋璐璐2004），其中《一战》篇有：

[illegible]，[illegible]；[illegible]，[illegible]。

［以小发于大时，必定须日没，以众发于寡时，必定要日高。］

相当于《太平御览》卷一三一《决战下》[②]：

以少击众，必以日之暮，以众击众「少」，必以日之早。

《攻城》篇有：

[illegible]：“[illegible]，[illegible]，[illegible]?”[illegible]：“[illegible]，[illegible]，[illegible]。[illegible]，[illegible]，[illegible]，[illegible]

① 英国国家图书馆收藏的残片此前没有得到识别，如Or.12380—516号原仅鉴定为“残片”（《英藏黑水城文献》1，页190），实出《虎韬》“绝道第三十九”的尾部至“略地第四十”的开头。

② 据此则西夏文“[illegible]”（一战）也许应该直接译作“决战”。

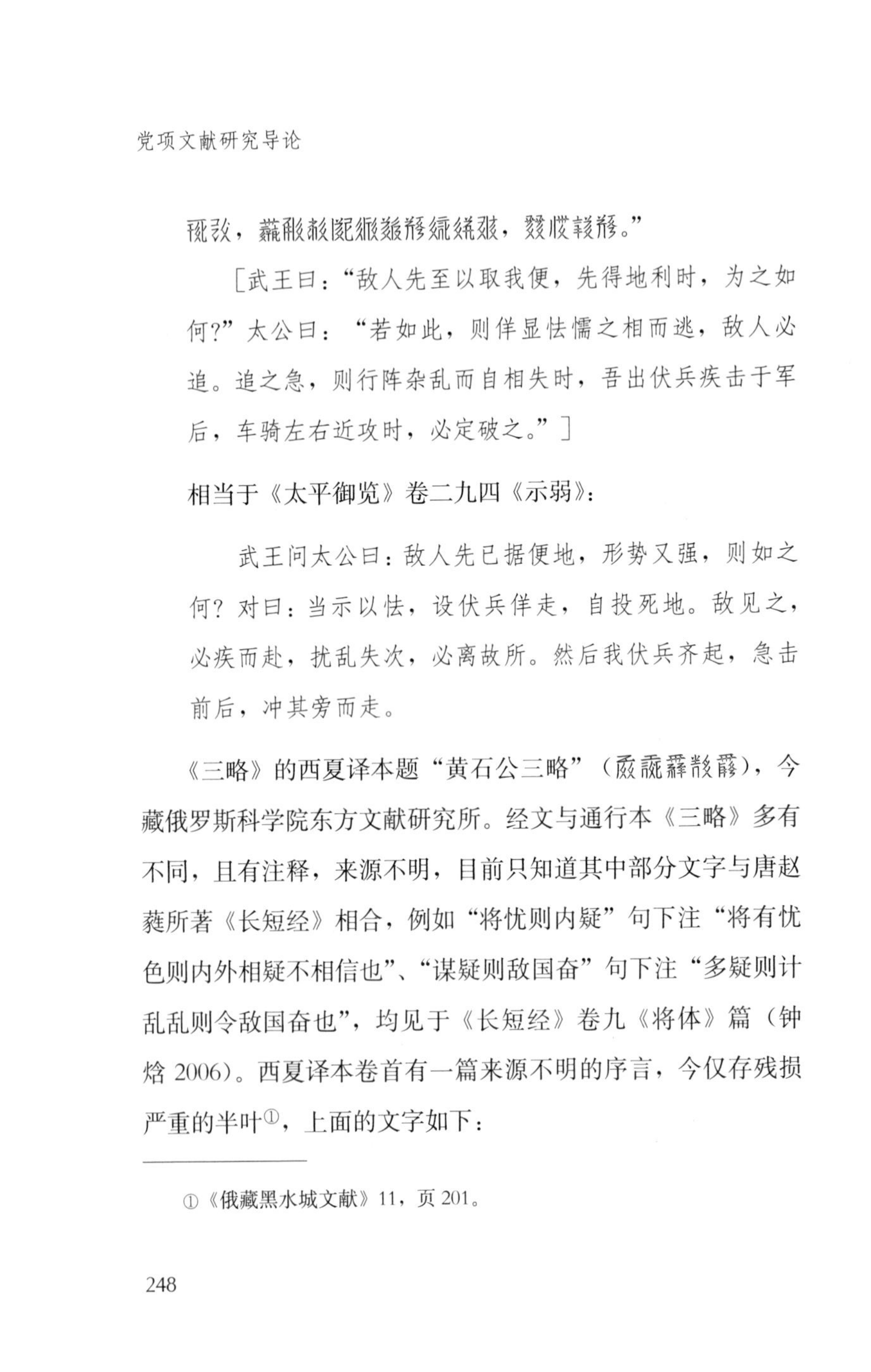

[illegible]，[illegible]，[illegible]。”

［武王曰：“敌人先至以取我便，先得地利时，为之如何?”太公曰：“若如此，则佯显怯懦之相而逃，敌人必追。追之急，则行阵杂乱而自相失时，吾出伏兵疾击于军后，车骑左右近攻时，必定破之。”］

相当于《太平御览》卷二九四《示弱》：

武王问太公曰：敌人先已据便地，形势又强，则如之何？对曰：当示以怯，设伏兵佯走，自投死地。敌见之，必疾而赴，扰乱失次，必离故所。然后我伏兵齐起，急击前后，冲其旁而走。

《三略》的西夏译本题“黄石公三略”（[illegible]），今藏俄罗斯科学院东方文献研究所。经文与通行本《三略》多有不同，且有注释，来源不明，目前只知道其中部分文字与唐赵蕤所著《长短经》相合，例如“将忧则内疑”句下注“将有忧色则内外相疑不相信也”、“谋疑则敌国奋”句下注“多疑则计乱乱则令敌国奋也”，均见于《长短经》卷九《将体》篇（钟焓 2006）。西夏译本卷首有一篇来源不明的序言，今仅存残损严重的半叶[1]，上面的文字如下：

① 《俄藏黑水城文献》11，页 201。

> ……[illegible]，[illegible]……[illegible]，[illegible]。[illegible]……[illegible]。[illegible]《[illegible]》[illegible]，[illegible]……[illegible]。[illegible]……[illegible]，[illegible]……[illegible]，[illegible]。
>
> [……江中龙龟背上有图文，广……等所现者，皆吉祥之相。此法……鲜有学者。今《三略》者，世间……其法即明。我睹斯文……监护者至心察之，故……中有疑，语义莫哂。]

从行文的口气看，这篇序言似乎出自西夏的译者之手。

传为诸葛亮所著《将苑》的西夏译本今藏英国国家图书馆，原题“将军园林本”（[illegible]）[1]。该书是一个残损严重的抄卷，但通过现存部分与今本《将苑》的对照可以看出，这个西夏文本始于传世本的第 22 章，其中缺少第 24、25、30、31、33、41、44、47、48、49 诸章的内容，而第 46 章“威令”和第 50 章“北狄”则被合并到了一起。克平和龚煌城认为被合并到一起的这几章是译者改编的结果（Kepping，Gong 2003），不过更大的可能恐怕在于翻译所据汉文底本的

① 书题传统上按字面译作“将军木林根”（Grinstead 1962）。全书照片见《英藏黑水城文献》2，页 217－219。

残佚（Galambos 2016a：245 – 250）。下面是这一条的现存部分，自“广主之人”以下与前面的内容不相连属，是可以一望而知的：

> [illegible]

> [人以威力统千万军，约束自身……若乃上人不执正法，下人无敬畏之心，虽……限，而无大别于桀纣二王也。是故……应视人者之道。广主之人，不居于城……时，汉国伐之，不得胜则沿山谷遁逃……饥时饮乳，寒时拥裘服，射猎生……未可以战服之。所不与战之略者三种……战，多疲惫怯弱；广主射猎，敏捷勇敢……相

当也。汉军远程，日驰百里……倍之。汉逐广主，自持食粮兵器……逐之，以马迅疾而行。走逐不等，第二……多，广主多骑马，顺风疾驰，骑疾步……悬，不可与之战，第三略也。唯……击，遣良将，驯士卒，使常御之……]

在已知的这四种西夏兵书中，《孙子》既有刻本又有抄本，《六韬》和《三略》仅见刻本，《将苑》仅见抄本。值得注意的是《六韬》，这个刻本的版口下方记有每一版的刻工名字。同样记有刻工名字的还有唐于立政所撰类书《类林》（[illegible]）和宋陈祥道《论语全解》的西夏译本，其中与《六韬》相同的刻工有以下四个：

[illegible]［单宝］，[illegible]［西田］，[illegible]［鄞周］，[illegible]［单啰］①。

据卷尾题记，学界已经知道《类林》为西夏乾祐十二年（1181）刻字司刻本（史金波、黄振华、聂鸿音 1993：105），那么由相同的刻工名字推测，《六韬》和《论语全解》的成书时间也必在此前后不久，具体的刻印工作也由刻字司主持。

宋神宗元丰年间（1075—1088）曾经把《孙子》、《六韬》、

① 西夏字的汉字音译据 Кепинг（1983：140－141）。

《三略》等七种著作编为“武经七书”，作为服务于武举的教本，而西夏这三种书的译本出现在一个世纪之后，按说应该采用中原的官修本作为翻译依据，可是事实上这三种书竟没有一种是从“武经七书”本译出的。众所周知，宋代以前的兵书大都经过多人增删改易，这些所谓“古本”在《武经七书》颁布之后渐趋亡佚，只有少量内容借助其他书籍的摘引得以保存至今。西夏人翻译中原兵书依据的是当时已不多见的旧本，也就是说，西夏人故意避开了当时的通行本，却选择另外的本子充当了自己的科举教材，即他们在建立自己的科举制度时主动照搬了中原模式，但同时又尽力在其间制造出某些差别以显示本国的独立特征。当然，作为教材的只有《孙子》、《六韬》和《三略》，而《将苑》由于是一部问世不久的“伪书”，所以无论是中原还是西夏，都只任其在民间流传，而不将其纳入科举必读书之列。

值得注意的是西夏兵书的翻译风格——从现在掌握的资料看，西夏人在翻译儒家著作或者佛家著作时都会尽力严守汉文原本的词句，有些地方甚至造成党项语的佶屈聱牙也在所不辞，可是这几种兵书的西夏译文距离汉文原本的词句却比较远，事实上大多是在保持汉文原本整体意思的前提下做出的重新叙述。这一现象似乎表明西夏兵书的译者和儒家著作的译者是不同的两批人，他们并没有为西夏科举教材制定出一个共同遵守的翻译原则。不过也必须承认，西夏兵书的译者们在意译中显示出了较强的理解能力，看来他们对中原的武学并不外行。

（3）医书

存世真正意义上的西夏医书只有翻译年代不明的《明堂灸经》（[illegible]），俄罗斯科学院东方文献研究所藏有无注释本和有注释本各一种。书的汉文原本题“黄帝明堂灸经”，是书商据北宋王怀隐等所编《太平圣惠方》卷一百抄出单行的（聂鸿音 2009d）。那件没有注释的是行书抄本，正文题“益身灸经卷上”（[illegible]），内容基本完整。卷首有一篇来历不明的序言[1]，全文至今不能得到满意的解读。序言的开头几句说：

> [illegible]《[illegible]》[illegible]：[illegible]，[illegible]。[illegible]，[illegible]。[illegible]……
>
> ［孙思邈《明堂经》云：慎为点灸，疾病多得获愈。技艺殊佳，功能广大。以此为准……］

这部书里值得注意的是最后的“人神在日不宜灸”一节，

① 《俄藏黑水城文献》第 10 册刊布的照片里遗漏了这篇序言。

其中西夏文和汉文的数字竟是夹杂使用的。下面是前两段：

[illegible]，[illegible]三，[illegible]五，[illegible]七，[illegible]九，[illegible]一，七十三，[illegible]五[illegible]，[illegible]。

[illegible]，[illegible]，[illegible]十六，[illegible]八，[illegible]，[illegible]二，[illegible]四，[illegible]十六[illegible]，[illegible]。

［年一，十三，二十五，三十七，四十九，六十一，七十三，八十五。人神在心。

年二，十四，二十六，三十八，五十，六十二，七十四，八十六，人神在喉。］

直接使用笔画较少的汉字当然是为了省些力气，不过这也表明译者心目中预期的读者是多少认识几个汉字的。

有注释的那种《明堂灸经》仅存两张残纸，涉及人体八个经穴。书中首先用大字写出经穴名称，并用双行小字注出汉语音译，然后依次说明取穴方法、点灸方法和主治病症（聂鸿音 2009e），双行小注来源不明。下面是其中的“肩聊”条：

[illegible]（[illegible]）[illegible]，[illegible]。[illegible]，[illegible]，[illegible]，[illegible]。[illegible]。

[肩聊（汉语 kjɨj^{1} ljow^{2}）二经穴者，在肩端下陷处也。举肩而取之，各灸五壮其上，则主肩重不能举，手臂痛等。灸毕可令开弓。]①

西夏译者特地在穴位名称下附注汉语音译，似乎也证明西夏的许多医生头脑中的穴位名称是汉语的。

除去《明堂灸经》之外，西夏人还为我们留下了不少年代不明的药方。这些药方不大像特地编写的书籍，也不大像是中原医书的摘译，而仅仅是民间医人随手抄下的“验方”日积月累而成，只不过具有书籍的形态而已。目前有充分的证据表明在西夏境内行医的主要是汉人，至少也是粗通汉语的党项人，因为我们看到，党项文献里的中药名称大都是汉语的音译，而且在不同的药方中竟然可以采用不同的译音字，例如“枸杞”既可以译作“[illegible][illegible]” kjiw^{1} khji^{2} 也可以译作“[illegible][illegible]” kew^{2} khjịj^{1}，“黄连”既可以译作“[illegible][illegible]” xụ^{1} ljɨj^{1} 也可以译作“[illegible][illegible]” xwo^{2} ljɨj^{1}（聂鸿音 2014）。在药方以外的文献里也是这样，例如：“芍药”《掌中珠》音译“[illegible][illegible]” śju^{1} ju^{2}，《天盛律令》音译“[illegible][illegible]” śju^{1} · ju^{1}；“干姜”《掌中珠》音译“[illegible][illegible]” kā^{1} ko^{1}，《天

① 汉文本《黄帝明堂灸经》相应的文字是：“肩聊二穴，在肩髃上，举肩取之陷者中。灸五壮。主肩重不举，臂痛也。”

盛律令》音译“[illegible]” kã^{1} kjow^{1}（聂鸿音 2009a）。

很明显，这些中药在西夏始终就没有形成一套规范的译名——即使是党项医生，开药方时心里想的也仅仅是汉语的药名，下笔时只是随意音译而已。大约是因为医生们总是不动脑筋地照搬中原医术和医方，所以在西夏始终没有出现本土的医药理论著作，换句话说，没有确立一套固定的术语说明医药在西夏始终没有成为一个专门的学科。据《天盛律令》记载，西夏设有一个“医人院”，随时要有医人在内宫值守待命（史金波、聂鸿音、白滨 1994：300），可是皇室成员和朝廷重臣患病的时候仍然要到邻近的金国去求医。《金史》卷一三四《西夏传》有下面两条记载：

> 因贺大定八年（1168）正旦，遣奏告使殿前太尉芭里昌祖等以仁孝章乞良医为得敬治疾①，诏保全郎王师道佩银牌往焉。
>
> 承安五年（1200），纯佑母病风求医，诏太医判官时德元及王利贞往，仍赐御药。八月，再赐医药。

西夏医生得不到国人的信任，这表明他们的医术远不及金人，估计也就是能应付些头疼脑热的小病而已。

---

① 这里的“得敬”指仁宗朝前期的权臣任得敬。

（4）术数

传入西夏的中原占卜术著作以汉文和西夏文两类文本在境内流行，其中西夏文本大都可以认定是中原著作的翻译（聂鸿音 2015）。这些著作一般篇幅短小，似乎不像是正式的书籍，存世的也多为年代不明的抄本残件，且抄写质量不高，表明占卜术的应用范围只限于民间，并未得到官方的重视①。按照传统的“四库”分类法，这些文献可以大致归为“易经”和“术数”两类，其中术数类的内容比易经类丰富。当然必须承认，这两类文献的界限在时人的心目中并非绝对分明，因为不同类别的占卜术有时也会在同一本书里出现。

黑水城出土过一部保存相对完整的占卜书抄本，题为“[illegible]”，可以译作“谨謏”或“谨算”，在西夏的“术数”类书籍中最为著名。这部书里有三幅圆形的星命图，标出了十二地支与七曜、十二命宫、十一曜和十二星宫的搭配关系，用以解释算命人的年运（荣智涧 2013）。书的开头提供了为某个“梁签判”占卜的实录：

> [illegible]：[illegible]，[illegible]，[illegible]。[illegible]，[illegible]。[illegible]，[illegible]

---

① 据《天盛律令》卷一〇记载，西夏政府中有一个“卜算院”，属“中等司”（史金波、聂鸿音、白滨 1994：244），但迄今未见其实际活动的信息。

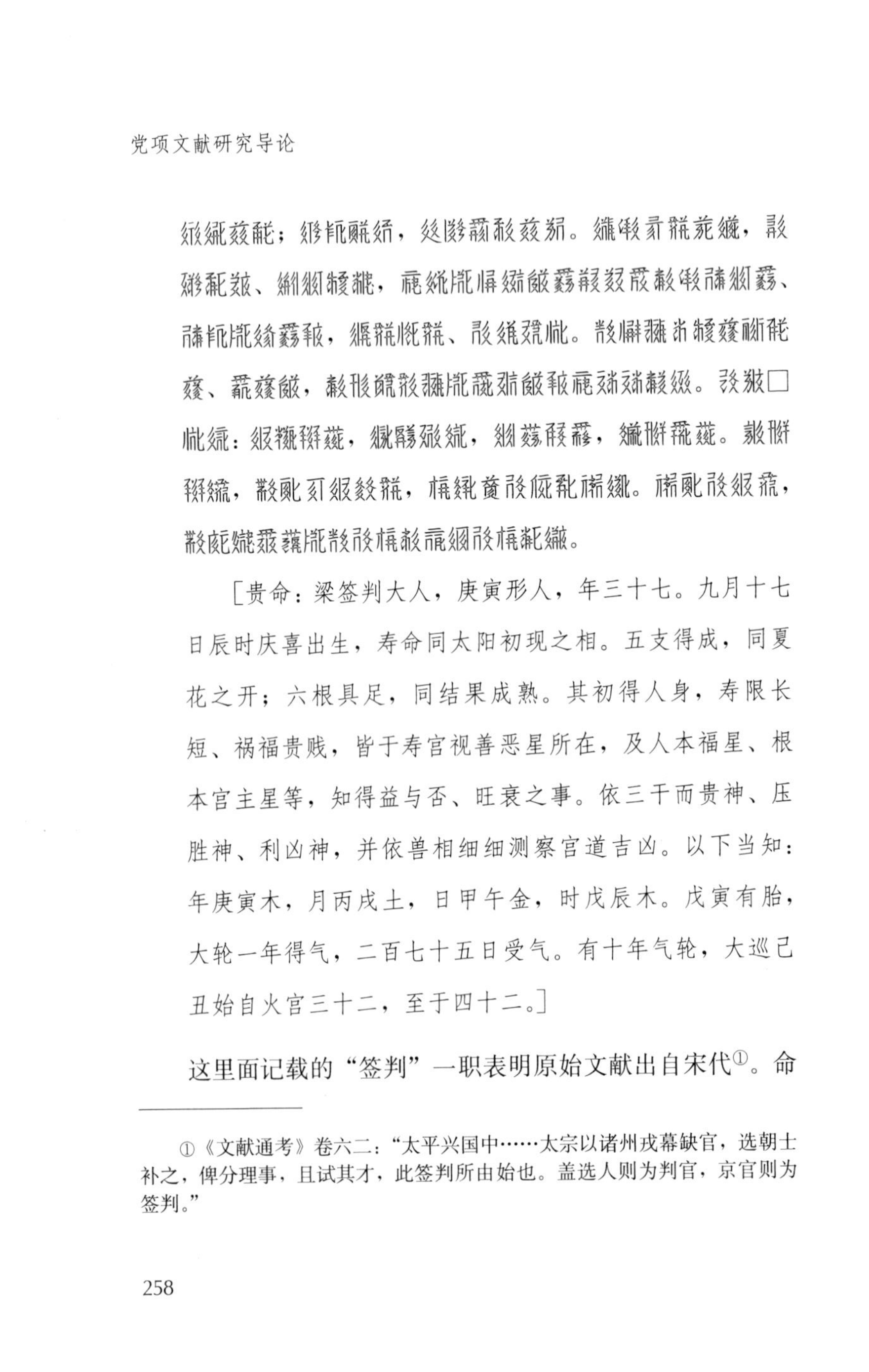

[illegible]

[贵命：梁签判大人，庚寅形人，年三十七。九月十七日辰时庆喜出生，寿命同太阳初现之相。五支得成，同夏花之开；六根具足，同结果成熟。其初得人身，寿限长短、祸福贵贱，皆于寿宫视善恶星所在，及人本福星、根本宫主星等，知得益与否、旺衰之事。依三干而贵神、压胜神、利凶神，并依兽相细细测察宫道吉凶。以下当知：年庚寅木，月丙戌土，日甲午金，时戊辰木。戊寅有胎，大轮一年得气，二百七十五日受气。有十年气轮，大巡己丑始自火宫三十二，至于四十二。]

这里面记载的“签判”一职表明原始文献出自宋代[1]。命

[1]《文献通考》卷六二：“太平兴国中……太宗以诸州戎幕缺官，选朝士补之，俾分理事，且试其才，此签判所由始也。盖选人则为判官，京官则为签判。”

主生于九月十七日，其生辰八字为“庚寅年，丙戌月，甲午日，戊辰时”。宋代符合这些条件的年份只有乾道六年（1170），既然命主在算命之年三十七岁，那么这条占卜记录就应该出自1206年。

此类算命的方法传统上称作“术数”占卜，特点是以天干地支为运算依据，最基本的概念就是所谓“生辰八字”。运算干支时有一个重要的概念——“空亡”，即以“甲”开始的天干与地支相配一轮时剩下不能配对的两个地支，被视为凶日。俄罗斯科学院东方文献研究所收藏有一本题为“秘密供养典”的小书（инв. № 6771），书的纸背另抄有一部佚题的占卜著作（西田 2004），其中包括两首歌诀，第一首译自汉文的《八卦取象歌》，但八卦排列顺序与陆九渊《象山集》卷二三和徐总干《易传灯》卷四所载略有差异。后面的六句口诀正是用来帮助人们记忆空亡的，题为“六旬空亡日”（[illegible]）：

[illegible]，[illegible]，
[illegible]，[illegible]，
[illegible]，[illegible]。

［甲子旬戌亥为空亡，甲戌旬申酉为空亡，
甲申旬午未为空亡，甲午旬辰巳为空亡，
甲辰旬寅卯为空亡，甲寅旬子丑为空亡。］

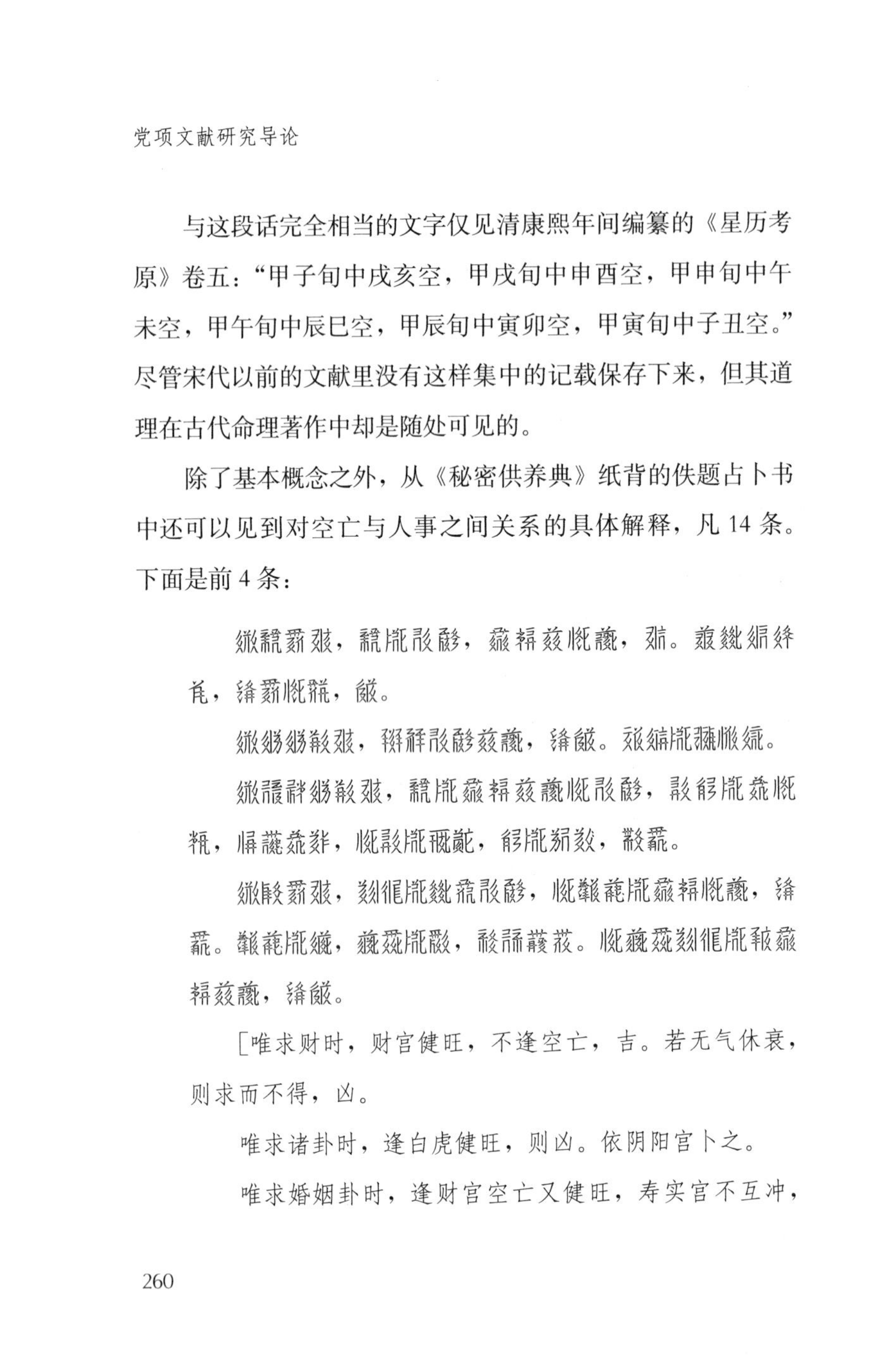

与这段话完全相当的文字仅见清康熙年间编纂的《星历考原》卷五：“甲子旬中戌亥空，甲戌旬中申酉空，甲申旬中午未空，甲午旬中辰巳空，甲辰旬中寅卯空，甲寅旬中子丑空。”尽管宋代以前的文献里没有这样集中的记载保存下来，但其道理在古代命理著作中却是随处可见的。

除了基本概念之外，从《秘密供养典》纸背的佚题占卜书中还可以见到对空亡与人事之间关系的具体解释，凡 14 条。下面是前 4 条：

> [illegible]，[illegible]，[illegible]，[illegible]。[illegible]，[illegible]，[illegible]。
>
> [illegible]，[illegible]，[illegible]。[illegible]。
>
> [illegible]，[illegible]，[illegible]，[illegible]，[illegible]，[illegible]，[illegible]。
>
> [illegible]，[illegible]，[illegible]，[illegible]。[illegible]，[illegible]，[illegible]。[illegible]，[illegible]。
>
> [唯求财时，财宫健旺，不逢空亡，吉。若无气休衰，则求而不得，凶。
>
> 唯求诸卦时，逢白虎健旺，则凶。依阴阳宫卜之。
>
> 唯求婚姻卦时，逢财宫空亡又健旺，寿实宫不互冲，

内外相生，又寿宫结独，实宫同解，大利。

唯求官者，官鬼宫有气健旺，又印库宫不逢空亡，则利。印库宫者，父母宫也，子孙得动。又父母逢官鬼宫等空亡，则凶。]

同样类型的占卜辞又见英国国家图书馆收藏的 Or.12380/3235 号抄本[①]。原件残存两个不相连的页面，凡 8 条，其中三条残。下面是其中的“婚姻”“官禄”两条，可以与上面《秘密供养典》纸背的文字对照：

[illegible]，[illegible]，[illegible]，[illegible]，[illegible]，[illegible]，[illegible]。

[illegible]，[illegible]，[illegible]，[illegible]。[illegible]，[illegible]，[illegible]。[illegible]，[illegible]。

[唯求婚姻卦时，不逢财宫空亡，则健旺相生不断，内外相生，又寿宫结孤，实宫同解，大利。

唯求官时，官鬼宫有气动健旺，又印库宫不逢空亡，利。印库，父母宫也，子孙得动。又父母逢官鬼宫等空亡，则凶。]

① 《英藏黑水城文献》4：59。

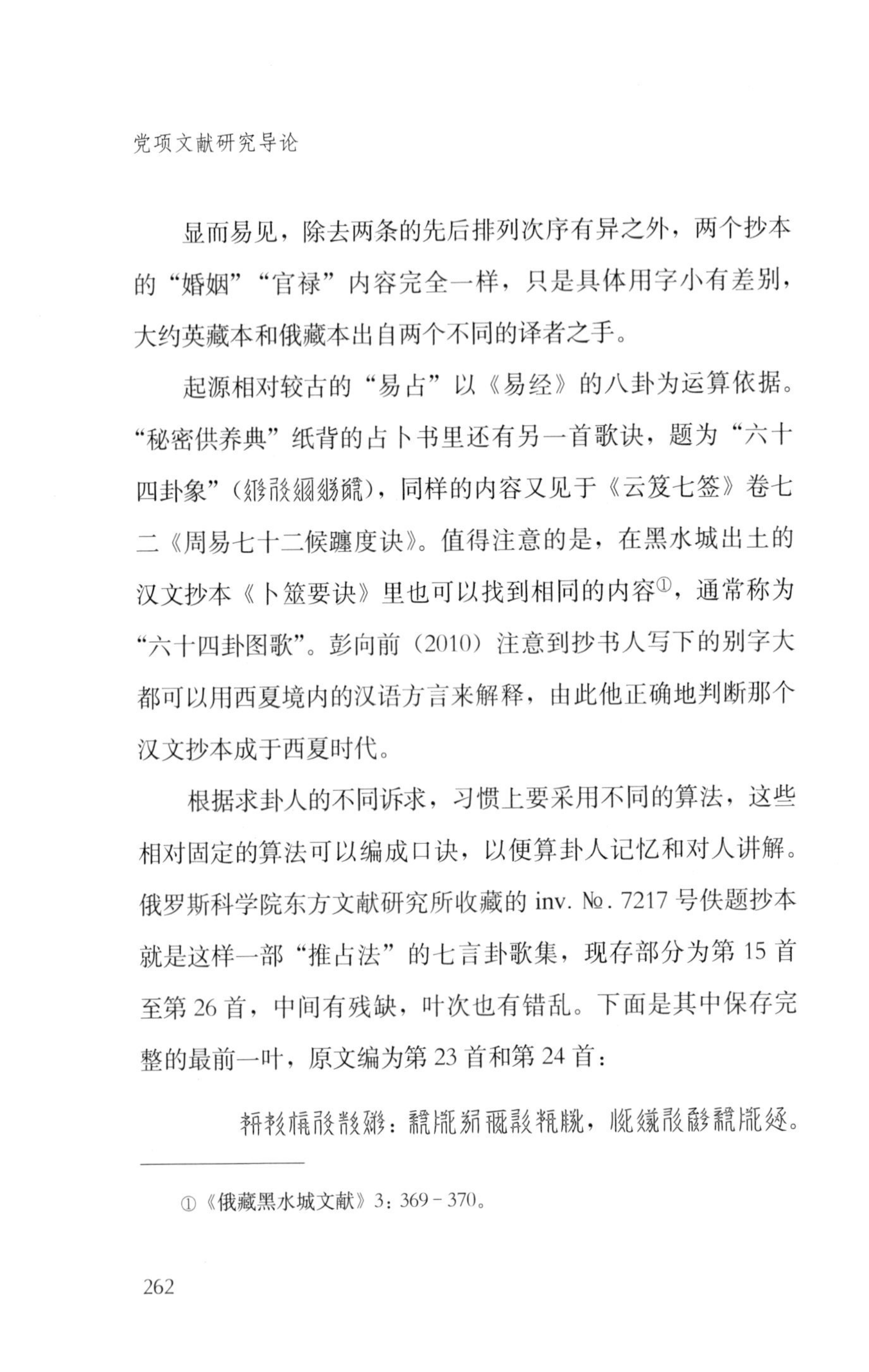

显而易见，除去两条的先后排列次序有异之外，两个抄本的“婚姻”“官禄”内容完全一样，只是具体用字小有差别，大约英藏本和俄藏本出自两个不同的译者之手。

起源相对较古的“易占”以《易经》的八卦为运算依据。“秘密供养典”纸背的占卜书里还有另一首歌诀，题为“六十四卦象”（[illegible]），同样的内容又见于《云笈七签》卷七二《周易七十二候躔度诀》。值得注意的是，在黑水城出土的汉文抄本《卜筮要诀》里也可以找到相同的内容[①]，通常称为“六十四卦图歌”。彭向前（2010）注意到抄书人写下的别字大都可以用西夏境内的汉语方言来解释，由此他正确地判断那个汉文抄本成于西夏时代。

根据求卦人的不同诉求，习惯上要采用不同的算法，这些相对固定的算法可以编成口诀，以便算卦人记忆和对人讲解。俄罗斯科学院东方文献研究所收藏的 inv. №. 7217 号佚题抄本就是这样一部“推占法”的七言卦歌集，现存部分为第 15 首至第 26 首，中间有残缺，叶次也有错乱。下面是其中保存完整的最前一叶，原文编为第 23 首和第 24 首：

[illegible]

① 《俄藏黑水城文献》3：369－370。

[illegible]

[illegible]

[买卖第二十三：财官同级寿冲利，复看健旺坐财官。复看其上无诸煞，不落空亡有所成。内旺外囚益前量，外旺内休利后方。倘若上下相刑冲，财虽有而闻空言。

争讼第二十四：实官大煞斗皆伤，命兑其级大心怀。健旺为内外官冲，不动安居互见头。九二同级六五同，必定争讼迅即来。阴阳半定互见头，寿实和睦两不争。]

值得注意的是，党项文献中对卦象的解释有时会不尽相同，这不但表现在具体的遣词用语上，有时甚至会表现在实质的内容上。例如俄罗斯科学院东方文献研究所收藏的 инв. № 7679 号抄本、инв. № 2554 号抄本和英国国家图书馆收藏的 Or. 12380—3499 号抄本中都出现了同样的主题，但从文字到内容又都存在一定的差异。

俄藏 7679 号上的相关内容抄写在《大乘胜意菩萨经》和《除疾病经》的后面，题“散卦本一部”（[illegible]），全文 13 条，是利用所谓“十二金钱卜法”来讲“五星”及“乾坤”

与命运的对应关系，下面是其中的第 7 条和第 8 条，其中的“花”指钱的正面，“缦”指钱的背面：

> [illegible]
>
> [illegible]
>
> [七花五缦者，木首伴金凶卦：所愿不如意，寻求不得，丧官失财，谕言为祸，常有恐惧，索财妄空，疾病愈缓，征战无功，逃脱难得，远行不来。此卦祭祀则吉。
>
> 八花四缦者，山首火分明卦：己宫门上有大欢喜，求为臣僚不难，擢升官位，征战得胜，疾病愈，诉讼得力，失财复得，远行人来也。]

英藏 Or.12380—3499 号抄本仅残存 5 条（《英藏黑水城文献》4：200），原文抄写不精，讹脱多有所见。下面也选译其中的第 7 条和第 8 条，从中可以看出具体的文字叙述与前者差异较大，相同点仅仅在于一为凶卦而一为吉卦而已。

> [illegible]

[illegible]

[七花五缦者，金火卦也：身卦则利，求财来不得，行人行来迟，病人、婚姻不成。诉讼不得胜，来所来，往。

八花四，土水卦：人人财旺盛，先焦虑，后欢喜，求财得也，行旅人利，诉讼则见于官，远方婚姻，来所来，往所往，降生则得子，病人愈，所为皆胜。]

俄藏 2554 号抄本首题“大唐三藏西天”（[illegible]），其中有一章题为“大唐三藏卦本”（[illegible]）。下面是其中的第 7 条和第 8 条：

[illegible]

[七花金火卦：身卦不利，求财不得，在外来迟，往所往，病愈难，婚姻、诉讼不成。

八花土水卦：先焦虑，后欢喜，求财得，行人吉，出于官，婚姻、买卖、牲畜吉，来所来，往所往，降生则得子，病愈，诉讼得胜。大利。]

大致看得出来，“大唐三藏卦本”的内容距英藏 3499 号抄本较近而距“散卦本”较远，这也许是因为“大唐三藏卦本”和“散卦本”来自两个不同的民间传承系统（孙伯君、王龙 2016）。

20 世纪 30 年代，聂历山（Невский 1936）就曾感觉到中原占卜体系对西夏施加过强大的影响。事实上，现存所有的西夏文占卜文献从形式到内容无不昭示着中原的文化背景，当然作为补充的是，从《大唐三藏卦本》和《观世音菩萨造念诵卦本》这类标题看，中原的占卜术至少在一定范围内是借助佛教的影响在西夏传播的（孙伯君 2016）。

（5）类书

西夏人自己原创的类书题为《圣立义海》（𗼇𗫂𘓐𗏁），俄罗斯科学院东方文献研究所藏乾祐十三年（1182）刻字司刻本，有罗矛昆汉译本（克恰诺夫、李范文、罗矛昆 1995：45－94）和克恰诺夫（Кычанов 1997）俄译本。书题中“圣立”的意思是“圣人发起的”，表明那是西夏皇帝敕编，刊印时间表明那个皇帝是仁宗。全书五卷，现存部分正文分 15 章 142 类，每类内收词语若干。体例仿中原类书《艺文类聚》，以党项语自然地理及社会风俗词语列条，每条下有双行小字注释。卷首有歌谣体序言一篇：

[古生异相本同根，后时依色种名分。

世多种类多至亿，下界有情生无情。

上清有德皆有利，下浊孝慧承广功。

阳力下晒除寒性，阴气上合暖具足。

年中四季分谷熟，又生节气明盛衰。

最强因旧福高下，依业众类禄不齐。

人同禄异有贵贱，九品行性分种类。

哲言愚怒生纷乱，圣慈定正帝国法。

佛法道法教诸愚，王法设置使民事。

财宝种种以义受，积财行猎要常为。

世事多名记以文，治国多义名以字。

佛法儒经德行礼，王仪赞歌诗赋中。

慎择世典辩才法，谨选议论以知为。

天下诸物齐天边，地上名号宽如海。

臣等才疏智力少，论义不善来哲合。]

《圣立义海》的注释多来自党项神话传说和民间歌谣，其中涉及天地起源和山川名称的许多内容尚不能彻底解读[①]，唯有卷五所述诸多慈孝节义故事均据中原典籍转述，相对易懂。这些故事中主人公的名字都被编者隐去，仅说成“往昔一人”

① 例如书中多次提到一块石头在天地起源的过程中起过重要作用，但我们不知道这块石头与现代羌人的“白石崇拜”有没有关系。

之类，似乎是要将其伪装成党项传统故事，但对照中原史书毕竟不难寻得其来源（聂鸿音、黄振华 2001）。例如卷五“冰融鱼出”条：

[illegible]

[往昔一人，孝顺父母。母嗜鱼肉，腊月间谓我食鱼肉。彼孝子卧于冰上而啼，呼告于天。因孝冰解，二鱼乃出，持之与母。]

这改编自《晋书》卷三三所载王祥卧冰求鲤的故事：

王祥……母常欲生鱼，时天寒冰冻，祥解衣将剖冰求之，冰忽自解，双鲤跃出，持之而归。

又如“孝女寻父尸”条：

[illegible]

[往昔一女孝其父。其父溺于水中，彼女谓“我往水中寻父尸”。亲戚劝，不从。百日未成，往父所溺处哭泣，

自投于水。一家人得梦，谓后日与父尸将出水边。其日抱父尸而出。是为后人所学之孝行。]

这是初见于《后汉书》卷一一四《列女传》的“曹娥救父”故事：

孝女曹娥者，会稽上虞人也。父盱，能弦歌，为巫祝。汉安二年五月五日，于县江溯涛婆娑迎神，溺死，不得尸骸。娥年十四，乃沿江号哭，昼夜不绝声，旬有七日，遂投江而死。至元嘉元年，县长度尚改葬娥于江南道傍，为立碑焉。

两个故事的结局并不相同，西夏文所述显然经过了后人理想化的改编，这使人相信《圣立义海》里的典故来源并非中原古书，而是当地汉人中间流传的民间故事。

把两种完全不同风格的内容编到同一种书里，这似乎表明西夏君主希望在书中体现党项传统文化与中原家庭伦理的交融，但是他的尝试似乎并不成功，因为书中这两部分从整体上看仍然是各自独立的。

在此之前不久，西夏人还翻译过一部十卷本的《类林》（[illegible]），今藏俄罗斯科学院东方文献研究所。这个本子是乾祐十二年（1181）由刻字司主持刊刻的，看来是经过了皇室的首肯。唐代于立政编写的《类林》是早期私家类书的一种，凡 50 篇，分类辑录古人故事。汉文原书已经亡佚，所幸今天还可以见到金代王朋寿在此基础上编写的《增广分门类林杂说》，其中保存了于立政原著的全部内容。西夏译本《类林》今残存 36 篇，有克平（Кепинг 1983）俄译和史金波、黄振华、聂鸿音（1993）汉译。

《类林》的西夏译本大约是由政府高级文臣完成的，其对汉文词句的理解水平在那些民间译本之上。不过译者的汉文化知识也有不到之处，所以小的错误在所难免。比如他们不懂得中原的复姓，误以为诸葛亮姓“诸”，申屠刚姓“申”，于是书中便出现了“葛亮”“屠刚”这样荒唐的省称（史金波、黄振华、聂鸿音 1993：57，107），而这在中原知识分子里是尽人皆知的常识。对汉语整段文意的理解失误如卷五“陈思王”条：

[illegible]

［魏武曹操起铜雀台，初成时，悉令诸子孙作此台赋。次子东阿王曹植所作赋最善。三子曹彪未能作赋，乃自责之曰：“今富贵之际，不学文章，岂是人乎？”］

汉文地名“东阿”被译成了“[illegible]”（河东），当然可以归因于翻译所据汉文底本的讹误，但那句引文本来是曹操责备曹彪的，竟然被西夏译者误解成了曹彪骂自己不是人，这就与原意相去太远了。

（6）道家

中古时代的河西地区有道教流传，西夏字面作“济教”（[illegible]），大约取义于道教主张的“济世”。西夏政府认为道教和佛教一样，其作用都是教化民众①，所以专门设立了一个“济教功德司”来管理道教事务，西夏法典《天盛律令》卷十一还仿照佛教规定了道士“试经”的目录②。不过说到标准的道教经典，黑水城所出文献里仅有一部汉文的《太上洞玄灵宝天尊说救苦经》，却没有任何一件道教经典的西夏文译本。这些现象说明道教在西夏流传不广，且从业者主要是境内的汉族人。

---

① 西夏类书《圣立义海》的序言里有“[illegible]”（佛教道教化诸愚）的句子（《俄藏黑水城文献》10，页243），说的就是这个道理。

②《俄藏黑水城文献》8，页246。可以译作：太上黄宫□□经、太上老君消灾经、太上北斗延生经、太上灵宝度理无上阴经、至分金刚经、太上老君说天生阴经、太上天堂护卫经、太上老君说上东斗经、太上南斗六司延寿妙经、黄庭内景经、黄帝阴符经、太上元始天尊说为十为一大消灾神咒经、太上灵宝九真妙戒金箓□要拔罪阴经。就题目而言，这些经典并不都能与“道藏”里现存的经典对应，但可以肯定的是，他们都是以汉文本的形式在西夏流传的。

唐代以后的思想界表现出儒释道三家互相借鉴的趋势，黑水城出土的西夏文《唐忠国师二十五问答》旨在以对话形式解释佛家的基本道理，但是有些地方却明显受到了《老子》的影响，例如其中有一段说：

> [illegible]
>
> [其道玄妙，视时不见，听时不闻，求时不得，诸人日日行之，悉皆未知。玄中最玄，众妙门也。]

索罗宁（2008）指出，这段文字中的“视时不见”至“求时不得”摘自《老子》第十四章的“视之不见名曰夷，听之不闻名曰希，博之不得名曰微”。最后的“玄中最玄，众妙门也”出自《老子》第一章的“玄之又玄，众妙之门”。另外，该书的后序在开篇中也说：

> [illegible]
>
> [道本非道，智者权立道；名本无名，智者权说名。使有道则是世间道，使有名则是世间名。]

这段文字的立意和行文似乎也或多或少地受到了《老子》首章开篇几句的启发：

> 道可道，非常道；名可名，非常名。无名天地之始，有名万物之母。

《天盛律令》卷十一甚至还有一条令人难以置信的规定，即如果有道士希望升任“座主”（首座），基本条件是必须能够完整解说《般若》《唯识》《中道》《百法》《华严起信》这五部佛经中的一部（史金波、聂鸿音、白滨 1994：279）。这和给僧人提出的要求是一样的，当然说明道教远不像佛教那样受到西夏政府的重视。

现存文献中可以勉强算作道家著作的是西夏译本《孔子和坛记》（[illegible]），俄罗斯科学院东方文献研究所藏夏元德四年（1122）抄本，有克恰诺夫（Кычанов 2000）俄译及克恰诺夫、聂鸿音（2009）汉译。原书似为唐代以后的道家俗文学著作，故事线索据《庄子·渔父》一章发挥而成。书题的“和”（[illegible]）可以解作“琴”[①]，故事也从孔子在琴台边遇到一位神秘的老人开始，讲到子路和老人论“道”，其间老人称子路为“将军”，子路回去报知孔子，孔子再去向老人请教，却被老人奚落一番而告终。整部作品明显表现出对儒家人生哲学的

---

① 《庄子·渔父》“孔子游乎緇帷之林，休坐乎杏坛之上。弟子读书，孔子弦歌鼓琴，奏曲未半”成玄英疏：“坛，泽中之高处也。其处多杏，谓之杏坛也。琴者，和也，可以和心养性，故奏之。”

嘲讽，使人感觉作者必是道家思想的拥护者，只是其中的遣词造句显出原作者和西夏译者的文化水平都不太高。

《孔子和坛记》和《庄子·渔父》在故事线索上的相似点可以一望而知，但二者之间却几乎没有完全对等的语句，下面这几句勉强可以与《庄子》形成对应：

> [illegible]，[illegible]，[illegible]，[illegible]。……[illegible]，[illegible]，[illegible]，[illegible]。
>
> ［强怒不威，强亲成疏，强哭不哀，强笑不和。……真威不怒，真亲不疏，真哭不笑，真笑不哀。］

对照《庄子·渔父》：

> 强哭者虽悲不哀，强怒者虽严不威，强亲者虽笑不和。真悲无声而哀，真怒未发而威，真亲未笑而和。

《庄子》的本意是强调发自内心的真情比外表装出的神态重要，可是《孔子和坛记》的作者却完全没有理解这段话的实际含义，以致不但把原文妄改成了四言四句，而且把内容也整得面目全非了。

《孔子和坛记》还记录了老人对“一切非礼所定”的阐发，其中说道：

> [illegible]，[illegible]。[illegible]，[illegible]

[illegible]。

[鹤不浴自白，乌不染自黑。蛛不教自成网，而燕不招自来。]

与这几句话相应的汉文见于明徐元太《喻林》卷十七引《阴符经注》：

乌不染而自黑，鹤不浴而自白，蛛不教而成网，燕不招而自来[①]。

高奕睿（Galambos 2016b）尽力列出了这部书中所有的故事线索，其中“五部六册”版《破邪卷》里的《老君行坛记》也提到了老人称子路为“将军”的事：

令徒访之，子路到于河边，向老人施礼。老人还礼：“万福，将军！”子路怒曰：“吾乃儒士，何为将军？”老人曰：“呼将军者，不低。夫将军坐下运筹帏幄之中，决胜千里之外，讲《六韬》《三略》之法、百阵十数之机。汝为儒士，行如病夫之体，坐似室女之柔，解五经妙意玄言，说三时圣机奥理，持义劝王侯宰辅，吟诗感天地鬼神，其德双美，故曰儒士。”

---

① 《庄子·天运》有“鹄不日浴而白，乌不日黔而黑”两句，与西夏译本在文字上略有差异，应该不是《孔子和坛记》的直接来源。

大致可以对应《孔子和坛记》开头的内容，下面是西夏文的汉文翻译（聂鸿音 2008）：

子路至于树侧，望老人拜手稽首……子路亢声，老人乃惊，遂瞠目，望子路拱手曰："将军喏！将军喏！"子路闻言变色，怒谓老人曰："昔再三相问不答，此刻方举首，出言不恭，是为戏人。不知我乃文人，颇学礼数耶？谓将军喏者何？"老人闻言，俯首窃笑，谓子路曰："此言差矣。我闻'将军'二字者，人岂皆可得而称之？孝顺于家，忠贞于君，通晓兵法，冒死征战，能知胜负，治理国家，有如此谋略，则谓之将军，得将军之名。……南方之学士，举止平静，言词成句，心怀敬畏，行正自谦。不弄权于上，不侵凌于下，不矜不盗，不以强凌弱，不以智欺愚。复思学业，巧语若拙，不惭衣食粗鄙，惟有多学寡行。思之不虚，言行以真。忠孝谓之珍宝，不需金银；礼信谓之坚强，不逊铠甲。临危不易色，处乱不变心。独处不谓幽深，岂敢忘忧？讽诵经文，身体洁白如玉。行止光辉，其臭如兰，敬颂圣人，谓之人中宝。"

尽管相关的汉文资料时代较晚，但是可以相信这故事会多少有些共同的民间传承，因此，高奕睿鉴于汉语"行""杏"

“和”三字在当时读音相近，主张把这部书的题目译作“孔子杏坛记”，这个主张是可以接受的。

另一部带有道家风格的作品是《大圣五公经》（[illegible]）[1]。这部书是民间收藏，原件为抄本，残损严重，但可以看出是一部以预测未来为主旨的“谶书”，大约在13世纪中叶译自汉文（聂鸿音2019）。现在通行1979年台湾万有善书出版社重刊汉文本，序言题“大圣五公解结救世真经”，卷端题“大圣五公演说天图形旨妙经”，里面“真经”和“妙经”的题名却又带有明显的道教意味。全书三卷，但经与西夏译本对照，可以知道前面两卷是后人补写上去的。该书托名宝公、化公、朗公、唐公和志公五位圣人在天台山合撰，一般认为成于残唐五代时期，写作目的是借谶语为钱镠登基制造“君权神授”的舆论（喻松青1988）。书中大肆渲染了“末世”人民遭受的苦难，并宣称一个神秘的“明君”出世后可以重享太平，要求当前的人们信奉这部经文并保有五位圣人提供的符箓以求避灾。

西夏译本《五公经》展示了这部书在几百年前的早期面貌。书的正文是一篇歌谣，以“七言＋五言”组成一句。全部

[1] 比较罕见的是，书题在翻译“经”时采用了佛教的专门术语“[illegible]”（契经），却没有采用中原式的术语“[illegible]”（经本），不知道这书是否被西夏译者视为佛教作品了。

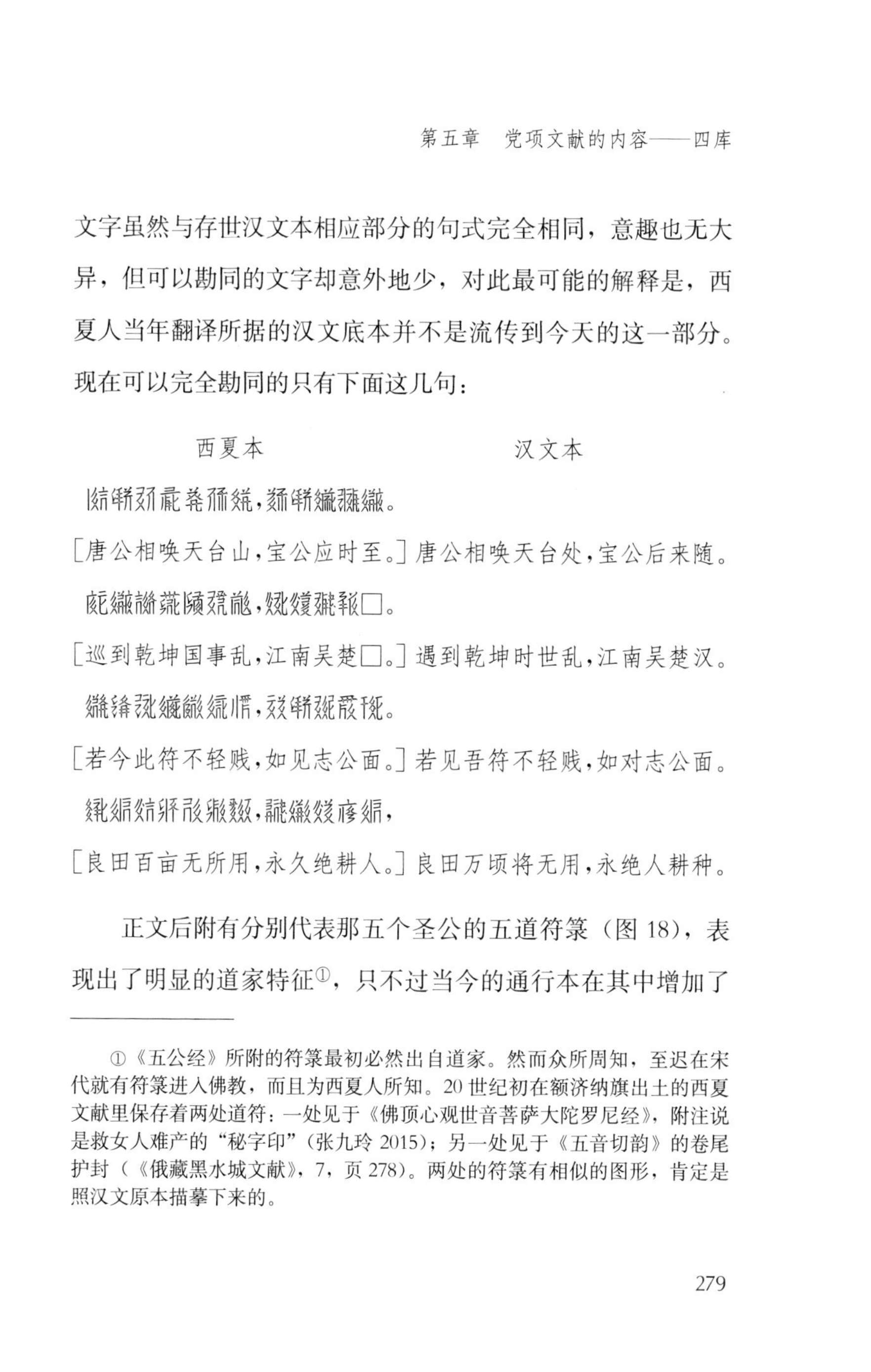

文字虽然与存世汉文本相应部分的句式完全相同，意趣也无大异，但可以勘同的文字却意外地少，对此最可能的解释是，西夏人当年翻译所据的汉文底本并不是流传到今天的这一部分。现在可以完全勘同的只有下面这几句：

西夏本　　　　　　　　　　汉文本

[illegible]，[illegible]。

[唐公相唤天台山，宝公应时至。] 唐公相唤天台处，宝公后来随。

[illegible]，[illegible]□。

[巡到乾坤国事乱，江南吴楚□。] 遇到乾坤时世乱，江南吴楚汉。

[illegible]，[illegible]。

[若今此符不轻贱，如见志公面。] 若见吾符不轻贱，如对志公面。

[illegible]，[illegible]，

[良田百亩无所用，永久绝耕人。] 良田万顷将无用，永绝人耕种。

正文后附有分别代表那五个圣公的五道符箓（图 18），表现出了明显的道家特征[1]，只不过当今的通行本在其中增加了

---

① 《五公经》所附的符箓最初必然出自道家。然而众所周知，至迟在宋代就有符箓进入佛教，而且为西夏人所知。20 世纪初在额济纳旗出土的西夏文献里保存着两处道符：一处见于《佛顶心观世音菩萨大陀罗尼经》，附注说是救女人难产的“秘字印”（张九玲 2015）；另一处见于《五音切韵》的卷尾护封（《俄藏黑水城文献》，7，页 278）。两处的符箓有相似的图形，肯定是照汉文原本描摹下来的。

图 18　《大圣五公经》的道符

大量的佛教因素，例如把传说中的“五公”称作“五公佛菩萨”，分别比附于“妙音菩萨”“无尽意菩萨”“普贤菩萨”“弥勒菩萨”“观世音菩萨”等，从而在一定程度上掩盖了原作的道家本质。

第四节　集

从存世的文献看，西夏的文学发达程度胜过辽代但不及金代，但若就本民族文字的创作而言，党项作品的数量堪称那个时代之最。在民间流传的格言基础上，党项文臣的诗歌创作发展出了一种独特的体裁，即只强调上下句语义对仗的“杂言体无韵诗”。另外在中原诗词格律的影响下，也有一部分西夏人尝试写作五言诗或七言诗，并且以党项语押韵。这两种诗体在西夏并行不悖，但没有表现出融合的趋势，而且无论是党项文体还是汉式文体的作品，其思想境界都不高，文学表现手法也都没有什么过人之处，只是在形式上为中国的诗歌史研究提供了一个新的种类。

（1）别集

最著名的西夏的诗歌集是俄罗斯科学院东方文献研究所收藏的一部残抄本，首尾皆佚，今人拟题为“宫廷诗集”。这部书用蝇头小楷抄在乾祐十六年（1185）刻本的纸背，因正面透墨而字迹多有不清。迄今我们对西夏文学表现手法的理解还很肤浅，所以虽有梁松涛（2018）的全文汉译，但其间未能解决的疑问还多。该书是没息义显等几个西夏大臣的应制诗集，录诗33首，歌颂党项民族的历史以及当今的升平世界，君善臣良。其中一首《新修太学歌》说：

[illegible]，[illegible]，[illegible]。

[壬子年，迁自太庙旧址，座落儒王新殿。]

另一首《圣宫共乐歌》说[①]：

[illegible]，[illegible]；

[illegible]，[illegible]。

[illegible]，[illegible]，[illegible]；

[illegible]，[illegible]。

[天长地久，国运显现平静；

日积月累，宝座更告安宁。

因我辈，帝手赐酒，汤药已饮不患病；

御策坐华，美上增美老未知。]

《新修太学歌》说的“儒王”当是指孔子或野利仁荣。据《宋史》卷四八六《夏国传下》记载，夏仁宗曾“尊孔子为文宣帝”，“封制蕃字师野利仁荣为广惠王”，可见儒王新殿必然

① 《圣宫共乐歌》的这段诗最初被西田龙雄（1986）合入《新修太学歌》，聂鸿音（1990）从之，实为页面拼配错误。今从梁松涛（2018）改正。

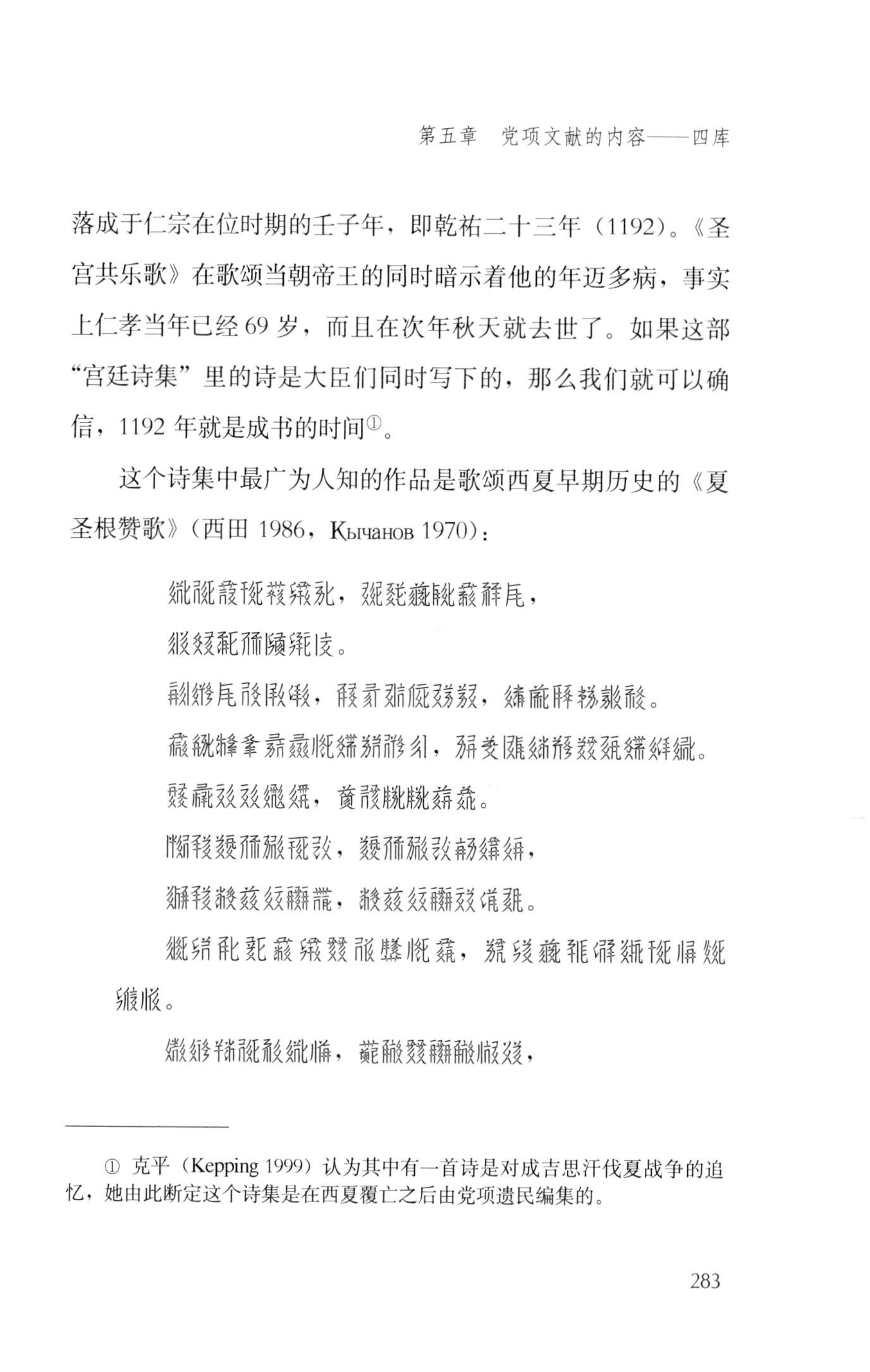

落成于仁宗在位时期的壬子年，即乾祐二十三年（1192）。《圣宫共乐歌》在歌颂当朝帝王的同时暗示着他的年迈多病，事实上仁孝当年已经 69 岁，而且在次年秋天就去世了。如果这部“宫廷诗集”里的诗是大臣们同时写下的，那么我们就可以确信，1192 年就是成书的时间①。

这个诗集中最广为人知的作品是歌颂西夏早期历史的《夏圣根赞歌》（西田 1986，Кычанов 1970）：

[illegible]，[illegible]，

[illegible]。

[illegible]，[illegible]，[illegible]。

[illegible]，[illegible]。

[illegible]，[illegible]。

[illegible]，[illegible]，

[illegible]，[illegible]。

[illegible]，[illegible]。

[illegible]，[illegible]，

① 克平（Kepping 1999）认为其中有一首诗是对成吉思汗伐夏战争的追忆，她由此断定这个诗集是在西夏覆亡之后由党项遗民编集的。

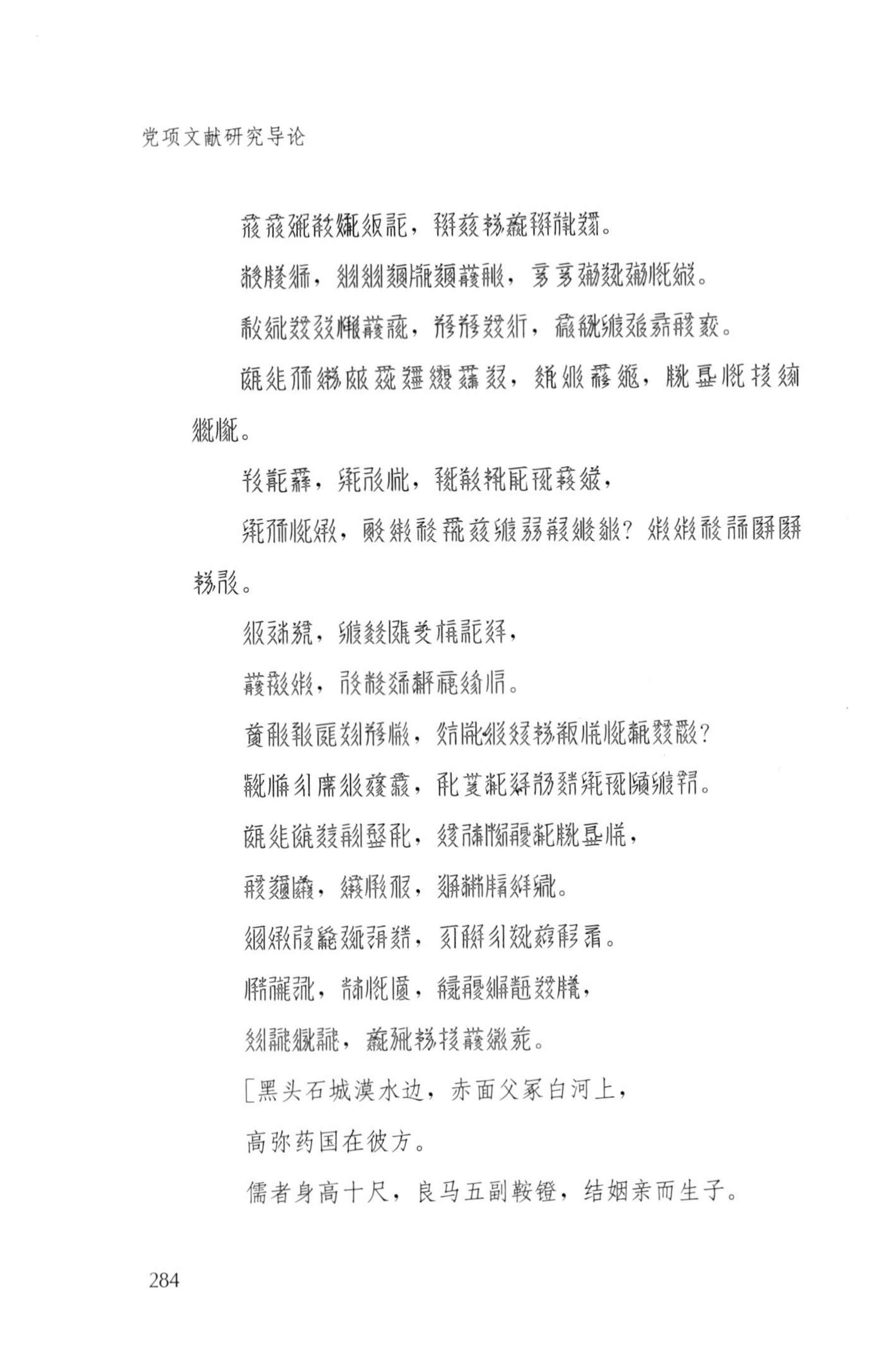

[illegible]，[illegible]。

[illegible]，[illegible]，[illegible]。

[illegible]，[illegible]，[illegible]。

[illegible]，[illegible]，[illegible]。

[illegible]，[illegible]，[illegible]，

[illegible]，[illegible]？[illegible]。

[illegible]，[illegible]，

[illegible]，[illegible]。

[illegible]，[illegible]？

[illegible]，[illegible]。

[illegible]，[illegible]，

[illegible]，[illegible]，[illegible]。

[illegible]，[illegible]。

[illegible]，[illegible]，[illegible]，

[illegible]，[illegible]。

[黑头石城漠水边，赤面父冢白河上，

高弥药国在彼方。

儒者身高十尺，良马五副鞍镫，结姻亲而生子。

啰都父亲身材不大殊多圣，起初时未肯为小怀大心。

美丽蕃女为妻，善良七儿为友。

西主图谋攻吐蕃，谋攻吐蕃引兵归，

东主亲往与汉敌，亲与汉敌满载还。

嵬迎马貌涉渡河水底不险，黄河青父东邑城内峰已藏。

强健黑牛坡头角，与香象敌象齿堕，

蠕蠕纯犬岔口齿，与虎一战虎爪截。

汉天子，日日博弈博则负，夜夜驰逐驰不赢。

威德未立疑转深，行为未益，啰都生怨自强脱。

我辈之阿婆娘娘本源处，银腹金乳，善种不绝号嵬名。

耶则祖，彼岂知，寻牛而出边境上。

其时之后，灵通子与龙匹偶何因由？后代子孙渐渐兴盛。

番细皇，初出生时有二齿，

长大后，十种吉祥皆主集。

七乘伴导来为帝，呼唤坡地弥药来后是为何？

风角圣王神祇军，骑在马上奋力以此开国土。

我辈从此人仪马，色从本西善种来，

无争斗，无奔投，僻壤之中怀勇心。
四方夷部遣贺使，一中圣处求盟约。
治田畴，不毁穗，未见民间互盗，
天长月久，战争绝迹乐悠悠。]

这涉及党项人的发源地点和前西夏时代的历史，早年在学术界引起过热烈的讨论，可是统一的认识至今没有形成，人们只是模糊地相信诗的开头所说“漠水”和“白河”大约是指黄河上游的某个河段，据说那里的河水不黄。

“宫廷诗集”所录诗歌的格式与中原截然不同，其特点是强调每“联”的词义对仗，但全篇不限定句数，各联也不限定字数，而且不用韵[①]，看上去像多首对联的拼合，这应该是党项的诗歌传统。大臣们用这种体裁写作“宫廷诗”，明显是投皇帝所好，事实上所有的史料里都未见记载西夏君王提倡仿照中原的格律来写诗。

西夏仅有的一部个人诗文集题作“贤智集”（[illegible]），俄罗斯科学院东方文献研究所藏夏乾祐十九年（1188）杨慧广捐刻本，另有残抄本一种，题“鲜卑国师劝世集”（[illegible]

① 克恰诺夫（1989）认为其中的一首《造字师颂》是入韵的，但那实际上是相同字的重复使用。

[西夏文]），为西夏诠教国师鲜卑宝源的诗文集。鲜卑宝源是 12 世纪下半叶著名的僧官之一，著籍大德坛度民寺，曾经参与翻译和校订《金刚经》《佛说父母恩重经》《胜相顶尊总持功能依经录》《圣观自在大悲心总持功能依经录》和《圣胜慧到彼岸功德宝集偈》，后者的经题下记载着他的封号和官职——“诠教法师番汉三学院并偏袒提点嚷美则沙门”。《贤智集》刻本的卷首有一幅版画，描绘了鲜卑国师为听众说法的场景，其后是皇城检视司承旨成嵬德进代比丘和尚杨慧广撰写的序言（聂鸿音 2003b）：

> [西夏文]

[夫上人敏锐，本性是佛先知；中下愚钝，闻法于人后觉。而已故鲜卑诠教国师者，为师与三世诸佛比肩，与十地菩萨不二。所为劝诫，非直接己意所出；察其意趣，有一切如来之旨。文词和美，他方名师闻之心服；偈诗善巧，本国智士见之拱手。智者阅读，立即能得智剑；愚蒙学习，终究可断愚网。文体疏要，计二十篇，意味广大，满三千界，名曰“劝世修善记”。慧广见如此功德，因夙夜萦怀，乃发愿事：折骨断髓，决心刊印者，非独因自身之微利，欲广为法界之大镜也。何哉？则欲追思先故国师之功业，实成其后有情之利益故也。是以德进亦不避惭怍，略为之序，语俗义乖，智者勿哂。]

《贤智集》全书一卷，收录鲜卑宝源的诗歌21篇，作品体裁仿河西地区流传的佛偈和曲子词。最后一首《显真性以劝修法》题下附注“汉声杨柳枝”，更是直接指明了曲牌的来源。另外。其中有九首“辩”（𗆧）值得注意，这种体裁来自敦煌文学中的“唱辩”，是敦煌写卷中各类讲唱文学的基本形式，大致是主要部分用骈体，最后以句数不等的诗歌作结（孙伯君2010a）。全部作品的主题是点破人生无常，奉劝世人及时修法持戒，拒绝一切不良的思想意识和生活习惯，以此来保证一生平安。当然，这套说教属于民间的老生常谈，并不见有什么佛

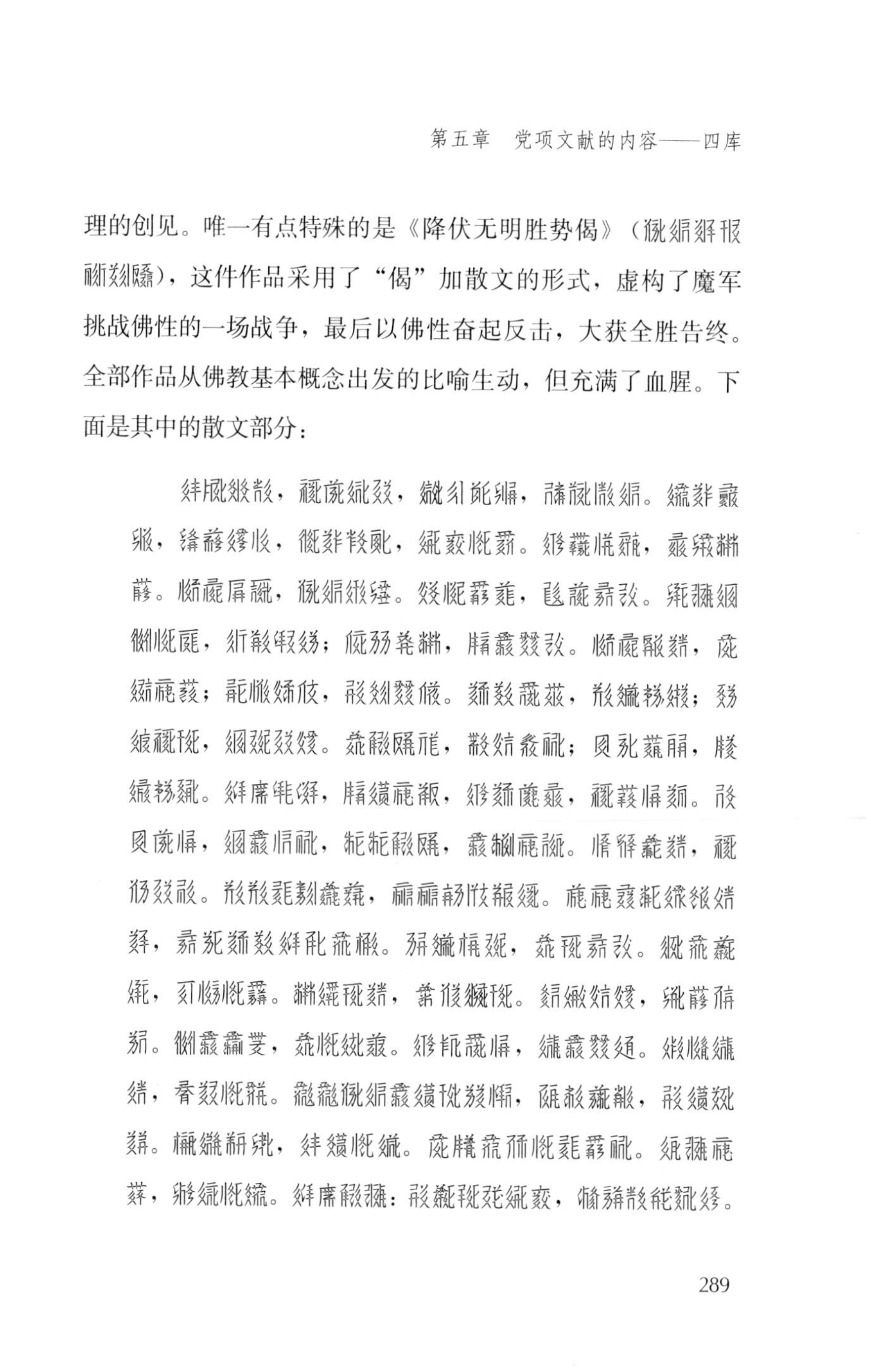

理的创见。唯一有点特殊的是《降伏无明胜势偈》（[illegible]），这件作品采用了“偈”加散文的形式，虚构了魔军挑战佛性的一场战争，最后以佛性奋起反击，大获全胜告终。全部作品从佛教基本概念出发的比喻生动，但充满了血腥。下面是其中的散文部分：

[illegible]

[illegible]，[illegible]。[illegible]，[illegible]。

［佛性宽广，法界平等，凡圣圆融，本无别异。众生迷醉，背真如义，生死轮回，不求解脱。六趣往来[1]，爱水漂溺。蔽贪嗔痴[2]，沉沦暗夜。刹那求乐，自投牢狱。是以四魔后随[3]，方便专运，五聚山中[4]，发出勇军。放贪嗔火，悉烧诸善；妄测微尘，遮蔽智日。菩提道场，登时截断；涅盘法城，四面掩平。相指挥声，震动大地，八面杀气，染红天色。心王恐惧，呼唤勇将，六波罗蜜[5]，法堂议之。十八界内[6]，令集四军[7]，紧急指挥，遍告军令。发放矛戟，齐击法鼓。一一衣安忍甲，一切执三藐弓。悉皆肘上挂禁戒盾，各自骑乘菩提心马。尔时双方，彼此交

---

① 六趣，也叫“六道”，指由前世六类不同的“因”而造成的六类“果报”途经，即地狱、饿鬼、畜生、阿修罗、人、天。

② 爱，贪欲。贪嗔痴，总称“三毒”，造成烦恼的三个根源。

③ 四魔，伤害身心的四种根源，即烦恼、阴、死、他化自在天。

④ 五聚，也叫“五蕴”，这里指由色、受、想、行、识所造成的障碍。

⑤ 六波罗蜜，也叫“六度”，指六种菩萨行，即布施、戒、忍辱、精进、惟修、智慧。

⑥ 十八界，“六根”“六境”“六识”的统称，指通过“眼耳鼻舌身意”对客观世界“色声香味触法”的认识过程。这里泛指世间一切物质和精神的存在。

⑦ 四军，指下文分别提到的四种修行：“安忍”、“三藐”（正遍知）、“禁戒”和“菩提心”。

兵。精进迫战，一无反顾。发至中途，刀箭如雨。尸骨蔽野，血流成海。魔军败逃，不相救护。六根道内①，先有伏兵。前奔后逐，不得遁处。念生生擒获无明将军②，以索捆绑，送与智将。汝今罪重，不听佛旨，令诸有情不得安乐。皆服所问，无言可对。心王因命：研磨解脱智剑，殿前为之三段。此后法界永远安定，意中大愿今时圆满。今日以后，即是独尊。]

存世有两部中原著作的西夏译本，其一是白云宗祖师清觉的诗文集，题为“正行集”（[西夏文]）③，俄罗斯科学院东方文献研究所藏元刻本。清觉（1043—1121）俗姓孔，宋神宗熙宁二年（1069）出家，元祐八年（1093），至杭州灵隐寺，在寺后白云山庵居止，于是以所居庵名为号，自立“白云宗”，曾作《证宗论》《三教编》《十地歌》《初学记》《正行集》等，事见《释氏稽古略》卷四。该书的卷尾有残存的跋语：

[西夏文]，[西夏文]□[西夏文]……[西夏文]……

[此《正行集》者，本上是汉□……智足……]

① 六根，即“眼耳鼻舌身意”，认识客观世界的六种途径。

② 无明，闇钝之心，即“痴”。

③ 书题旧译“德行记”“德业集”或“德行集”，是因为没有发现该书与汉文原本的对应关系。

毫无疑问，书是据汉文本译成的，依此可以在元刊《普宁藏》里找到清觉的原著[1]。至于译成西夏文的时间，则极有可能是在元代，因为清觉所创的白云宗在宋代曾遭禁绝，到元初才得以复兴，而清觉的著作在那以前肯定是不被重视的（孙伯君 2011a）。

《正行集》全书一卷，通篇是中原民间传统风格的散文体说教，目标是希望人们都来做有道德的“君子”。作者虽然号称“释子”，但书中基本没有佛教意味，且写作用语极为鄙俗，转述中原古书的典故时也理解多不确切[2]，加之译者对原作的注释有所节略，这样就使得这个简单的西夏译本在民间颇有市场。例如书中这样定义“君子”与“小人”的界限：

> [illegible]，[illegible]，[illegible]，[illegible]，[illegible]，[illegible]，[illegible]。[illegible]，[illegible]，[illegible]，[illegible]。[illegible]，[illegible]。[illegible]，[illegible]，[illegible]，[illegible]，[illegible]？[illegible]，[illegible]，[illegible]

① 清觉《正行集》见《中华大藏经》第 71 册，页 41。

② 例如其中出现“三鉴”一词，典出《新唐书・魏徵传》：“以铜为鉴，可正衣冠；以古为鉴，可知兴替；以人为鉴，可明得失。”而清觉自注：“面鉴（照脸的镜子），先祖语，贤人也。”意思虽无大差，但言语实在鄙俗。

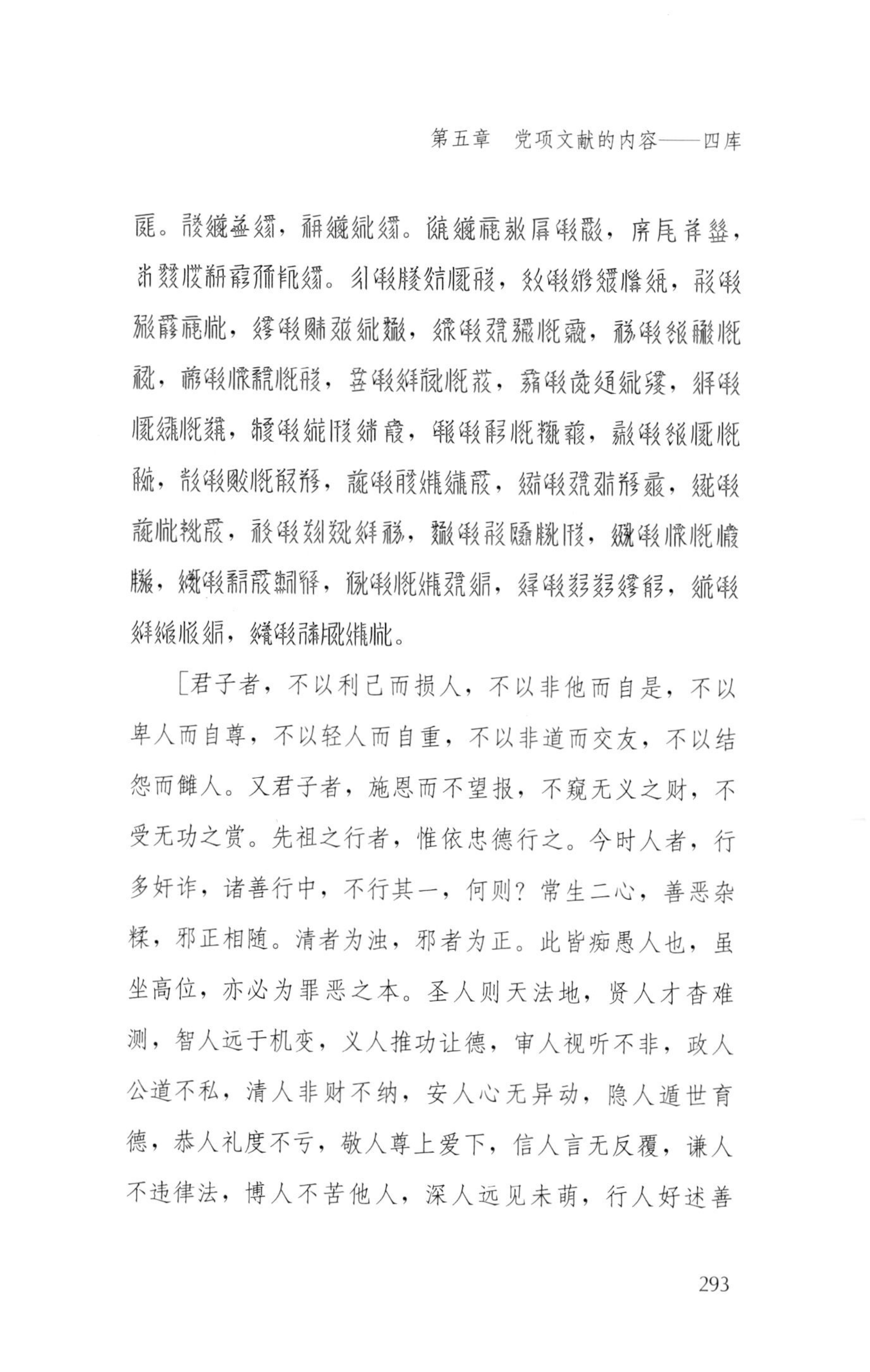

[illegible]

［君子者，不以利己而损人，不以非他而自是，不以卑人而自尊，不以轻人而自重，不以非道而交友，不以结怨而雠人。又君子者，施恩而不望报，不窥无义之财，不受无功之赏。先祖之行者，惟依忠德行之。今时人者，行多奸诈，诸善行中，不行其一，何则？常生二心，善恶杂糅，邪正相随。清者为浊，邪者为正。此皆痴愚人也，虽坐高位，亦必为罪恶之本。圣人则天法地，贤人才杳难测，智人远于机变，义人推功让德，审人视听不非，政人公道不私，清人非财不纳，安人心无异动，隐人遁世育德，恭人礼度不亏，敬人尊上爱下，信人言无反覆，谦人不违律法，博人不苦他人，深人远见未萌，行人好述善

事，谋人深知远见，忠人事君尽节，让人荐贤任能，俭人节用不费，舍人见贫便与，明人不处暗事，辩人不纳闲词，道人心无滞碍，觉人知其本性。]

有关白云宗的另一部著作是《三代相照语文集》（[illegible]），书题或译“三代相照言集文”，元至元年间沙门慧照、道慧编，俄罗斯科学院东方文献研究所藏元代陈杨金活字印本。全书一卷，为白云宗三代祖师的诗文集。各篇作品有作者名号，计有白云释子或白云大师、法雨尊者或法雨宗师、人水道者、重法宗师、云风释子、庆法沙门等。其中的“白云释子”是白云宗的祖师清觉（孙伯君 2011d）。该书的末尾保存有一篇后序，全文如下：

[illegible]

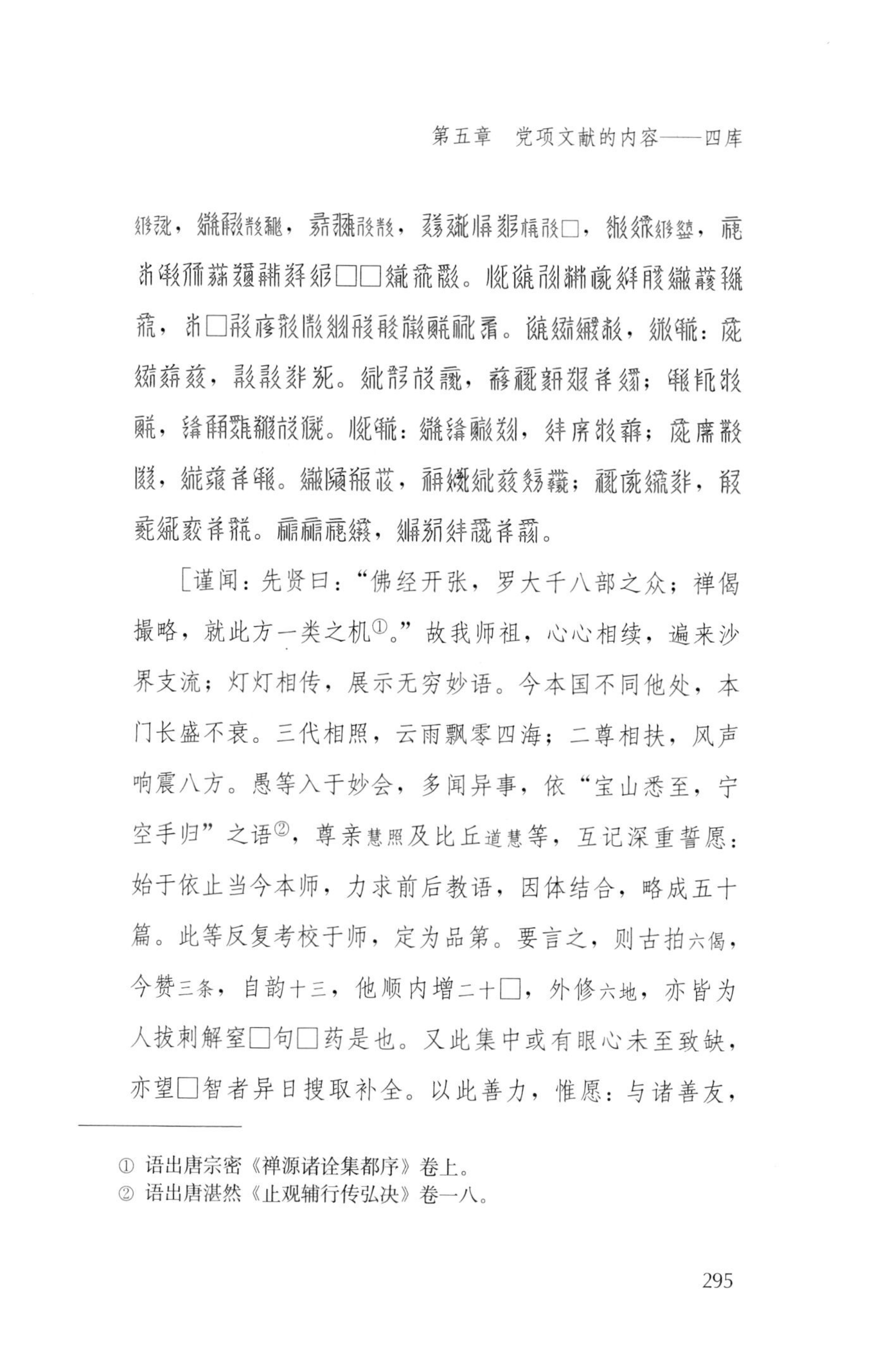

[illegible]

［谨闻：先贤曰："佛经开张，罗大千八部之众；禅偈撮略，就此方一类之机①。"故我师祖，心心相续，遍来沙界支流；灯灯相传，展示无穷妙语。今本国不同他处，本门长盛不衰。三代相照，云雨飘零四海；二尊相扶，风声响震八方。愚等入于妙会，多闻异事，依"宝山悉至，宁空手归"之语②，尊亲慧照及比丘道慧等，互记深重誓愿：始于依止当今本师，力求前后教语，因体结合，略成五十篇。此等反复考校于师，定为品第。要言之，则古拍六偈，今赞三条，自韵十三，他顺内增二十□，外修六地，亦皆为人拔刺解窒□句□药是也。又此集中或有眼心未至致缺，亦望□智者异日搜取补全。以此善力，惟愿：与诸善友，

① 语出唐宗密《禅源诸诠集都序》卷上。
② 语出唐湛然《止观辅行传弘决》卷一八。

世世同生。得遇德师，当作真经囊箧；得圆本信，照明师祖真心。又愿：当今皇帝，谨持佛位；诸王臣宰，愿证上乘。普国庶民，弃邪趋归于正；法界众生，可得离苦解脱。统摄一切，共同当成佛道。]

荒川慎太郎（2001）曾经指出其中有些诗是押韵的，下面以《夏国本道门风颂》为例，从括号里的韵脚标音可以很清楚地看出，这首作品中间有一次换韵（孙伯君 2018）：

[illegible]，[illegible]（dźju^{1}）。

[illegible]，[illegible]（sju^{2}）。

[illegible]，[illegible]（djụ^{1}）。

[illegible]，[illegible]（dju^{1}）。

[illegible]，[illegible]（zji^{1}）。

[illegible]，[illegible]（tshji^{2}）。

[illegible]，[illegible]（tjị^{1}）。

[illegible]，[illegible]（phji^{1}）。

[殊胜无匹本威严，异眼无遮至显通。

本师不绝弟子继，门风开似孔雀屏。

酷热盛夏岂清凉，入定雪谷山间逢。

天已暮时明月见，雪后白云有奇境。

晚云浮空月气清，草薄凤凰狮子雄。
山林独步长呼啸，侍从虎豹与青龙。
二人引导缓步行，步履归一众人从。
尔时正值秋雨时，雪谷穴间令起行。]

考虑到翻译来的诗歌很难做到押韵[①]，所以我们有把握猜想那部分押韵的诗歌是元代党项裔僧人用西夏文的原创，至于清觉的作品，当然是从汉文翻译过去的。由此我们也许可以这样定义《三代相照语文集》——那是一部翻译作品和新创作品的合编，编者在把前代祖师的创作译成西夏文之后又补入了一些当代白云宗主的西夏文诗歌。据党项人自称，他们在贺兰山有直接来自清觉的白云宗传承体系[②]，这一派人后来南下杭州，在那里编刊了“普宁藏”和“河西藏”，而这部书的编者慧照也正是编刊大藏经的参与者。

大约在残唐五代时期，河西走廊的藏族人编写了自己的民间格言集——《松巴谚语》[③]。不知是否在这种风气影响下，西

---

① 例如于立政《类林》里两度收录了汉武帝的《秋风辞》，西夏本中的两处翻译用字不尽相同，但都不押韵（Kepping 2002）。

② 例如西夏文《求生净土法要门》的最后一段记载了白云宗在党项僧人间的师承，相关的文字可以译为：“西辩上人传清觉禅师（孔禅师也），清觉禅师传法慧国师（郭国师也），法慧国师传寂照国师（良卫国师）。”“良卫”（[illegible]）为党项姓氏（孙伯君 2011d）。

③ 敦煌莫高窟藏经洞所出藏文本，藏法国国家图书馆（P.t. 992）。

夏人也在若干年后编出了党项的格言集《新集锦合辞》（[illegible]）。这个书题的最末两字费解，人们或参照正文内容译作“谚语”，或者直接音译作“道理”。全书不分卷 1 册，俄罗斯科学院东方文献研究所藏 12 世纪末褐布商蒲梁尼刊本，另有残抄本存英国国家图书馆。俄藏本有克恰诺夫（Кычанов 1974）俄译和陈炳应（1993）汉译。原书为党项民间格言集，夏乾祐七年（1176）御史承旨梁德养初编，十八年晓切韵博士王仁持增补。卷首有一篇王仁持本人撰写的序言：

> [illegible]：[illegible]，[illegible]，[illegible]，[illegible]。[illegible]，[illegible]？[illegible]，[illegible]，[illegible]，[illegible]，[illegible]，[illegible]。[illegible]，[illegible]，[illegible]，[illegible]。[illegible]，[illegible]；[illegible]，[illegible]。[illegible]，《[illegible]》[illegible]，[illegible]，[illegible]。[illegible]□□，[illegible]，[illegible]，[illegible]□[illegible]……[illegible]，[illegible]。

> ［序曰：今《谚语》者，人之初所说古语，自昔至今，妙句流传。千千诸人不舍古义，万万庶民岂弃谚语？虽然如此爱信，然因句数众多，诸本有异，致说者迷惑，而拈

句失真，对仗不工。是以德养抽引各书中诸事，寻辩才句，顺应诸义，择要言辞。句句相承，说道于智；章章和合，宣法于愚。是以分说诸义诸事，已然集成《谚语》纲目，然题下未完，而德养寿终故去，此本于是置之不彰。今仁持欲□先哲之功，以成后愚利益，故合题下章节，全其序言，而世间……意是非，智者勿哂。]

书的正文收录从民间和此前书中采集的西夏格言364则，依字数多少排列，每句少则三言，多则十五言，每则格言以两句构成一联，对仗颇为工整，其形式及内容似与吐蕃、蒙古格言相类。毋庸讳言，格言或谚语在所有的西夏文学作品中是最不容易翻译的，这主要是因为孤立的一则谚语没有上下文可供参考，以学术界目前的知识积累还很难准确理解其间那些复杂的隐喻，所以相应的译文大都不能令人十分满意。事实上下面谈到的“谣谚”也是这种情况。

（2）谣谚

就党项文学形式而言，“格言”是“诗”的起源，对仗的格言一则一则地拼接起来就构成了诗（聂鸿音2018）。事实上除了仿作中原风格的五言或七言诗以外，党项传统的“诗”（[illegible]）与我们心目中“诗”的概念迥然不同——那是杂言、无韵但有词义对仗的一种文体，篇幅一般较长。考虑到全篇的句数和每一“联”的字数都没有限定，我们姑且视之为谣谚，当然这个“谣谚”也与中国文学史上通常说的“谣谚”有所不同。

俄罗斯科学院东方文献研究所收藏的一册小书是这类作品的唯一样本。原件为乾祐十六年（1185）刻字司刻本，由《赋诗》（[illegible]）、“大诗”（[illegible]）[1]、《月月乐诗》（[illegible]）、《格言诗》（[illegible]）、《聪颖诗》（[illegible]）各一卷合装一册，没有总题和序言。除去《月月乐诗》以外，其他四首“长诗”实际上都是用谚语格言拼凑而成，且编排次序显不出什么逻辑性，只有《格言诗》的首联看上去像是一本书的开篇：

> [illegible]，[illegible]，[illegible]；[illegible]，[illegible]，[illegible]。
>
> ［虽说谚语，不说源头，机巧聪明致迷惑；吟咏格言，不谈根本，睿人智人解难明。］

作为党项人心目中的诗，各卷都以“诗”为题，其中汇集的党项格言多属祖先传说、山川物候和人生道理，涉及生产的，特别是涉及农业生产的谚语很少。其中值得注意的是，各卷在讲宇宙和党项人的起源时经常提到白鹤、猴、熊罴之类动

① 这一卷有克恰诺夫（1997：217－236）俄译，但略去了开头的几句。

物，类似的叙述也见于西夏类书《圣立义海》，只不过我们还看不懂它们到底象征着什么，所以始终不能给出准确晓畅的译文。

《月月乐诗》（[illegible]）是最接近歌谣的一种，因为只有这首诗具备一个完整的主题——依次歌咏正月至腊月的物候人事。全诗每月一章，每章又分上下两阕，两阕相对应的各句要表达的内容完全相同，唯所用词语大不一样。以“正月”章为例，作者要表达的意思是：“正月里黑头赤面岁始安乐国开宴①。白高暖厩羊产仔，日晒厩内羔儿眠。月之三日人向往，牦牛白羊草场嫩叶始堪食，羊鸣铃响牧归来。”下面是这章诗的逐字对译：

上阕：

[illegible]。

kjiw^{1} sjiw^{1} ka^{1} ˙o^{1} lju̧^{2} mur^{1} lhjwi̧j^{1} śjwi^{2} tśji̧j^{1} ɣa^{2} dzjɨ^{1} rejr^{2} low^{2} phju^{1} thjij^{1}

［年新月月头黑面赤岁上齐乐国筵宴］

[illegible]，

lew^{2} so^{2} ljɨ^{1} rjir^{2} mjo^{2} mə^{2} we^{1}

① “黑头”和“赤面”是对党项民族以下两个部落的泛称。

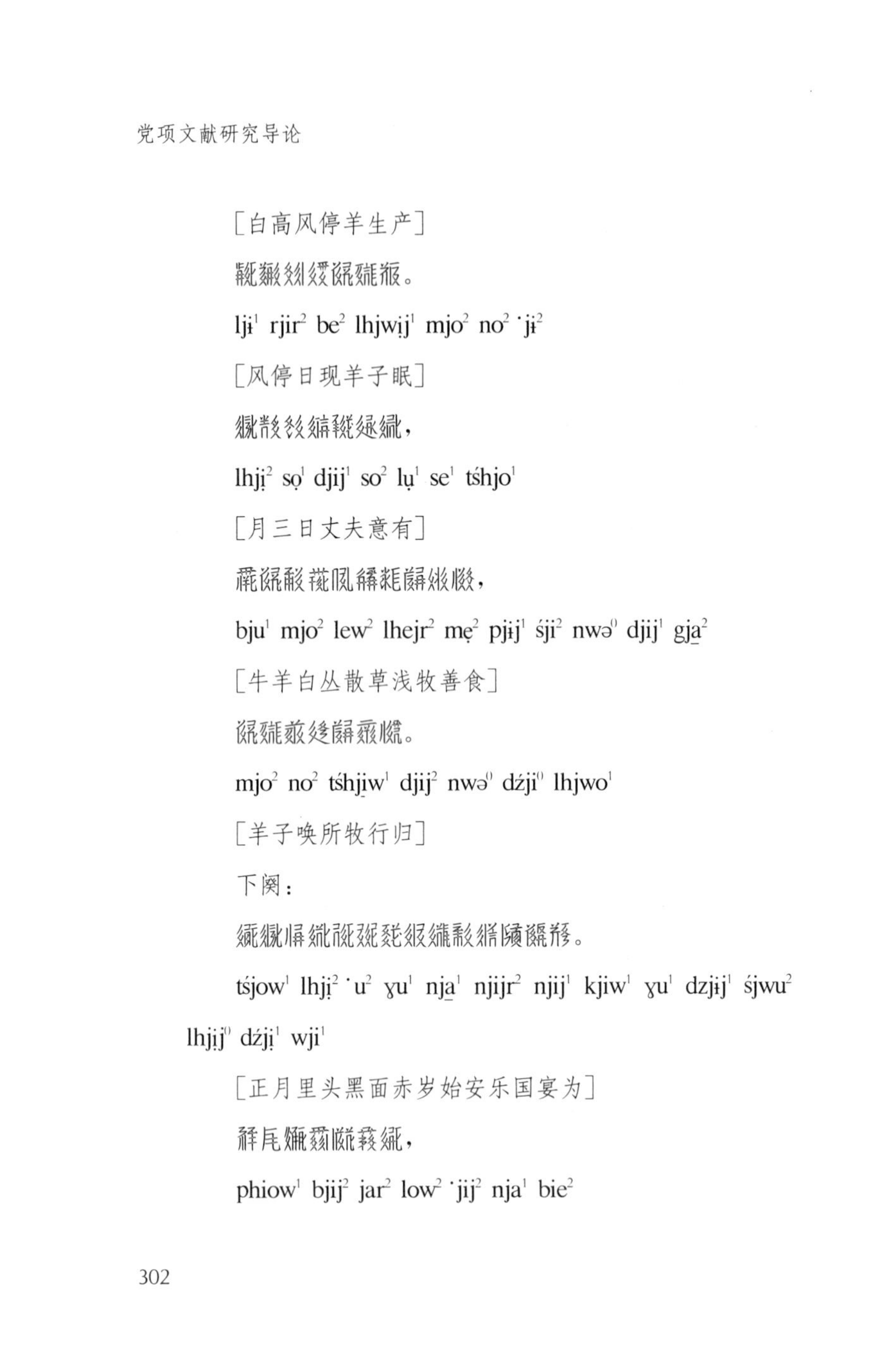

［白高风停羊生产］

[illegible]。

ljɨ^{1} rjir^{2} be^{2} lhjwịj^{1} mjo^{2} no^{2} ·jɨ^{2}

［风停日现羊子眠］

[illegible]，

lhjị^{2} sọ^{1} djij^{1} so^{2} lụ^{1} se^{1} tśhjo^{1}

［月三日丈夫意有］

[illegible]，

bju^{1} mjo^{2} lew^{2} lhejr^{2} mẹ^{2} pjɨj^{1} śji^{2} nwə^{0} djij^{1} gja̱^{2}

［牛羊白丛散草浅牧善食］

[illegible]。

mjo^{2} no^{2} tśhji̱w^{1} djij^{2} nwə^{0} dźji^{0} lhjwo^{1}

［羊子唤所牧行归］

下阕：

[illegible]。

tśjow^{1} lhjị^{2} ·u^{2} ɣu^{1} nja̱^{1} njijr^{2} njij^{1} kjiw^{1} ɣu^{1} dzjɨj^{1} śjwu^{2} lhjịj^{0} dźjị^{1} wji^{1}

［正月里头黑面赤岁始安乐国宴为］

[illegible]，

phiow^{1} bjij^{2} jar^{2} low^{2} ·jij^{2} nja^{1} bie^{2}

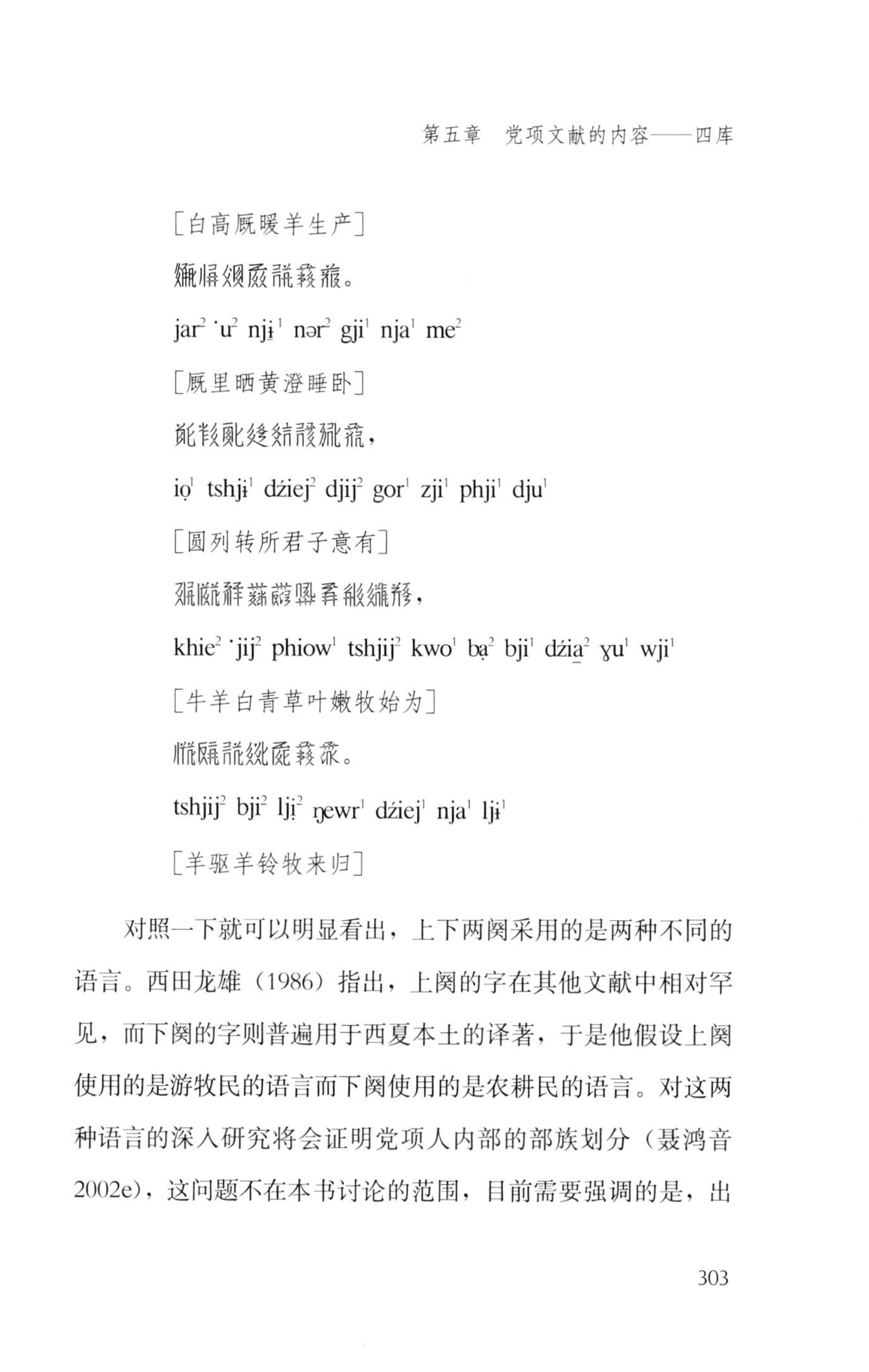

[白高既暖羊生产]

[illegible]。

jar^{2} ˙u^{2} njɨ̱^{1} nər^{2} gji^{1} nja^{1} me^{2}

[既里晒黄澄睡卧]

[illegible]，

iọ^{1} tshjɨ^{1} dźiej^{2} djij^{2} gor^{1} zji^{1} phji^{1} dju^{1}

[圆列转所君子意有]

[illegible]，

khie^{2} ˙jij^{2} phiow^{1} tshjij^{2} kwo^{1} bạ^{2} bji^{1} dźia̱^{2} ɣu^{1} wji^{1}

[牛羊白青草叶嫩牧始为]

[illegible]。

tshjij^{2} bji^{2} ljị^{2} ŋewr^{1} dźiej^{1} nja^{1} ljɨ^{1}

[羊驱羊铃牧来归]

对照一下就可以明显看出，上下两阕采用的是两种不同的语言。西田龙雄（1986）指出，上阕的字在其他文献中相对罕见，而下阕的字则普遍用于西夏本土的译著，于是他假设上阕使用的是游牧民的语言而下阕使用的是农耕民的语言。对这两种语言的深入研究将会证明党项人内部的部族划分（聂鸿音2002e），这问题不在本书讨论的范围，目前需要强调的是，出自党项文人之手的《月月乐诗》虽然内容不外乎歌颂太平盛世中的百姓安居乐业，但同时用两种语言写诗的方式却是前无古人，值得在中国文学史上添加一笔。

第六章

党项文献的内容——释典

20 世纪以来出土的党项文献中以佛教著作数量为最多。其中一个引人注目的事实是，无论原始经本来自中原还是吐蕃，党项译文在词语的选用方面竟然没有表现出明显的差别，也就是说，西夏译者对佛教专门术语始终严守着一套界内公认的固定译法，与西夏翻译中原医药著作时那种各行其是的随意态度迥然不同。这一事实暗示着西夏人在很早就制定过一份得到官方认可的佛教术语翻译规范，就像吐蕃时代的《翻译名义大集》（Mahāvyutpati）那样。然而现在的问题是，假如当初确实存在过那样一份标准文件，那么一定是译者人人之所必备，在西夏佛教界流传甚广，可是我们至今没有在汗牛充栋的党项文献里发现这份文件的任何踪迹。

必须承认，相对非佛教著作而言，迄今针对佛教著作的研究成果不尽人意。除了这类文献存世量太大以外，这主要是因为大量译自藏文的著作很难找到对勘资料，以致许多西夏文的藏传佛教术语对我们来说还很陌生，而译自汉文的著作尽管大都可以确定来源，但那都是来自已知的佛经，其中并没有提供西夏特有的文化信息。当然，大多数学者长期以来忽略了一个重要的事实，即西夏的汉传佛经实际分属初译本和校译本两套不同的系统。通过对勘初译本和校译本可以找到一批“通假”的用例（孙颖新 2015，2019），这不但可以帮助我们读懂佛经，而且可以为构拟党项语音系统提供大量的证据。然而遗憾的是，上海古籍出版社从 20 世纪末开始推出的《俄藏黑水城文献》没有提供可用于对勘的两套译本，使得大量有价值的原始资料还存留在圣彼得堡而未得刊布，造成了这部巨著在编纂工作中无法弥补的最大缺憾。

第一节 汉传佛书

在存世的党项文献里，译自汉文的佛教著作占了绝大多数。其中数量最多的是民间发愿抄本《大般若波罗蜜多经》（[illegible]），这些抄本由寺院的几代职业抄手相继在 12 世纪中叶以后的近百年间写成，全部为经折装，并有精致的绢面护封，每卷的末尾大多写有发愿人的名字。经文转译自唐玄奘汉译本，题夏仁宗皇帝御校[①]。除去发愿抄本之外，俄罗斯科学院东方文献研究所另藏有梵夹装本和卷子装本，看上去显得比经折装本古旧，大约是发愿本最初抄写时所据的底本。然而此前一直令人不解的是，玄奘汉译本《大般若波罗蜜多经》全书六百卷，可是西夏译本的同一卷尽管有多至六七次的复抄，但把所有的资料加在一起，也只有相对完整的"初分"，即卷一到卷四百，此后的二百卷仅存前面五十卷的一套卷子本，而卷四百五十一到卷六百的译本竟然长期以来一册也未见到，这一度使人怀疑西夏时代是否真的完成了这部经的翻译工作。

20 世纪 80 年代，内蒙古文物考古研究所几次探查黑水城，又获得了一批党项文献，其中有一张顶部残缺的抄本经折叶，后来被正确地鉴定为《大般若经》卷五五六[②]。另外，斯坦因在城西北角附近塔群找到的西夏文献里有三纸残片应该来自

① 完整的抄本全部收藏在俄罗斯科学院东方文献研究所，其中的 21 卷由俄方在 20 世纪 50 年代赠予北京图书馆（今国家图书馆），有黄延军（2012）解读。

②《中国藏西夏文献》第 17 册，页 239。事实上，这段文字在《大般若经》的卷五五六和卷五三八都出现过，分别见《大正新修大藏经》第 7 册第 867 页下栏和 765 页下栏。

《大般若经》卷四九五[①]。这样看来，西夏时代或许译出过完整的《大般若经》，只不过抄经人日常抄写的只有“初分”而已，否则就不能解释前后两部分的存世数量怎么会如此不成比例。不过我们也必须考虑到，从黑水城内发掘得到的文献一般认为出自元代而非西夏，那么这个抄本是否为元代补译也未可知。

早期汉文大藏经里著名的经文最初都由惠宗秉常和崇宗乾顺具名翻译，时间在 11 世纪末到 12 世纪初。这些经文有一部分在后来的仁宗仁孝时期又经过一次校译，例如除《大般若经》之外还有俄罗斯科学院东方文献研究所收藏的《大宝积经》（[Tangut]）、《大方广佛华严经》（[Tangut]）[②]、《大般涅槃经》（[Tangut]）、《悲华经》（[Tangut]）、《宝雨经》（[Tangut]）、《金光明最胜王经》（[Tangut]）[③]、《妙法莲华经》（[Tangut]）[④]、《长阿含经》（[Tangut]）[⑤] 等大部头的经典，以及一些篇幅相对较小的经典如《维摩诘所说经》（[Tangut]）[⑥]、《大悲心陀罗尼经》

① 英国国家图书馆收藏的这三纸残片编号为 Or.12380/1255、1267、1268，见《英藏黑水城文献》2，页 66、69、70。

② 日本收藏的十卷元代活字本有西田龙雄（1975，1976）全文解读。

③ 有王静如（1933）全文解读。

④ 有西田龙雄（2005）全文解读。

⑤ 现存部分有汤君（2014）全文解读。

⑥ 有王培培（2015）全文解读。

（[西夏文]）①、《观弥勒菩萨上生兜率天经》（[西夏文]）、《圣曜母陀罗尼经》（[西夏文]）②，等等。因为有卷首不同题记的明确提示，所以应该把初译本和校译本看作两种不同的书。当然，校译本除去重新翻译了初译本的咒语以外，对正文中具体字词的改动并不太多。

12 世纪中叶，西夏政府以法律形式规定了番汉僧人在应试时必须熟读的佛经目录（史金波、聂鸿音、白滨 1994：280），这些书在俄罗斯科学院东方文献研究所大都有刻本收藏，可以设想那都是在西夏佛教界最为普及的著作。从感觉上说，党项和藏族僧人读的佛经应该是西夏文的，而汉族僧人在读经时似乎可以在汉文和西夏文之间任选其一，因为从现存的文献看，汉族僧人读的佛经大都有汉文和西夏文两种文本③。僧人所读佛经的来源有汉传和藏传的不同，但汉族僧人读的佛经不限于汉传，党项僧人读的佛经也不限于藏传，显得西夏政府并不留意经本来源的不同宗派。其中可以确定为译自汉文本的考试用书有④：

---

① 有段玉泉（2012a）全文解读。

② 有聂鸿音（2014b）全文解读。

③ 法典中列出的“广大发愿偈”和“释迦赞”不前还不知其来历。

④ 对译自藏文本佛经的介绍见下节。

普贤行愿品——即《大方广佛华严经普贤行愿品》（[illegible]），一卷。佚名转译自唐般若汉译四十卷本《华严经》末品的单行本。

三十五佛——即《总摄持一切如来三十五佛忏罪法事》（[illegible]）一卷。佚名转译自唐菩提流志汉译本《佛说三十五佛名经》，夏仁宗皇帝御校（孙伯君 2013d）。

圣佛母——即《圣佛母般若波罗蜜多心经》（[illegible]），一卷。兰山觉行国师沙门德慧奉诏转译自宋施护同名汉译本。后序有西夏文、汉文两种，天盛十九年（1167）汉文后序作：

> 夫真空绝相，声色匪得以求；妙有不无，庸人不可以测。我佛世尊，恢照悲心，从根教化，无机不应。欲因言显不言奥义，懋阐真空；缘以物示不物玄法，廓昭妙有。施会万行，慧彻三空，乘般若舟，俾达彼岸。如是深法，斯经中说。文简义丰，理幽辞显，统括十二部教，总释六百卷经。色即是空，风恬万浪止息，真性寂静；空即是色，月照百江生影，妙用昭彰。不近二边，不着中道，绝薨五蕴，涤除六尘。四生众生，仗乎兹法，度脱苦厄；三世诸佛，依于此义，果证菩提。朕既睹如是功效，用答转身慈母皇太后生养

劬劳之恩德，于周年忌日之辰，遂陈诚愿。寻命兰山觉行国师沙门德慧，重将《圣佛母般若心经》与梵、西番本仔细校雠，译番、汉本，仍与《真空观门施食仪轨》连为一轴，开板印造二万卷，散施臣民。仍请觉行国师等烧结灭恶趣道场，于作救拔六道法事之外，并讲演《金刚般若》及《心经》，作莲华会大乘忏悔，放幡、救生、施贫济苦等。以兹胜善，伏愿：慈母圣贤荫庇，往生净方，诸佛持护，速证法身。又愿六庙祖宗，恒游极乐，万年……一德大臣，百祥咸萃，诸方民庶，共享安宁。

观世音普门品——即《妙法莲华经观世音菩萨普门品》（[illegible]），一卷。转译自姚秦鸠摩罗什译《妙法莲华经》的第二十五品的单行本，夏仁宗皇帝御校。

无垢净光——即《无垢净光总持》（[illegible]），一卷。转译自宋施护汉译本《佛顶放无垢光明入普门观察一切如来心陀罗尼经》中的陀罗尼部分。夏兰山觉慧法师德慧校（孙伯君 2012b）。俄藏本 инв. № 811 卷末有一篇后序，尾残，刊印时间及发愿人不详：

[illegible]：《[illegible]》[illegible]，[illegible]，[illegible]

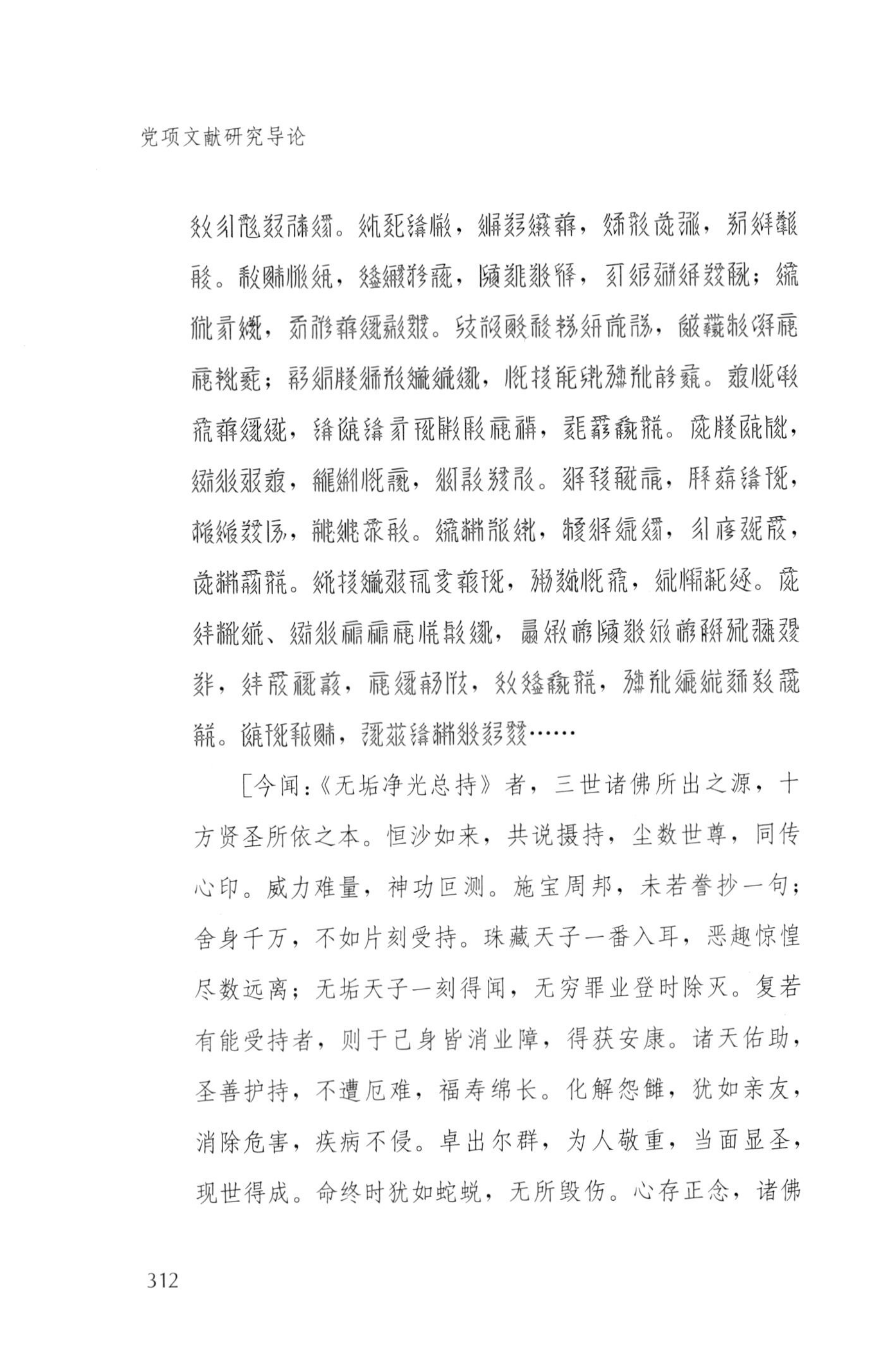

[illegible]……

[今闻:《无垢净光总持》者，三世诸佛所出之源，十方贤圣所依之本。恒沙如来，共说摄持，尘数世尊，同传心印。威力难量，神功叵测。施宝周邦，未若誊抄一句；舍身千万，不如片刻受持。珠藏天子一番入耳，恶趣惊惶尽数远离；无垢天子一刻得闻，无穷罪业登时除灭。复若有能受持者，则于己身皆消业障，得获安康。诸天佑助，圣善护持，不遭厄难，福寿绵长。化解怨雠，犹如亲友，消除危害，疾病不侵。卓出尔群，为人敬重，当面显圣，现世得成。命终时犹如蛇蜕，无所毁伤。心存正念，诸佛

菩萨、一切善神皆来接引，随意化生十方净土宝莲之中。见佛听法，总持三昧，得获神圣，随即道证无上菩提。如此功效，真经中广为解说……]

竭陀般若[1]——即《佛说五十颂圣般若波罗蜜多经》（[illegible]）一卷，转译自宋施护同名汉译本。

金刚般若与颂全——即《金刚般若波罗蜜多经》（[illegible]），一卷。国师鲜卑宝源转译自梁朝傅大士加颂的姚秦鸠摩罗什同名汉译本，夏仁宗皇帝御校（荒川 2014）。

守护国吉祥偈——即《大千国守护吉祥偈》（[illegible]），一卷。汉文原本疑为《仁王护国般若波罗蜜多经·护国品》里第一法师为普明王所说的偈。

这些佛经中以《华严经普贤行愿品》和《金刚经》存世量最大，甚至还出现了专门讲解《金刚经》句段主旨的“科文”[2]。后世流传的汉文本《金刚经》实际上分为两种：一种是鸠摩罗什的原译本，另一种是某个“梁朝傅大士”的改编本，已经不属于正统的佛经。改编本在原本的基础上增加了三方面

① 竭陀，梵语 gāthā，华言“颂”。

② 例如英国国家图书馆斯坦因特藏的 Or.12380/379、490 等，照片见《英藏黑水城文献》1，页 148、178。

的内容：(1) 在卷首增加了“净口业真言”“虚空菩萨普供养真言”“发愿文”和所谓“奉请八金刚四菩萨”；(2) 把全文分为32节（分）并为每节加上了小标题；(3) 在许多“分”的中间和末尾补写了五言八句的“弥勒颂”。西夏法典中的“金刚般若与颂全”指的就是傅大士的这个分节加颂本，西夏时期刊印次数最多的也是这个本子。此外偶尔还可以见到一种只有分节而没有颂的抄本[①]，似乎是抄写者为节省篇幅而把颂删掉了，这不代表《金刚经》在西夏传播的主流。

除去考试用书以外，有确切题署的惠宗或崇宗初译本大致有以下这些[②]：

《阿弥陀经》（[illegible]），一卷。夏大安十一年（1085）思经和尚舍布施印本。黑水城遗址出土，俄罗斯科学院东方文献研究所藏。转译自姚秦鸠摩罗什同名汉译本（孙伯君2011c）。

《大方等无想经》（[illegible]），六卷。14世纪初杭州大万寿寺刻本。中国西域出土，瑞典斯德哥尔摩民族博物馆

---

① 例如俄罗斯科学院东方文献研究所黑水城收藏的申年腊月十一日抄本（инв. № 731）。

② 为简明起见，以下介绍佛经时省略经题起首的“佛说”。另为便于读者参考，每部佛经后的参考文献首选全文解读，部分解读和内容考证次之，著录再次，最后选择的是原件照片刊布。

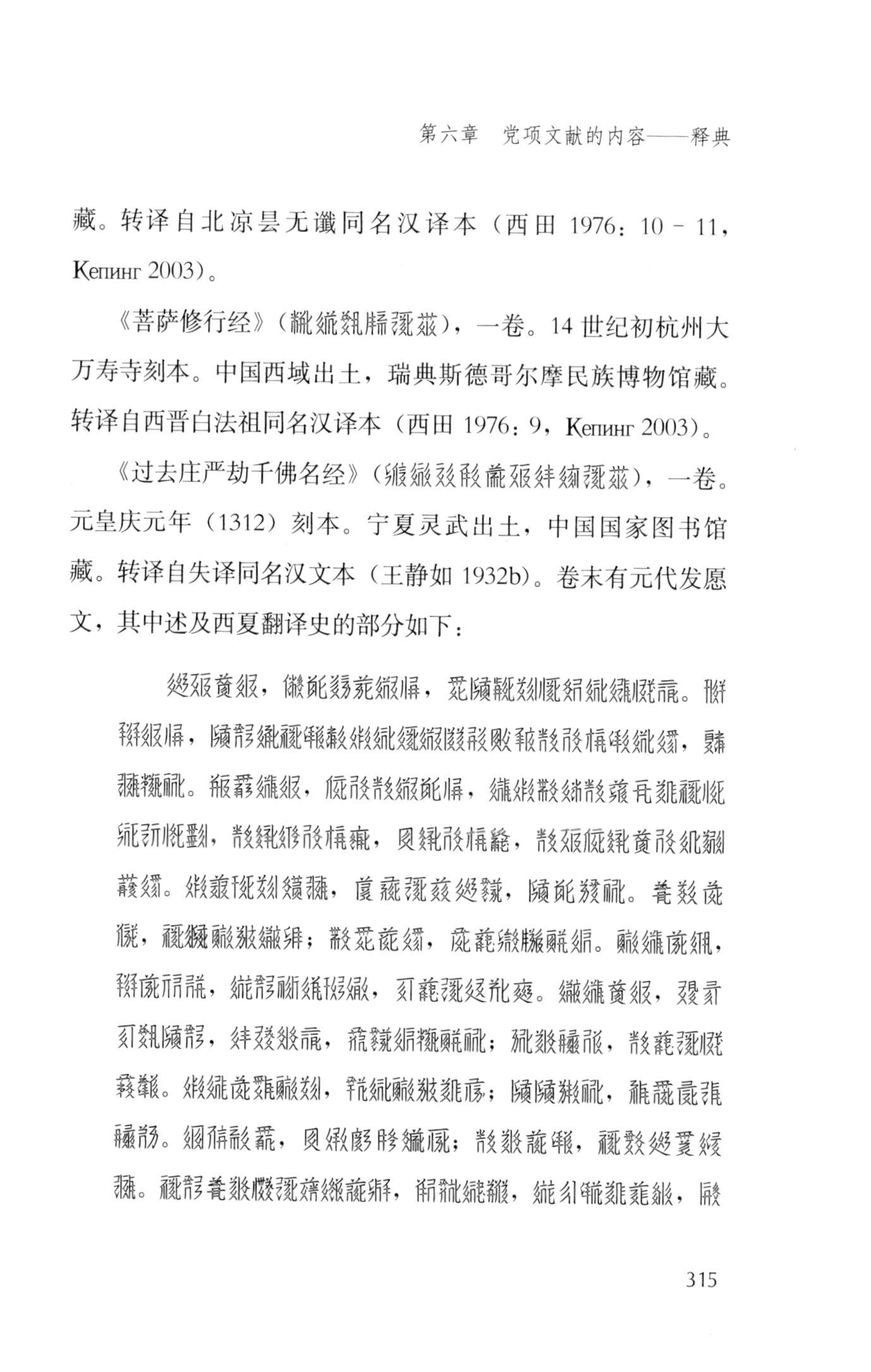

藏。转译自北凉昙无谶同名汉译本（西田 1976：10－11，Кепинг 2003）。

《菩萨修行经》（[illegible]），一卷。14 世纪初杭州大万寿寺刻本。中国西域出土，瑞典斯德哥尔摩民族博物馆藏。转译自西晋白法祖同名汉译本（西田 1976：9，Кепинг 2003）。

《过去庄严劫千佛名经》（[illegible]），一卷。元皇庆元年（1312）刻本。宁夏灵武出土，中国国家图书馆藏。转译自失译同名汉文本（王静如 1932b）。卷末有元代发愿文，其中述及西夏翻译史的部分如下：

> [illegible]

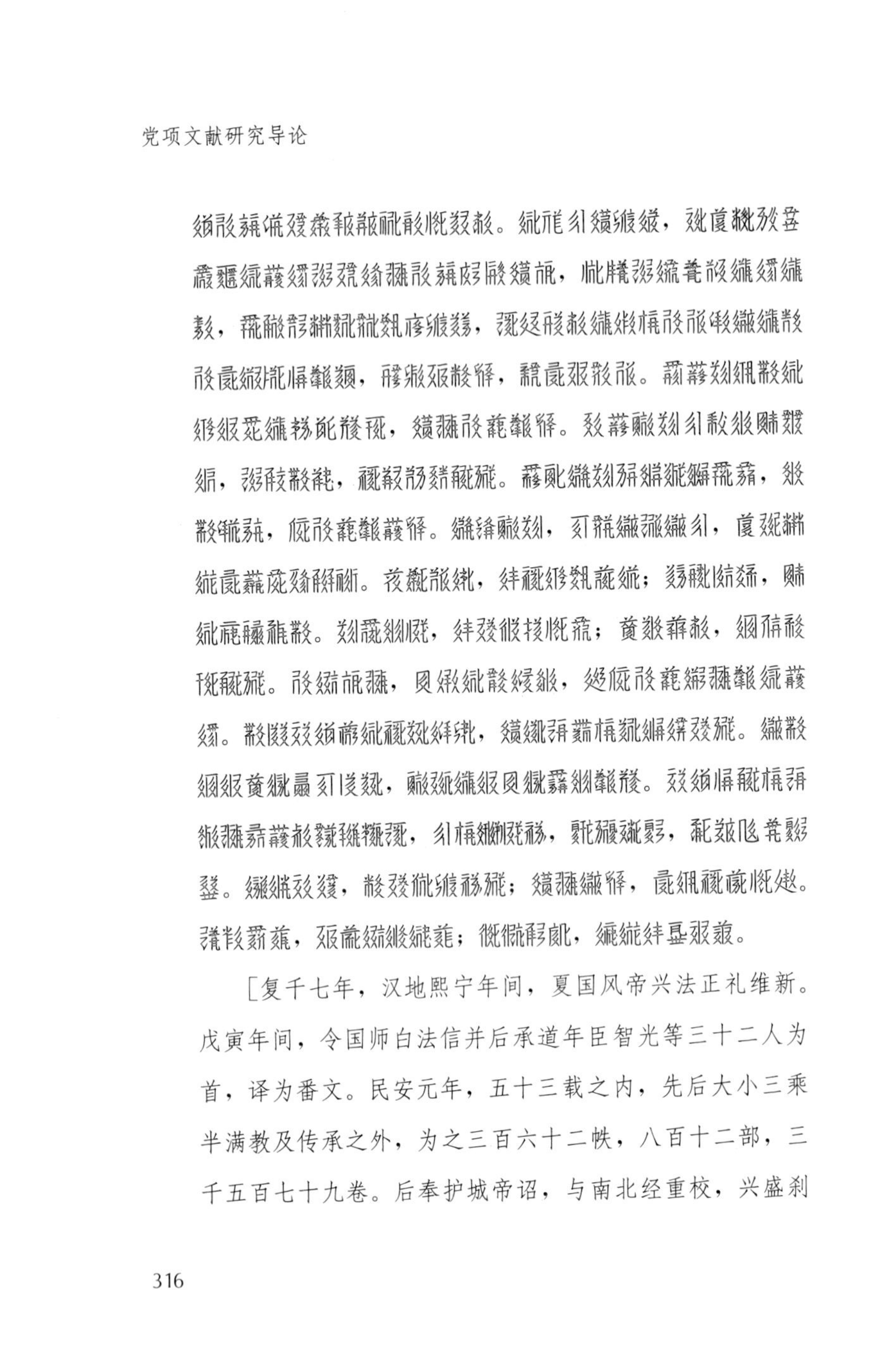

[illegible]

［复千七年，汉地熙宁年间，夏国风帝兴法正礼维新。戊寅年间，令国师白法信并后承道年臣智光等三十二人为首，译为番文。民安元年，五十三载之内，先后大小三乘半满教及传承之外，为之三百六十二帙，八百十二部，三千五百七十九卷。后奉护城帝诏，与南北经重校，兴盛刹

土。慧提照世，法雨普润天下；大夏为池，诸藏潮毁全无。皇元朝代，中界寂净，上师纂集残佚，修治一藏旧经。至元七年，化身一行国师，广兴佛事，具令校有译无；过如意宝，印制三藏新经。后我世祖皇帝，恩德满贯天下；国国遍通，高道万古殊胜。四海平安，时历八方由旬；深信三宝，因欲再举法幢。法师慧宝深究禅经密律，执着多志，欲满圣上之愿故，使前院鲜卑 Kə ta śiow 等来而不可悟。幸德音圣旨乃出，命造完江南杭州经版，以监僧事鲜卑 Thu tshjɨj 行敕，前遣知觉和尚慧心为先，龙象师中选多行者，至元三十年先后二十余人取旧经于万寿寺刊印，所施应用逾千、财物逾万。成宗帝朝大德六年夏初完毕之时。奉诏印施十藏。武宗皇帝圣威神功无比，僧尼大安，加倍明治法门。金轮今帝尔时东宫藏龙，立弘大愿，施印五十藏。当今皇帝，一达至尊至圣，胜于南面万乘诸主。文武特出，深悟佛法才艺；贤会唐虞，功德皆大如山。君道日新，佛事无有间断；以执七宝，明治四海如子。因欲奉行十善，德化八方，复奉诏印制五十藏。大臣知院心重净正之法，接旨知会二使役共为勾管，至大四年七月十一着手，皇庆元年八月望日印毕。知院内治二使其外自进杂校缺译之经，以二新圣号正之，顺其颠倒，统一长短阔狭。签牌褾饰，诸事多已正之；奉诏普施，万代法眼不陋。诵读供养，长求千级善缘；唤醒迷蒙，守护无上佛种。]

《拔济苦难陀罗尼经》（[illegible]），一卷。乾祐二十四年（1193）夏中书相贺宗寿复刻本。黑水城遗址出土，俄罗斯科学院东方文献研究所藏。转译自唐玄奘同名汉译本（聂鸿音 2010b）。

《四人出现世间经》（[illegible]），一卷。西夏写卷。黑水城遗址出土，俄罗斯科学院东方文献研究所藏。转译自刘宋求那跋陀罗同名汉译本（麻晓芳 2019）。

《菩萨地持经》（[illegible]），十卷。14 世纪初元杭州万寿寺刻本。宁夏灵武出土，中国国家图书馆藏。转译自北凉昙无谶同名汉译本（杨志高 2007）。

《慈悲道场忏法》（[illegible]），十卷。元代刻本。宁夏灵武出土，中国国家图书馆藏。译自梁武帝敕集同名汉文本（杨志高 2017）。

《父母恩重经》（[illegible]），一卷[1]。天盛四年（1152）梁吉祥屈发愿刻本。黑水城遗址出土，俄罗斯科学院

---

① 这是一部公认的“伪经”，西夏由高僧翻译而不加辨析，这可以进一步证明西夏人在接受佛经时是没有选择的。

东方文献研究所藏。转译自失译同名汉文本，夏崇宗具名，诠教法师沙门鲜卑宝源译（聂鸿音 2010c）。俄藏本 инв. № 8106 卷末有一个叫忠茂的人写的发愿文，尾残，刊印时间不详：

[illegible]……

[今闻：真界无行，佛陀绝念。□□身之身，常现□方尘刹；出无语之语，开宣无量法门。其中此经者，圣贤同敬，天龙顶珠；恩报之端，万行之本。念诵则悉除罪业，持行则得成净缘。是以忠茂谨愿：利益转身慈母及有情故，于七七日设为法事并开阐斯经而外，另舍净资，请工刊印，散施千卷，劝人受持。以兹胜善，伏愿：当今皇帝万岁其来，君国父母千秋可见。又愿：转身慈母，除业障而……]

下面是一些有确切题署的仁宗校译本：

《月光菩萨经》（[illegible]），一卷。14 世纪初杭州大万寿寺刻本。中国西域出土，瑞典斯德哥尔摩民族博物馆藏。转译自宋法贤同名汉译本（西田 1976：5－7，Кепинг 2003）。

《了义般若波罗蜜多经》（[illegible]），一卷。14 世纪初杭州大万寿寺刻本。中国西域出土，瑞典斯德哥尔摩民族博物馆藏。转译自宋施护同名汉译本（西田 1976：8，Кепинг 2003）。

《圣无能胜金刚火陀罗尼经》（[illegible]），一卷。14 世纪初杭州大万寿寺刻本。中国西域出土，瑞典斯德哥尔摩民族博物馆藏。转译自宋法天同名汉译本（Кепинг 2003）。

《毘俱胝菩萨一百八名经》（□□□□[illegible]），一卷。14 世纪初杭州大万寿寺刻本。中国西域出土，瑞典斯德哥尔摩民族博物馆藏。转译自宋法天同名汉译本《毘俱胝菩萨一百八名经》（Кепинг 2003）。

《药师琉璃光七佛本愿功德经》（[illegible]），二卷。西夏抄本。黑水城遗址出土，俄罗斯科学院东方文献研究所藏。转译自唐义净同名汉译本（麻晓芳 2018）。

《现在贤劫千佛名经》（[illegible]），二卷。西夏刻本。黑水城遗址出土，俄罗斯科学院东方文献研究所藏。

转译自失译同名汉文本《现在贤劫千佛名经》。

《佛母出生三法藏般若波罗蜜多经》（[illegible]），二十五卷。夏乾祐七年（1176）危山庞尼抄本[1]。黑水城遗址出土，俄罗斯科学院东方文献研究所藏。转译自宋施护同名汉译本。

《金轮佛顶大威德炽盛光如来陀罗尼经》（[illegible]），一卷。西夏抄本。黑水城遗址出土，俄罗斯科学院东方文献研究所藏。转译自唐失译同名汉文本（安娅 2014）。

《大威德炽盛光调伏诸星宿消灾吉祥陀罗尼经》（[illegible]），一卷。西夏刻本。黑水城遗址出土，俄罗斯科学院东方文献研究所藏。转译自唐不空同名汉译本（安娅 2016）。

《说一切有部阿毗达磨顺正理论》（[illegible]），八十卷。西夏抄本。黑水城遗址出土，俄罗斯科学院东方文献研究所藏。转译自唐玄奘同名汉译本（王龙 2017a）。

《经律异相》（[illegible]），五十卷。元大德十一年（1307）

---

① 这书另有残刻本，上面没有保留下来刊刻的时间信息。

刻本。宁夏灵武出土，中国国家图书馆藏。译自梁宝唱等所集汉文本《经律异相》（杨志高 2014）。

另有一种《佛顶心观世音菩萨大陀罗尼经》（[illegible]），三卷。西夏刻本。黑水城遗址出土，俄罗斯科学院东方文献研究所藏。译自汉本《佛顶心观世音菩萨大陀罗尼经》《佛顶心观世音菩萨疗病催产方》及《佛顶心观世音菩萨救难神验经》。这属于所谓“疑伪经”，但首题“讲经律论沙门法戒奉诏译”，表明是某个皇帝认可的译本，但具体时代不明（张九玲 2015）。

译自汉文本的大多数佛经在经题后面没有译校款题，说明译者只是普通的僧人，译本也不是出自皇室的统一筹划。不能排除有些经本的翻译是僧人自发的行为，并不在预想中的“大藏经”编译计划之内，至少是在译成后还未及得到皇帝的认可[①]：

《十王经》（[illegible]），一卷。西夏写卷。黑水城遗址出土，俄罗斯科学院东方文献研究所藏。原本勘同法国国家图书馆藏敦煌文献 P. 2870 号，衣绯沙门迷宁法海译（张九玲 2019）。

---

① 为确保来源可靠，以下只介绍在原件卷首或卷尾存有西夏文题目的作品，距内容考证出的文献从略。另外考虑到出土的西夏文献绝大多数都是残本，多卷本的佛经没有一部是各卷俱全的，所以下面一般不再注出原书卷数。

《阎魔成佛受记经》（[illegible]），一卷。西夏抄本。黑水城遗址出土，俄罗斯科学院东方文献研究所藏。原本勘同英国国家图书馆藏黑水城文献 S. 2815、5450、5585 号，夏衣绯沙门迷宁法海译传（张九玲 2019）。

《摩诃般若波罗蜜多心经》（[illegible]）。西夏刻本。黑水城遗址出土，俄罗斯科学院东方文献研究所藏。转译自唐玄奘同名汉译本。

《大方广善巧方便经》（[illegible]）。西夏刻本。黑水城遗址出土，俄罗斯科学院东方文献研究所藏。转译自宋施护同名汉译本。

《文殊师利所说不思议佛境界经》（[illegible]）。西夏刻本。黑水城遗址出土，俄罗斯科学院东方文献研究所藏。转译自唐菩提流志同名汉译本。

《最上意经》（[illegible]）。西夏刻本。黑水城遗址出土，俄罗斯科学院东方文献研究所藏。转译自宋施护汉译本《佛说最上意陀罗尼经》（孙伯君 2010b）。

《金轮佛顶大威德炽盛光如来陀罗尼经》（[illegible]）。西夏刻本。黑水城遗址出土，俄罗斯科学院东方文献研究所藏。转译自唐失译汉文本《佛说大威德金轮佛顶炽盛光如来消除一切灾难陀罗尼经》（安娅 2014）。

《不空羂索神变真言经》（[illegible]）。元大德年间刻本。宁夏灵武县城出土，中国国家图书馆藏。转译自唐菩提流志同名汉译本（罗福成 1930c）。

《十一面神咒心经》（[illegible]）。元代刻本。黑水城遗址出土，俄罗斯科学院东方文献研究所藏。转译自唐玄奘同名汉译本（聂鸿音 2010d）。

《地藏菩萨本愿经》（[illegible]）。元代刻本。敦煌莫高窟北区出土，法国国家图书馆藏。转译自唐实叉难陀译同名汉译本（Nevsky、石滨纯太郎 1930a）。

《无量寿经》（[illegible]）。西夏抄本。黑水城遗址出土，俄罗斯科学院东方文献研究所藏。转译自曹魏康僧铠同名汉译本（孙颖新 2018b）。

《大方等大集经》（[illegible]）。西夏写卷。黑水城遗址出土，俄罗斯科学院东方文献研究所藏。转译自北凉昙无谶同名汉译本（张九玲 2014a）。

《曼殊室利咒藏中校量数珠功德经》（[illegible]）。西夏抄本。黑水城遗址出土，俄罗斯科学院东方文献研究所藏。转译自唐义净同名汉译本。

《大悲心陀罗尼经》（[illegible]）。西夏抄本。黑水城遗址出土，俄罗斯科学院东方文献研究所藏。转译自唐伽梵达摩汉译本《千手千眼观世音菩萨广大圆满无碍大悲心陀罗尼经》（段玉泉 2012a）。

《七佛八菩萨所说大陀罗尼神咒经》（[illegible]）。西夏抄本。黑水城遗址出土，俄罗斯科学院东方文献研究所藏。转译自晋失译同名汉译本。

《长寿经》（[illegible]）。西夏行书抄本。黑水城遗址出土，俄罗斯科学院东方文献研究所藏。转译自失译同名汉译本。

《佛为海龙王说法印经》（[illegible]）。12 世纪末抄本。黑水城遗址出土，英国国家图书馆藏。转译自唐义净同名汉译本（Grinstead 1966—1967）。

《破坏阿鼻地狱智炬陀罗尼经》（[illegible]）。西夏抄本。黑水城遗址出土，俄罗斯科学院东方文献研究所藏。转译自唐提云般若等汉译本《智炬陀罗尼经》。

《百千印陀罗尼经》（[illegible]）。西夏抄本。黑水城遗址出土，俄罗斯科学院东方文献研究所藏。转译自唐实叉难陀同名汉译本。

《八大人觉经》（[illegible]）。西夏比丘慧明抄本。黑水城遗址出土，俄罗斯科学院东方文献研究所藏。转译自后汉安世高同名汉译本。

《甘露经》（[illegible]）。西夏抄本。黑水城遗址出土，俄罗斯科学院东方文献研究所藏。转译自失译汉文本《佛说甘露经陀罗尼咒》。

《赡婆比丘经》（[illegible]）。西夏抄本。黑水城遗址出土，俄罗斯科学院东方文献研究所藏。转译自西晋法炬同名汉译本。

《斋经》（[illegible]）。西夏写卷。黑水城遗址出土，俄罗斯科学院东方文献研究所藏。转译自吴支谦同名汉译本（孙颖新2011）。

《生来经》（[illegible]）。夏乾祐子年（1180 或 1192）发愿抄本。黑水城遗址出土，俄罗斯科学院东方文献研究所藏。转译自晋竺法护同名汉译本。

《佛本行集经》（[illegible]）。西夏抄本。黑水城遗址出土，俄罗斯科学院东方文献研究所藏。转译自隋阇那崛多同名汉译本。

《疗痔病经》（[illegible]）。西夏抄本。黑水城遗址出土，俄罗斯科学院东方文献研究所藏。转译自唐义净同名汉译本（孙颖新 2013）。

《金耀童子经》（[illegible]）。西夏抄本。黑水城遗址出土，俄罗斯科学院东方文献研究所藏。转译自宋天息灾同名汉译本（黄延军 2011）。

《妙法圣念处经》（[illegible]）。西夏抄本。黑水城遗址出土，俄罗斯科学院东方文献研究所藏。转译自宋法天同名汉译本。

《十二缘生祥瑞经》（[illegible]）。西夏抄本。黑水城遗址出土，俄罗斯科学院东方文献研究所及英国国家图书馆藏。转译自宋施护同名汉译本（王龙 2016a）。

《六道经》（[illegible]）。西夏抄本。黑水城遗址出土，俄罗斯科学院东方文献研究所藏。转译自宋法天汉译本《佛说六道伽陀经》。

《遍照般若波罗蜜多经》（[illegible]）。西夏抄本。黑水城遗址出土，俄罗斯科学院东方文献研究所藏。转译自宋施护同名汉译本。

《帝释般若波罗蜜多经》（[illegible]）。西夏抄本。黑水城遗址出土，俄罗斯科学院东方文献研究所藏。转译自宋施护同名汉译本。

《诸佛经》（[illegible]）。西夏抄本。黑水城遗址出土，俄罗斯科学院东方文献研究所藏。转译自宋施护同名汉译本。

《圣六字增寿大明王陀罗尼经》（[illegible]）。西夏写卷。黑水城遗址出土，俄罗斯科学院东方文献研究所藏。转译自宋施护同名汉译本（孙伯君 2009a）。

《止息贼难陀罗尼经》（[Tangut text]）。西夏抄本。黑水城遗址出土，俄罗斯科学院东方文献研究所藏。转译自宋法贤同名汉译本（胡进杉 2011）。

《除盖障菩萨所问经》（[Tangut text]）。西夏抄本。黑水城遗址出土，俄罗斯科学院东方文献研究所藏。转译自宋法护同名汉译本。

《消除一切疾病陀罗尼经》（[Tangut text]），或作“佛说除疾病经”。西夏抄本。黑水城及绿城遗址出土，俄罗斯科学院东方文献研究所及内蒙古自治区图书馆藏。转译自唐不空同名汉译本（王龙 2015）。

《除瘟病经》（[Tangut text]）。西夏抄本。黑水城遗址出土，俄罗斯科学院东方文献研究所藏。转译自佚名汉译本《佛说避瘟经》（王龙 2016b）。

《高王观世音经》（[Tangut text]）。明宣德五年（1430）卷子装刻本。原件不明所出，北京故宫博物院藏。转译自同名汉文本（史金波、白滨 1977）。

《根本说一切有部百一羯磨》（[Tangut text]）。西夏野货嵬名铁发愿抄本。黑水城遗址出土，俄罗斯科学院东方文献研究所藏。转译自唐义净同名汉译本。

《根本说一切有部目得迦》（[Tangut text]）。西夏抄本。黑水城遗址出土，俄罗斯科学院东方文献研究所藏。转译自唐义净同名汉译本。

《大智度论》（[illegible]）。西夏抄本。黑水城遗址出土，俄罗斯科学院东方文献研究所藏。转译自姚秦鸠摩罗什同名汉译本（彭向前 2007）。

《瑜伽师地论》（[illegible]）。夏光定五年（1215）抄本。黑水城遗址出土，俄罗斯科学院东方文献研究所藏。译自唐玄奘同名汉译本（王龙 2017b）。

《宝藏论》（[illegible]）。西夏刻本。黑水城遗址出土，俄罗斯科学院东方文献研究所藏。佚名译自姚秦僧肇著同名汉文本（张九玲 2014b）。

《显扬圣教论》（[illegible]）。西夏行书写卷。黑水城遗址出土，俄罗斯科学院东方文献研究所藏。转译自唐玄奘同名汉译本。

《大庄严论经》（[illegible]）。西夏抄本。黑水城遗址出土，俄罗斯科学院东方文献研究所藏。转译自姚秦鸠摩罗什同名汉译本。

《大乘百法明门论略解》（[illegible]）。西夏草书写卷。黑水城遗址出土，俄罗斯科学院东方文献研究所藏。译自唐玄奘汉译、窥基注《大乘百法明门论解》，于注释有节略。

《大乘阿毗达磨集论》（[illegible]）。西夏抄本。黑水城遗址出土，俄罗斯科学院东方文献研究所藏。转译自唐玄奘同名汉译本（王龙 2018）。

《大乘百法明镜集》（[illegible]）。西夏抄本。黑水城遗址出土，俄罗斯科学院东方文献研究所藏。转译自唐玄奘汉译本《大乘百法明门论》。

《百喻经》，仅存残片。西夏抄本。黑水城遗址出土，英国国家图书馆藏。转译自萧齐求那毗地汉译本《佛说百喻经》（孙飞鹏 2014）。

《佛说观无量寿佛经医药疏》（[illegible]），西夏写卷。黑水城遗址出土，俄罗斯科学院东方文献研究所藏。转译自隋智顗所说《佛说观无量寿佛经疏》，刘宋畺良耶舍译《观无量寿经》的注释。

《观心法》（[illegible]），一卷。西夏抄本。黑水城遗址出土，俄罗斯科学院东方文献研究所藏。佚名译自隋智顗所述汉文本《观心论》。

《放施食法要门》（[illegible]），一卷。西夏抄本。黑水城遗址出土，俄罗斯科学院东方文献研究所藏。佚名译自唐不空汉文本《施诸饿鬼饮食及水法》（西田 1999：22－24）。

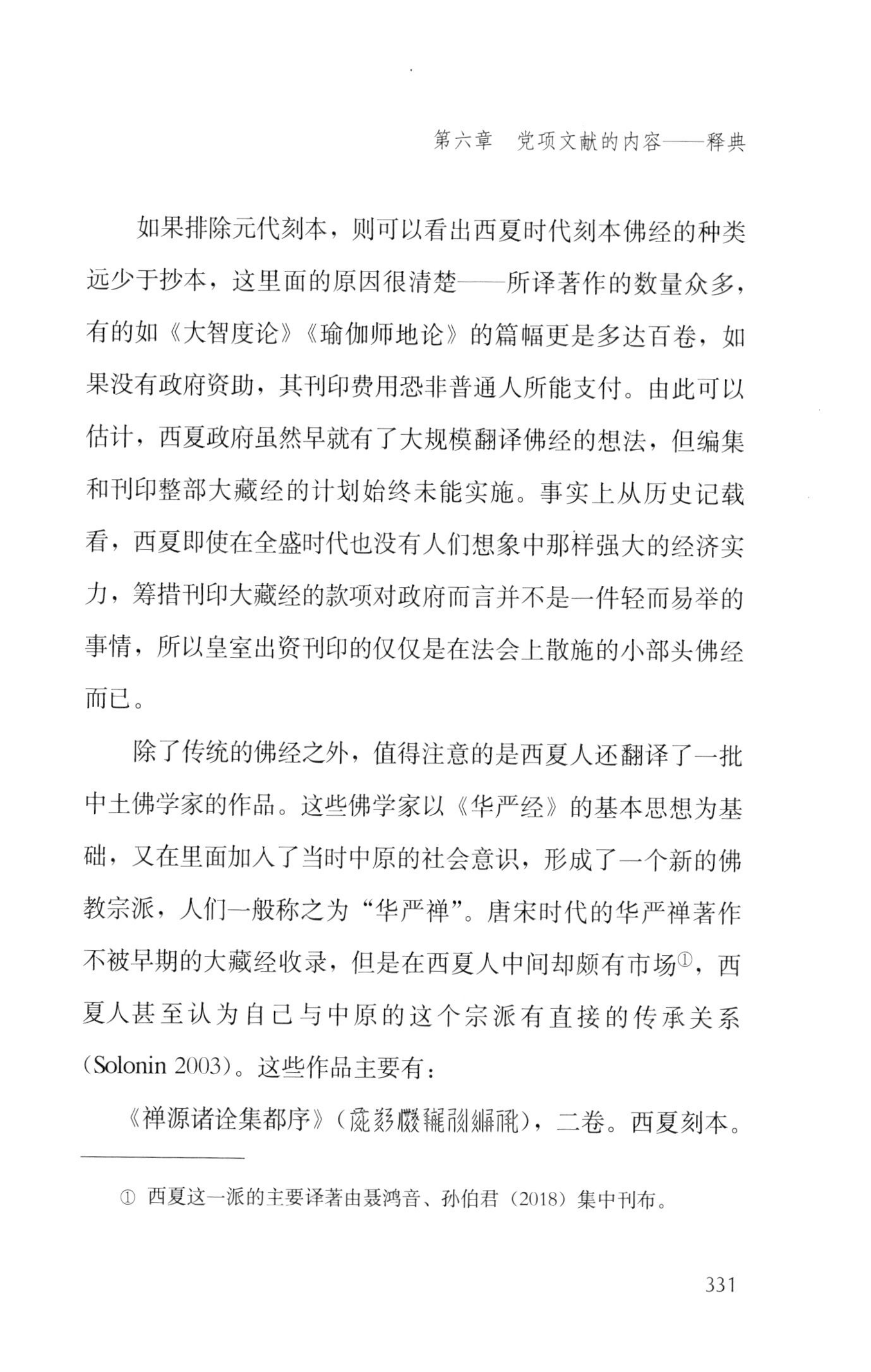

如果排除元代刻本，则可以看出西夏时代刻本佛经的种类远少于抄本，这里面的原因很清楚——所译著作的数量众多，有的如《大智度论》《瑜伽师地论》的篇幅更是多达百卷，如果没有政府资助，其刊印费用恐非普通人所能支付。由此可以估计，西夏政府虽然早就有了大规模翻译佛经的想法，但编集和刊印整部大藏经的计划始终未能实施。事实上从历史记载看，西夏即使在全盛时代也没有人们想象中那样强大的经济实力，筹措刊印大藏经的款项对政府而言并不是一件轻而易举的事情，所以皇室出资刊印的仅仅是在法会上散施的小部头佛经而已。

除了传统的佛经之外，值得注意的是西夏人还翻译了一批中土佛学家的作品。这些佛学家以《华严经》的基本思想为基础，又在里面加入了当时中原的社会意识，形成了一个新的佛教宗派，人们一般称之为“华严禅”。唐宋时代的华严禅著作不被早期的大藏经收录，但是在西夏人中间却颇有市场[1]，西夏人甚至认为自己与中原的这个宗派有直接的传承关系（Solonin 2003）。这些作品主要有：

《禅源诸诠集都序》（[illegible]），二卷。西夏刻本。

① 西夏这一派的主要译著由聂鸿音、孙伯君（2018）集中刊布。

黑水城遗址出土，俄罗斯科学院东方文献研究所藏。佚名译自唐宗密同名著作（聂鸿音 2011b）。

《禅源诸诠集都序科文》（[illegible]），一卷。西夏卷子装刻本。黑水城遗址出土，俄罗斯科学院东方文献研究所藏。佚名译自某汉文本，宗密《禅源诸诠集都序》的纲目（Solonin 2008a）。

《禅源诸诠集都序择炬记》（[illegible]），存卷三、卷五、卷六。草书写卷。黑水城遗址出土，俄罗斯科学院东方文献研究所藏。佚名译自宗密《禅源诸诠集都序》的某注释本（Solonin 2008a）。

《中华传心地禅门师资承袭图》（[illegible]），一卷。西夏刻本。黑水城遗址出土，俄罗斯科学院东方文献研究所藏。佚名译自宗密同名著作（西田 1975：20－21）。

《修华严奥旨妄尽还源观》（[illegible]），一卷。西夏刻本。黑水城遗址出土，俄罗斯科学院东方文献研究所藏。佚名译自唐法藏同名著作（孙伯君 2010c）。

《华严金师子章云间类解》，一卷。首尾残。西夏刻本。黑水城遗址出土，俄罗斯科学院东方文献研究所藏。佚名译自宋净源同名著作，法藏《华严金师子章》的注释本，夏译有节略（孙伯君 2010d）。

《大方广佛华严经随疏演义钞》（[illegible]），存卷一三残纸。13 世纪初西夏内宿司司吏牢遇才明写卷。黑水城遗址出土，俄罗斯科学院东方文献研究所藏。寺座主乃来法明译自唐澄观同名著作（孙伯君 2014a）。

《华严法界观科》（[illegible]），一卷。西夏写卷。黑水城遗址出土，俄罗斯科学院东方文献研究所藏。佚名译自唐宗豫同名著作，为宗密《注华严法界观门》的提纲。

《华严经谈玄决择记》，存卷四，首尾残。13 世纪初西夏写卷。黑水城遗址出土，俄罗斯科学院东方文献研究所藏。佚名译自辽鲜演大师《华严经谈玄抉择》（孙伯君 2013e）。

《注华严法界观门通玄记》（[illegible]）存卷四。西夏抄本。黑水城遗址出土，俄罗斯科学院东方文献研究所藏。夏妙喜寺沙门慧海译自宋本嵩同名著作，对宗密《注华严法界观门》的讲疏（聂鸿音 2011a）。

《圆觉略疏注》，存残叶。西夏活字印本。宁夏贺兰山山嘴沟石窟出土，宁夏文物考古研究所藏。宗密所撰《大方广圆觉修多罗了义经略疏》的注释，所据汉文原本疑即宁夏贺兰山拜寺沟方塔所出《大方广圆觉修多罗了义经略疏注》，佚名夏译①。

① 释文及图版见宁夏文物考古研究所（2007），上册页 58—62，下册图版 34—43。

《三观九门枢钥》（[illegible]），一卷。西夏抄本。黑水城遗址出土，俄罗斯科学院东方文献研究所藏。佚名译自宋清觉所集汉文本（孙伯君 2019）。

不属于“华严禅”体系的中土作品也有一些，不过除了著名的《六祖坛经》和《净土十疑论》之外，其他翻译著作所据的汉文原本在今天的“大藏经”里大都已经见不到了：

《妙法莲华经心》（[illegible]），一卷。西夏抄本。黑水城遗址出土，俄罗斯科学院东方文献研究所藏。佚名译自汉文本《妙法莲华经心》，为《妙法莲华经》的持诵简本（孙伯君 2012c）。

《妙法莲华经纂要义镜注》（[illegible]），存残叶。西夏活字印本。宁夏贺兰山山嘴沟石窟出土，宁夏文物考古研究所藏。《妙法莲华经》的注释，内容接近唐窥基所撰《妙法莲华经玄赞》，佚名夏译（宁夏文物考古研究所 2007：上册页 63－81）。

《金刚般若经纂》（[illegible]），一卷。西夏殿前司鲜卑氏赎印本。黑水城遗址出土，俄罗斯科学院东方文献研究所藏（荒川慎太郎 2014）。另有同版残片若干，宁夏贺兰山山嘴沟石窟出土，宁夏文物考古研究所藏（宁夏文物考古研究所 2007：上册 57－58）。

《金刚般若略记》（[illegible]），存卷一及卷三。西夏抄本。黑水城遗址出土，俄罗斯科学院东方文献研究所藏。佚名译自某汉文本（西田 1977：25）。

《金刚般若义解记》（[illegible]），存卷二及卷四。夏沙门慧明校抄本。黑水城遗址出土，俄罗斯科学院东方文献研究所藏。佚名译自汉文本《金刚般若义记》（西田 1977：25）。

《六祖大师法宝坛经》，一卷。西夏抄本零叶。甘肃某地出土，分藏在中国国家图书馆、中国国家博物馆、北京大学图书馆、台湾中研院傅斯年图书馆。11 世纪下半叶佚名译自唐法海所集汉文《南宗顿教最上大乘摩诃般若波罗蜜六祖慧能大师于韶州大梵寺施法坛经》，纸背写西夏天赐礼盛国庆年间（1070—1074）瓜州审判记录（Solonin 2008b）。

《西方净土十疑论》（[illegible]），一卷。西夏刻本。黑水城遗址出土，俄罗斯科学院东方文献研究所藏。佚名译自宋沙门澄彧《净土十疑论注》（孙伯君、韩潇锐 2012）。

《达摩大师观心论》（[illegible]），一卷。夏乾祐四年（1173）刻本。黑水城遗址出土，俄罗斯科学院东方文献研究所藏。佚名译自汉文某禅宗文本，内容接近法国国家图书馆藏敦煌文献 P. 2047 号《达摩和尚绝观论》，首有长篇序言（孙伯君 2012d）。

《唐忠国师住光宅伽蓝内尔时众人问佛理二十五问答》（[illegible]），一卷。夏乾祐二十年（1189）刻本。黑水城遗址出土，俄罗斯科学院东方文献研究所藏。佚名译自某汉文本，部分内容勘同《景德传灯录》中的南阳慧忠语录（索罗宁 2007）。

《洪州宗师教仪》（[illegible]），一卷。西夏抄本。黑水城遗址出土，俄罗斯科学院东方文献研究所藏。佚名译自某中原禅宗著作（Solonin 1998）。

《洪州宗师校注诠解要记》（[illegible]），一卷。西夏抄本。黑水城遗址出土，俄罗斯科学院东方文献研究所藏。佚名译自沙门法修为《洪州宗师教仪》作的汉文注解本（Solonin 1998）。

《镜心录》，一卷。西夏刻本。黑水城遗址出土，俄罗斯科学院东方文献研究所藏。在辽道殿《镜心录》基础上编译而成（Solonin 2012a）。

《和南裴休禅师随缘集》（[illegible]），存卷二、卷三。夏五台山沙门张善广发愿刻本。黑水城遗址出土，俄罗斯科学院东方文献研究所藏。佚名译自学者马氏所集同名汉文本。

《世俗胜义二谛之义释要集记》（[illegible]

[illegible]），一卷。西夏光定十一年（1222）梁五月茂发愿抄本。黑水城遗址出土，俄罗斯科学院东方文献研究所藏。佚名译自某汉文本（Кычанов 1999：568－569）。

《近住八斋戒文》（[illegible]），一卷。夏天盛九年（1157）刻本，黑水城遗址出土，俄罗斯科学院东方文献研究所藏。佚名译自某汉文本（聂鸿音 2012d）。

《灯要》（[illegible]），存卷三。西夏刻本，黑水城遗址出土，俄罗斯科学院东方文献研究所藏。佚名译自某汉文禅宗史传著作，主要为六祖慧能第一批弟子志成、法达等人的传记，内容可大致勘同《景德传灯录》卷五，然多有删削。疑卷首题“灯要”意为“灯录辑要”（西田 1998）。

《志公大师十二时颂注解》（[illegible]），一卷。西夏写卷。甘肃武威亥母洞出土，武威市博物馆藏。《景德传灯录》中南朝僧宝志所作《志公和尚十二时颂》的西夏译本，有道圆注释（梁继红、陆文娟 2011）。

《大乘百法明镜集之要义释诠》（[illegible]），三卷。西夏草书写卷。黑水城遗址出土，俄罗斯科学院东方文献研究所藏。佚名译自某汉文本（Кычанов 1999：526）。

《诸法一心定慧圆满不可思议要门》（[illegible]），一卷。西夏抄本。黑水城遗址出土，俄罗斯科学院东方文献研究所藏。佚名译自沙门释子普至所造汉文本（Solonin 2014）。

《修禅要门》（[illegible]），一卷，西夏写卷。黑水城遗址出土，俄罗斯科学院东方文献研究所藏。佚名译自某汉文本（Кычанов 1999：557）。

《百字咒念诵要门》（[illegible]）一卷。西夏草书抄本。黑水城遗址出土，俄罗斯科学院东方文献研究所藏。佚名译自某汉文本（Кычанов 1999：556）。

《安立总集》（[illegible]），一卷。西夏嵬名慧护写卷。黑水城遗址出土，俄罗斯科学院东方文献研究所藏。佚名译自某汉文本（Кычанов 1999：583－584）。

《忏罪法偈》（[illegible]），一卷。西夏抄本。黑水城遗址出土，俄罗斯科学院东方文献研究所藏。佚名译自某汉文本（Кычанов 1999：511）。

《三忏罪偈》（[illegible]），一卷。西夏写卷。黑水城遗址出土，俄罗斯科学院东方文献研究所藏。佚名译自某汉文本（Кычанов 1999：511）。

《佛前烧香偈》（[illegible]），一卷。西夏抄本。黑水城遗址出土，俄罗斯科学院东方文献研究所藏。佚名译自某汉文本（Кычанов 1999：508）。

《赞三宝偈》（[illegible]），一卷。西夏抄本。黑水城遗址出土，俄罗斯科学院东方文献研究所藏。佚名译自某汉文本（Кычанов 1999：509）。

出自中土的佛教著作往往带有儒释道三家交融的特征，有的行文颇具文学色彩，其间甚至会出现汉文古书里的典故，这使得没有受过中原传统教育的译经僧感到难以处理。凡遇这种情况，译者往往就会误解，甚至因完全看不懂原文而把涉及典故的句子直接删除。例如《禅源诸诠集都序》开篇裴休序里的“吾丁此时不可以默矣”注：

> [illegible]，[illegible]，[illegible]，[illegible]。
>
> ［孔子重修俗文者，兴盛乐礼故也，皆不得已而为之，非如本意。］

这条注释的汉文本作：“仲尼删《诗》《书》，兴《礼》《乐》，皆不得已而为之，故述而不作，乃圣人贵道不贵迹意。”原意是说，孔子在当时的环境下只能希望通过修订典籍来倡导周朝初年的典章制度，自己却只讲述而不付诸文字，这是因为他更看重“道”而不在意自己写书留给后人。与西夏译文对比一下就可以明显看出，译者不但删掉了原文的“圣人贵道不贵迹”一层意思，而且根本就没有看出“诗书礼乐”是四部书的题目。又如“据会要而来者同趋”注：

《[illegible]》[illegible]：[illegible]，[illegible]，[illegible]。

[《周易》云：若据会要以观一方，则六合皆聚，如车轮之轴。]

这条注释的汉文本作：“《周易略例》云：据要会以观方来，则六合辐辏未足多也。”《周易略例》本句邢璹注作：“六合辐凑，不足称其多。”原文的“辐辏”仅仅是“四方汇聚”的比喻说法，“未足多”与西夏译文的“车轴”并无关连。非但如此，《禅源诸诠集都序》的译者还大幅简化了原文“莫不提耳而告之”注征引的《诗·大雅·抑》典故，以及“指掌而示之”注征引的《论语·八佾》典故，而“腹而拥之”注征引的《诗·小雅·蓼莪》典故甚至被译者全文删去了（聂鸿音 2010e）。

中原著作里刻本所占的比例超过了抄本，甚至超过了正统的佛经，表明这批著作虽然翻译质量较差，但毕竟迎合了西夏晚期在汉文化影响下形成的社会氛围，所以仍然受到了许多人的欢迎。

第二节　藏传佛书

与汉传佛经相比，西夏的藏传佛经译本更显零散而不成系统，完全不能用后来的“教派”予以统一划分。这些佛经的翻译往往是喇嘛的个人行为，即使是高僧的口传也大都是些临时记起的本门供养修行法之类，真正在皇家支持下产生的大型理论作品很少。事实上，我们至今只知道有高僧主持过皇家的法会，却没有发现西夏皇帝接受喇嘛“灌顶”的记载，由此可以感觉到藏传佛教在西夏的地位并不像在元代那样高。

在署有确切年代的藏文佛经译本中，时间最早的是《大乘圣无量寿经》（[illegible]）一卷，为夏天佑民安五年（1094）皇太后梁氏共崇宗皇帝发愿刊印。有俄罗斯科学院东方文献研究所藏本和日本天理大学藏本。原书译自藏文本 'phags pa tshe dang ye shes dpag tu med pa zhes bya ba theg pa chen po'i mdo，署皇太后梁氏共崇宗皇帝御译（西田 1962，孙颖新 2018b）。其后半个世纪的消息只见于西夏法典《天盛律令》卷十一，那里记载着要求番汉僧人在应试时熟读的佛经目录，其中以下几种可以确定是从藏文译来的：

仁王护国——即《圣大乘大千国守护经》（[illegible]

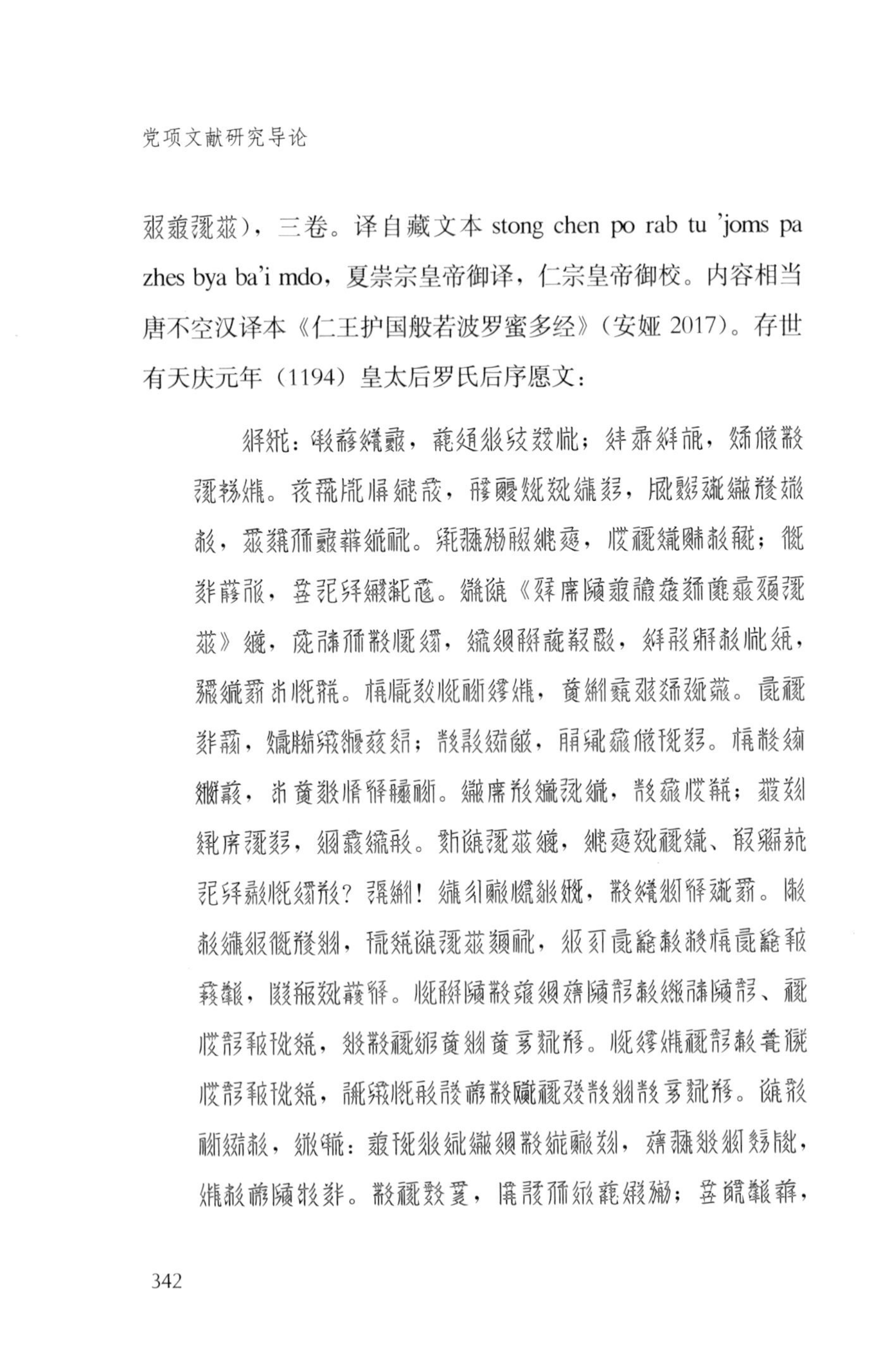

[illegible]），三卷。译自藏文本 stong chen po rab tu 'joms pa zhes bya ba'i mdo，夏崇宗皇帝御译，仁宗皇帝御校。内容相当唐不空汉译本《仁王护国般若波罗蜜多经》（安娅 2017）。存世有天庆元年（1194）皇太后罗氏后序愿文：

> [illegible]：[illegible]，[illegible]；[illegible]，[illegible]。[illegible]，[illegible]，[illegible]，[illegible]。[illegible]，[illegible]；[illegible]，[illegible]。[illegible]《[illegible]》[illegible]，[illegible]，[illegible]，[illegible]，[illegible]。[illegible]，[illegible]。[illegible]，[illegible]；[illegible]，[illegible]。[illegible]，[illegible]。[illegible]，[illegible]；[illegible]，[illegible]。[illegible]，[illegible]、[illegible]？[illegible]！[illegible]，[illegible]。[illegible]，[illegible]，[illegible]，[illegible]。[illegible]、[illegible]，[illegible]。[illegible]，[illegible]。[illegible]，[illegible]：[illegible]，[illegible]，[illegible]。[illegible]，[illegible]；[illegible]，

[illegible]

［恭惟：人迷至觉，不知衣系神珠；佛运悲心，开示尘封大典。常匿文于龙府，先说法于鹫峰，藉阐和性之究竟，启悟黔首之执迷。是以愈诸烦恼，定依法药之功；超度死生，实赖慈航之力。今此《仁王护国般若波罗蜜多经》者，诸宗之大法，众妙之玄门，穷心智而难知，尽视听而不得。开二谛则胜义显，消七难则吉庆明。万法生成，看似水漂浮泡；三世善恶，说如云雾遮空。得闻二种名号，胜过布施七宝。普王一时闻偈，定证三空；帝释百座宣经，拒四军众。故斯经岂非愈疾之法药、渡苦之慈航耶？哀哉！因念先帝宾天，施福供奉大觉。谨以元年亡故之日，请工刊刻斯经，印制番一万部、汉二万部，散施臣民。又请中国大乘玄密国师并宗律国师、禅法师，做七日七夜广大法会。又请演义法师并慧照禅师，做三日三夜地水无遮清净大斋法事。以兹胜善，伏愿：护城神德至懿太上皇帝，宏福暗佑，净土往生。举大法幢，遨游毘卢华藏；持实相印，入主兜率内宫。又愿：宝位永在，帝祚绵

延，六祖地久天长，三农风调雨顺。家邦似大海之丰，社稷如妙高之固，四方富足，万法弥昌。天下众臣，同登觉岸；地上民庶，悉遇龙华。]

文殊真实名——即《圣妙吉祥真实名经》（[illegible]）[1]，一卷。佚名译自藏文本 'phags pa' jam dpal gyi mtshan yang dag par brjod pa'i mngon par rtogs pa。内容相当元释智汉译本《圣妙吉祥真实名经》（林英津 2006a）。

大随求——即《圣大明王母随求皆得经》（[illegible]），三卷。译自藏文本 'phags pa rig pa'i rgyal mo so sor 'brang ba chen mo，仁宗皇帝御校。内容相当唐不空汉译本《普遍光明清净炽盛如意宝印心无能胜大明王大随求陀罗尼经》（张九玲 2017）。

孔雀经——即《种咒王母大孔雀经》（[illegible]），三卷。译自藏文本 rig sngags kyi rgyal mo rma bya chen mo，仁宗皇帝御校。内容相当唐不空汉译本《佛母大孔雀明王经》（王静如 1932b）。

由西夏政府组织翻译的藏传佛典只有所谓“五部经”，其中的“仁王护国”“大随求”和“孔雀经”已被列入试经必读，

---

① “妙吉祥”意译梵文 Mañjuśrī（文殊室利）。

所以存世量很大。其余两部经是：

《大寒林经》（[illegible]），一卷。译自藏文本 bsil ba'i tshal chen po'i mdo，仁宗皇帝御校。内容相当宋法天汉译《大寒林圣难拏陀罗尼经》（Grinstead 1973：2184－2194）。

《大密咒受持经》（[illegible]），一卷。西夏抄本。译自藏文本 gsang sngags chen po rjes su 'dzin pa'i mdo，仁宗皇帝御译（Кычанов 1999：478－480）。

这“五部经”是在政府支持下产生的唯一一部大型藏传作品，在12世纪下半叶有一次皇家主持的集中刊印，下面是该书的序言全文（聂鸿音 2013a）：

> [illegible]：[illegible]，[illegible]，[illegible]，[illegible]，[illegible]；[illegible]，[illegible]？[illegible]，[illegible]。[illegible]，[illegible]，[illegible]，[illegible]。[illegible]，[illegible]；[illegible]，[illegible]？[illegible]，[illegible]，[illegible]，[illegible]。[illegible]，[illegible]，[illegible]，[illegible]。[illegible]，[illegible]。[illegible]，[illegible]，[illegible]，[illegible]。[illegible]，[illegible]，[illegible]《[illegible]》[illegible]：[illegible]，[illegible]。[illegible]，[illegible]。[illegible]

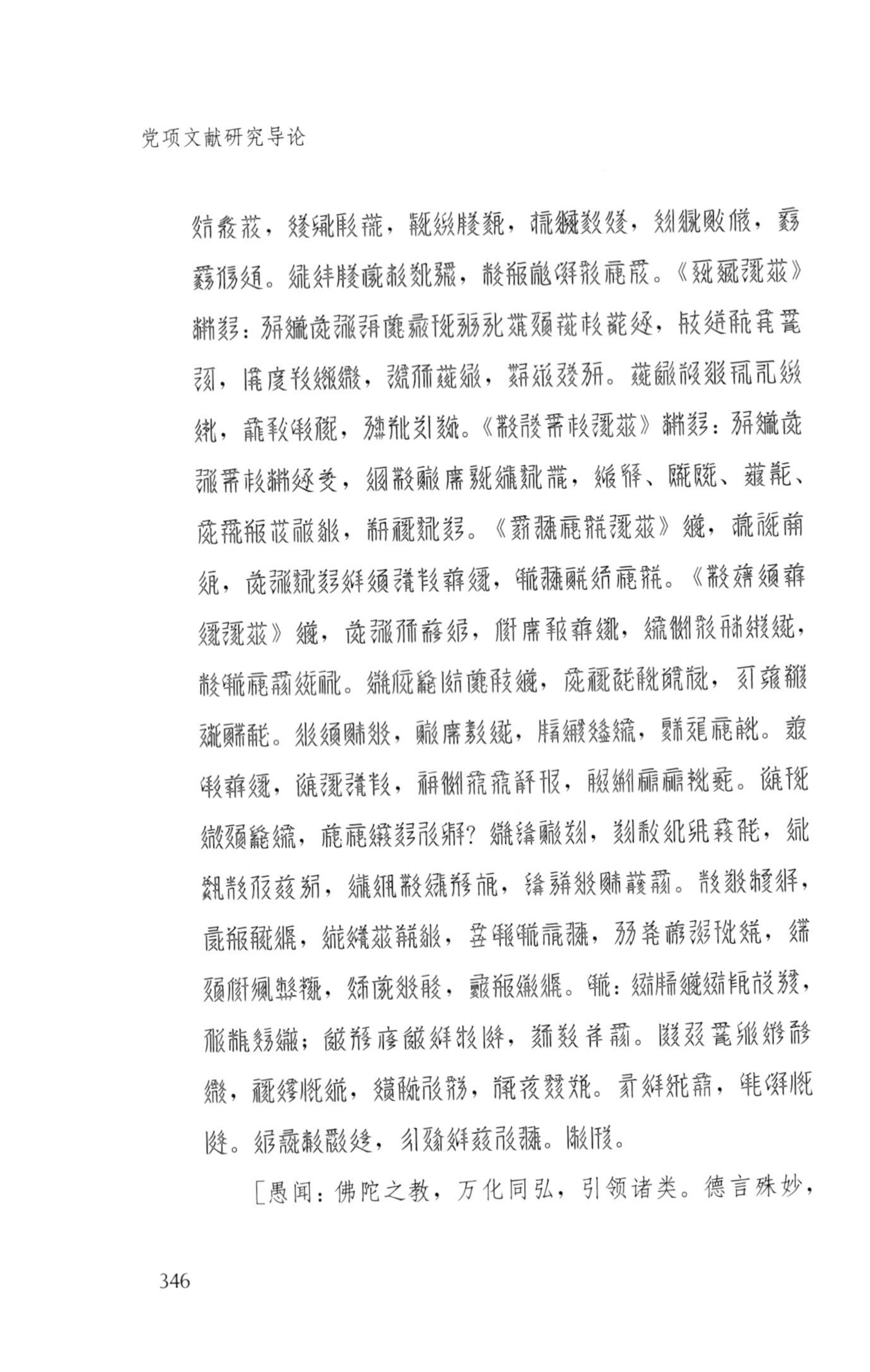

[illegible]，[illegible]，[illegible]，[illegible]，[illegible]，[illegible]。[illegible]，[illegible]。《[illegible]》[illegible]：[illegible]，[illegible]，[illegible]，[illegible]，[illegible]。[illegible]，[illegible]，[illegible]，[illegible]。《[illegible]》[illegible]：[illegible]，[illegible]，[illegible]、[illegible]、[illegible]、[illegible]，[illegible]。《[illegible]》[illegible]，[illegible]，[illegible]，[illegible]。《[illegible]》[illegible]，[illegible]，[illegible]，[illegible]，[illegible]。[illegible]，[illegible]。[illegible]，[illegible]，[illegible]，[illegible]。[illegible]，[illegible]，[illegible]，[illegible]。[illegible]，[illegible]？[illegible]，[illegible]，[illegible]，[illegible]，[illegible]。[illegible]，[illegible]，[illegible]，[illegible]，[illegible]，[illegible]，[illegible]。[illegible]：[illegible]，[illegible]；[illegible]，[illegible]。[illegible]，[illegible]，[illegible]，[illegible]。[illegible]，[illegible]。[illegible]，[illegible]。[illegible]。

［愚闻：佛陀之教，万化同弘，引领诸类。德言殊妙，

智聪人难悟其宗；至理幽玄，根劣者焉量其体？方便穷思，威灵莫计。一乘开阐，千界摄持，缩则入于微尘，盈则遍至十方。圆融似海，无际无边；虚旷如冥，叵明叵测。周国式微，如来西现，汉王初兴，摩腾东至[①]。如同夜梦，乃转明言，译贝多字[②]，教导愚顽。善本一时出现，教法万古常行。昔我佛度死海沉沦之苦，救火宅焚灼之灾[③]，具足慈心，乃发誓愿。利益一切有情故，遂造五部经。其中《守护大千国土经》曰：一时如来住鹫峰山，比丘俱来逝多林。摩竭提国阿阇世王布施珍宝，诚信供养。尔时大地震动，烟云普覆，恶风雷震，雨雹霹雳，日月无光，星宿隐蔽。我佛以天眼观察，悉见人民惶怖。《孔雀经》曰：一时世尊在室罗伐城边逝多林园，有一苾刍娑嚩底，学毘奈耶教[④]，为众破薪，营澡浴事。毒蛇从朽木孔骤出，奔踊螫人，即伤其趾。《大寒林经》曰：尔时世尊于寒林中，四大天王黄昏而往，药叉、犍闼婆、供畔拏[⑤]、

① 摩腾东至，这里指东汉摄摩腾白马传经事。

② 贝多字，在贝多罗叶片上写的字，这里指梵文。

③ 火宅，即“火宅喻”，著名的“《法华》七喻”之一，把人所处的凡间比喻为即将着火的大宅院。

④ 毘奈耶，梵文 Vinaya 的音译，即“经律论”三藏里的“律”。

⑤ 犍闼婆，梵文 Gandharva 的音译，即“乐神”。供畔拏，梵文 Kumbhāṇḍa 的音译，即“瓮形鬼”。

诸龙扰恼人民故，乃说忏法。《随求皆得经》者，婆罗门所问，诵读受持世尊所说心咒，皆得随愿满足。《大密咒受持经》者，世尊真言，梵王持受，除断羣魔，悉成诸愿。今五部陀罗尼者，造作诸法异形，随从一乘同体。神咒功广，能遣天王，勇力通灵，全消鬼魅。若人受持，读诵斯经，降伏所有邪魔，远离一切灾祸。如是众类部多，悉皆言之不尽。当今皇帝，权威镇摄九皋，德行等同三平，行前朝之大法，成当今之巨功。敬礼三宝，饶益万民，上证佛经故，乃发诚信愿，延请鹫峰比丘，速译贝多梵字，广传尘界，永利愚蒙。愿：修善者善根茂盛，径达彼岸；做恶者恶心止息，成就菩提。臣齐丘稍学诗赋，未通教理，不敢违诏，乃撰序文。身心思忖，惶恐不已。语句虽俗，其合圣主之心。谨呈。]

当然，经文的实际译者来自印度的“鹫峰”是不大可能的，这里的“鹫峰”必是对西藏某个地方的美称。

除去考试用书以外，有确切题署的仁宗校译本大致有以下几种：

《圣胜慧到彼岸功德宝集偈》（祈飬豵犕繖紌賗豥彁彏），三卷。仁宗时期刻本。黑水城遗址出土，俄罗斯科学院东方文献研究所藏。12 世纪下半叶显密法师周慧海等奉诏译自藏文本

'phags pa shes rab kyi pha rol tu phyin pa sdud pa tshigs su bcad pa，仁宗皇帝再详勘（段玉泉 2014）。

《胜慧到彼岸要门教授现证庄严论诠颂》（[illegible]），或译“胜慧到彼岸要论教学现前解庄严论显颂”。存卷一、卷二及卷五。光定六年（1216）抄卷。黑水城遗址出土，俄罗斯科学院东方文献研究所藏。《般若波罗密多优波提舍论现观庄严颂》的偈颂体注释，译自藏文本 shes rab kyi pha rol tu phyin pa'i man ngag gi bstan bcos mngon par rtogs pa'i rgyan zhes bya ba'i 'grel pa，比丘李慧明、国师杨智幢等共译，仁宗皇帝再详勘。

《等持集品》（[illegible]），一卷。西夏刻本。黑水城遗址出土，俄罗斯科学院东方文献研究所藏。译自藏文本 ting nge 'dzin gyi tshogs kyi le'u zhes bya ba，功德司正国师德源译，仁宗皇帝再详勘（Nie 2014）。

《入菩提萨埵行法》（[illegible]），三卷。西夏卷子装刻本。黑水城遗址出土，俄罗斯科学院东方文献研究所藏。讲经律论沙门国师德源奉诏译自藏文本 byang chub sems dpa'i spyod la 'jug pa[1]，即“入菩萨行”。

---

① 原件上没有说是仁宗皇帝再详勘，但“德源奉诏译”可以证明这部译著得到了皇帝的认可。

《正道照心》（[illegible]），不分卷1册。西夏抄本。黑水城遗址出土，俄罗斯科学院东方文献研究所藏。沙门善海奉诏译，原本来历不详。

汉传佛经的民间译者一般不在自己的作品上署名，而藏传佛经却偶有译者习惯署名[①]，这大概是沿袭了藏文佛经的传统。已知署有译者姓名的译作有[②]：

《吉祥遍至口合本续》（[illegible]），五卷。12世纪末高法慧活字印本。宁夏贺兰山拜寺沟方塔遗址出土，宁夏文物考古研究所藏。报恩利民寺副使白菩提福译自藏文本 dpal kun tu kha sbyor zhes bya ba'i rgyud，内容近于迦耶达啰共释迦益西所译藏文本《真实相应大本续》（孙昌盛 2015）。

《吉祥遍至口合本续之科文》（[illegible]）一卷，《吉祥遍至口合本续之条理文》（[illegible]）二卷，《吉祥遍至口合本续之解生喜解疏》（[illegible]）五卷，12世纪末期高法慧活字印本。宁夏贺兰山拜寺沟方塔遗址出土，宁夏文物考古研究所藏。报恩

① 如果译者和传经者是地位很高的僧官，则会在作品上署名。详见下节。

② 以下经题的翻译和藏文考源主要参考西田龙雄（1977）和克恰诺夫（Кычанов 1999）所定。由于学界对西夏藏传佛教著作的研究深度不及汉传，所以译文并不敢保证完全正确，有些译著所据的藏文原本也不能寻出。

利民寺副使白菩提福译，藏文本《吉祥遍至口合本续》的讲疏（宁夏文物考古研究 2005：78－143）。

《喜金刚本续记》（[Tangut]），一卷。西夏抄本。黑水城遗址出土，俄罗斯科学院东方文献研究所藏。番译主比丘慧戒译自藏文本 kye'i rdo rje zhes bya ba rgyud kyi rgyal po，内容接近唐不空译《佛说大悲空智金刚大教王仪轨经》。

《新译常所作略记》（[Tangut]），一卷。西夏写卷。黑水城遗址出土，俄罗斯科学院东方文献研究所藏。番译主比丘慧戒译自藏文本（Кычанов 1999：571－572）。

《菩提萨埵所学道果一并诠释宝炬》（[Tangut]），三卷。西夏抄本。黑水城遗址出土，俄罗斯科学院东方文献研究所藏。五明现生寺院定经律论沙门慧照译自宝狮子所造某藏文本[①]。

《入菩提萨埵行法记》（[Tangut]），一卷。西夏写卷。黑水城遗址出土，俄罗斯科学院东方文献研究所藏。译自藏文本 Byang chub sems dpa'i spyod pa la 'jug pa'i rnam par bshad pa，五明现生寺院沙门慧照译。

《圣能断金刚胜慧到彼岸大乘经》（[Tangut]

① 克恰诺夫（Кычанов 1999：513）把俄藏 инв. № 5129 卷首题款里的“[Tangut]”（宝狮子师）误录成了“[Tangut]”（宝狮子法）。

[illegible]），一卷。西夏抄本。黑水城遗址出土，俄罗斯科学院东方文献研究所藏。沙门慧照译自藏文本 'phags pa shes rab kyi pha rol tu phyin pa rdo rje gcod pa zhes bya ba theg pa chen po'i mdo，内容相当唐玄奘汉译本《能断金刚般若波罗蜜多经》。

《欲乐圆融法要门》（[illegible]），或译“欲乐元混令顺要论”。一卷。夏光定未年（1223）抄本。黑水城遗址出土，俄罗斯科学院东方文献研究所藏。吐蕃那啰巴传，沙门慧照译。

《增寿次第成就要门》（[illegible]），或译“寿增定次主承次要论”。一卷。西夏抄本。黑水城遗址出土，俄罗斯科学院东方文献研究所藏。沙门慧照译自某藏文本。

《心习次第》（[illegible]），一卷。西夏和尚戒慧草书写卷。黑水城遗址出土，俄罗斯科学院东方文献研究所藏。比丘慧照译自藏文本，内容近似马鸣菩萨造，Padmākaravarman、Rin chen bzang po 所译 don dam pa byang chub kyi sems bsgom pa'i rim pa yi ger bris pa 及 kun rdzob byang chub kyi sems bsgom pa'i man ngag yi ger bris pa。

《善住仪轨》（[illegible]），一卷。西夏抄本。黑水城遗址出土，俄罗斯科学院东方文献研究所藏。五明现生寺院比丘慧照译自藏文本 rab tu gnas pa'i cho ga，西天五明大师 Sumatikīrti 原著，御前路赞讹 Prajñākīrti 译藏文。

《拙火剂门集》，拟题。一卷。西夏抄本。黑水城遗址出土，俄罗斯科学院东方文献研究所藏。那啰巴道次，沙门慧照译。那若六法之拙火修法各种剂门的合集，内容多可勘同存世汉文本《大乘要道密集》（孙伯君 2014c）。

《六法自体要门》（[illegible]），一卷。西夏苏慧德写卷。黑水城遗址出土，俄罗斯科学院东方文献研究所藏。沙门慧照译那啰巴传本。

《六法圆融道次》（[illegible]），一卷。西夏抄本。黑水城遗址出土，俄罗斯科学院东方文献研究所藏。沙门慧照译自雅砻辛巴所集藏文本。

《求岸法略集要门》（[illegible]），或译“岸求顺略集要论”。一卷。抄本。黑水城遗址出土，俄罗斯科学院东方文献研究所藏。国师慧照译自某藏文本。

《伏藏变化枢钥》（[illegible]），或译“伏藏变化解键”。一卷。西夏抄本。黑水城遗址出土，俄罗斯科学院东方文献研究所藏。知解三藏辨番羌语法师沙门郭法慧译自某藏文本。

《吉有恶趣清净本续科》（[illegible]），或译

“吉有恶趣净令本断纲”。西夏写卷。黑水城遗址出土，俄罗斯科学院东方文献研究所藏。吐蕃大瑜伽士坚参札巴所集藏文本的提纲，西夏吉云山慧净国师沙门法慧译。

《伏见法》（[illegible]），或译“见顺伏文”。一卷。西夏抄本。黑水城遗址出土，俄罗斯科学院东方文献研究所藏。圣宫沙门法慧译自藏文本 lta-ba’i rim-pa bshad-pa。行间有小字注释。

《吉祥上乐轮中有身入定次第》（[illegible]），或译“吉祥上乐轮随中有身定入法次”。不分卷 1 册。西夏抄本。黑水城遗址出土，俄罗斯科学院东方文献研究所藏。西夏沙门法慧译自某藏文本。

《究竟一乘圆明心义》（[illegible]），一卷。西夏刻本。黑水城遗址出土，俄罗斯科学院东方文献研究所藏。禅光山沙门慧护译自某藏文本。

《大乘瑜伽士入道法大宝聚集要门》（[illegible]），或译“大乘默有者道中入顺大宝聚集要论”。三卷。夏苏慧德存刻本。黑水城遗址出土，俄罗斯科学院东方文献研究所藏。兰山沙门德慧译自某藏文本。

《吉祥护法大集供养》（[illegible]），或译“吉祥法护大集主求”。一卷。黑水城遗址出土，俄罗斯科学院东方文献研究所藏。兰山沙门德慧译自某藏文本。

《吉祥世尊总持紧魔断施调伏法》（[illegible]），或译“吉有世尊之总持紧魔断施调伏顺”。一卷。西夏抄本。黑水城遗址出土，俄罗斯科学院东方文献研究所藏。夏路赞讹法善译自某藏文本（Кычанов 1999：538）。

大量没有译者署名的作品甚至没有经过最初步的研究，其内容和来源迄今还不清楚。这些译著大都以抄本的形式作为寺院的典藏，而没有形成刻本或者众多抄本在民间流通。一般说来，这类著作如果有刻本，就很有可能是元代的，例如：

《圣一切如来顶髻所出白伞佛母无敌者大回转明咒大荫王总持》（[illegible]），一卷。黑水城遗址出土，俄罗斯科学院东方文献研究所藏。佚名译自藏文本 ’phags pa de bzhin gshegs pa thams cad kyi gtsug tor nas byung ba gdugs dkar mo can zhes bya ba gzhan gyis mi thub ma phyir zlog pa’i rig sngags kyi rgyal mo chen mo。内容相当元沙啰巴汉译本《佛顶大白伞盖陀罗尼经》（松泽 1974）。

《药光海生金刚文二部》（[illegible]），一卷。西夏抄本。黑水城遗址出土，俄罗斯科学院东方文献研究所藏。夏番汉三学院沙门慧明译自阿密形鲁割所撰藏文本

（Кычанов 1999：599－560）。

不署译者的抄本迄今经过整体研究的有：

《圣广大宝楼阁善住妙秘密微王总持经》（[illegible]），三卷。西夏抄本。黑水城遗址出土，俄罗斯科学院东方文献研究所藏。译自藏文本 'phags pa nor bu chen po rgyas pa'i gzhal med khang shin tu rab tu gnas pa gsang ba dam pa'i gsang ba'i cho ga zhib mo'i rgyal po zhes bya ba'i gzungs，内容相当唐不空汉译本《大宝广博楼阁善住秘密陀罗尼经》（麻晓芳 2014）。

《尊者圣妙吉祥增智慧觉总持》（[illegible]），一卷。西夏抄本。甘肃武威小西沟岘出土，甘肃省博物馆藏。佚名译自藏文本 rje btsun 'phags pa 'jam dpal gyis shes rab dang blo 'phel ba zhes bya ba'i gzungs（段玉泉 2012b）。

《胜慧到彼岸八千颂中受持功德说》（[illegible]），一卷。西夏写卷。黑水城遗址出土，俄罗斯科学院东方文献研究所藏。译自藏文本 'phags pa shes rab kyi pha rol tu phyin pa brgyad stong ba 'dzin pa'i yon tan yongs su brjod pa，佚名夏译（Nevsky，石滨纯太郎 1930b）。

《七功德谭》（[illegible]），一卷。西夏抄本。黑水城遗址出土，俄罗斯科学院东方文献研究所藏。译自藏文本 Yon tan bdun yongs su brjod pa'i gtam（胡进杉 2011）。

《圣摩利天母总持》（[illegible]），一卷。西夏抄本。中国西域出土，日本天理大学图书馆藏。佚名译自藏文本 'phags ma 'od zer can zhes bya ba'i gzungs。内容相当梁失译汉文本《佛说摩利支天陀罗尼咒经》（松泽 1990）。

《亥母耳传记》（[illegible]），一卷。西夏抄本。黑水城遗址出土，俄罗斯科学院东方文献研究所藏。西番中国松巴明满名称师造藏文本，佚名夏译。内容相当黑水城出土汉文本《四字空行母记文》（孙伯君 2014b）。

《大手印定引导略文》（[illegible]），一卷。西夏抄本。黑水城遗址出土，俄罗斯科学院东方文献研究所藏。佚名译自某藏文本。内容勘同《大乘要道密集》所收汉本《大手印赤引定要门》（孙伯君 2011e）。

下面这些译著虽然不详译者，但是经过学者的研究著录，其性质大致可以确定，只不过对少部分作品的题目翻译和内容勘同还不敢说有绝对把握。

《不动总持》（[illegible]），一卷。西夏行书写卷。黑水城遗址出土，俄罗斯科学院东方文献研究所藏。佚名译自 Dharmaśrīmitra 和 Chos kyi bzang po 所译藏文本 'phags pa mi g · yo ba zhes bya ba'i gzungs（西田 1977：27）。

《如来应供真实究竟正觉一切恶趣清净威德王释》（[illegible]），三卷。西夏写卷。黑水城遗址出土，俄罗斯科学院东方文献研究所藏。佚名译自 Kumārakalaśa 和 Kyung po chos brtson 所译藏文本 de bzhin gshegs pa dgra bcom pa yang dag par rdzogs pa'i sangs rgyas ngan song thams cad yongs su sbyong ba gzi brjid kyi rgyal po zhes bya ba'i brtag pa'i bshad pa（西田 1977：35）。

《入二谛法》（[illegible]），或译“二谛于入顺”。存卷一及卷三。西夏抄本。黑水城遗址出土，俄罗斯科学院东方文献研究所藏。佚名译自藏文本 bden pa gnyis la 'jug pa（西田 1977：30）。

《胜相顶尊佛母供养本》（[illegible]），一卷。西夏写卷。黑水城遗址出土，俄罗斯科学院东方文献研究所藏。佚名译自藏文本 'phags ma gtsug tor rnam par rgyal ma'i sgrub thabs（西田 1977：24）[1]。

《发菩提心法事诸本》（[illegible]），一卷。西夏写卷。黑水城遗址出土，俄罗斯科学院东方文献研究所藏。佚名转译自 Surentrabodhi 和 Ye shes sde 所译藏文本 Byang chub

---

① 西田龙雄的这个鉴定有些疑问——藏文经题的实际意思是“圣顶尊佛母成就法”。

tu sems bskyed pa'i cho ga，龙树菩萨原撰（西田 1977：57）。

《菩提心之念定》（[illegible]），一卷。西夏写卷。黑水城遗址出土，俄罗斯科学院东方文献研究所藏。佚名译自藏文本 byang chub kyi sems bsgom pa（西田 1977：57）。

《圣妙吉祥赞》（[illegible]），一卷。西夏行书抄本。黑水城遗址出土，俄罗斯科学院东方文献研究所藏。佚名译自藏文本 'phags pa 'jam dpal la bstod pa（西田 1977：52）。

《十五天母赞》（[illegible]），一卷。西夏抄本。黑水城遗址出土，俄罗斯科学院东方文献研究所藏。佚名译自形噜割大师所造藏文本 bdag med ma lha mo bco lnga la bstod pa（Кычанов 1999：487）。

《正理滴殊胜造》（[illegible]），存三卷。西夏写卷。黑水城遗址出土，俄罗斯科学院东方文献研究所藏。佚名译自 Chos kyi grags pa 所造藏文本 rigs pa'i thigs pa zhes bya ba'i rab tu byed pa（西田 1977：45）。

《正理滴句义疏》（[illegible]），或译“正理滴之句义显具”。存卷一。西夏瑞讹吉祥铁写卷。黑水城遗址出土，俄罗斯科学院东方文献研究所藏。佚名译自 Dpal brtsegs 大师所集藏文本 rigs pa'i thigs pa'i don bsdus pa（Кычанов 1999：502－503）。

《新译噜伊巴现证之释疑难记》（[illegible]），或译“新译留伊波现前了之难所释记”。一卷。西夏抄本。黑水城遗址出土，俄罗斯科学院东方文献研究所藏。佚名译自 De bzhin gshegs pa’i rdo rje 所造藏文本 lu yi pa’i mngon par rtogs pa’i ’grel-pa sdom pa ’byung ba zhes bya ba（西田 1977：18）。

《金刚乘本》（[illegible]），或译“番言金刚王乘根”。不分卷 1 册。西夏写卷。黑水城遗址出土，俄罗斯科学院东方文献研究所藏。马鸣菩萨造，佚名转译自某藏译本（Кычанов 1999：594）。

《圣千手千眼观自在供养法》（[illegible]），或译“番言圣观自主千手千眼之供顺”。一卷。西夏抄本。黑水城遗址出土，俄罗斯科学院东方文献研究所藏。佚名译自西天大师 Candragomin 所造藏文本（Кычанов 1999：540－541）。

《极乐净土求生偈》（[illegible]），一卷。西夏刻本。黑水城遗址出土，俄罗斯科学院东方文献研究所藏。佚名译自吐蕃沙门 Klu’i rgyal mtshan 所集藏文本（聂鸿音 2013b）。

《四十种空幢要门》（[illegible]），一卷。西夏抄本。黑水城遗址出土，俄罗斯科学院东方文献研究所藏。佚名译自西天大师阿底峡所集藏文本（Кычанов 1999：548－549）。

《诠入谛法庄严偈》（[illegible]），或译“察入顺记验庄严颂”，存卷一、卷二及卷八。西夏写卷。黑水城遗址出土，俄罗斯科学院东方文献研究所藏。佚名译自西蕃中国菩提勤师所撰藏文本（Кычанов 1999：509－510）。

《胜慧到彼岸要门教学现前解庄严注释疏》（[illegible]），存卷五。夏应天四年（1209）写卷。黑水城遗址出土，俄罗斯科学院东方文献研究所藏。佚名译自藏文本（Кычанов 1999：525）。

《入二谛论之义解记》（[illegible]），或译“二谛于入顺本母之义解记”。一卷。夏乾祐九年（1178）抄本。黑水城遗址出土，俄罗斯科学院东方文献研究所藏。佚名译自菩提狮子所造藏文本（Кычанов 1999：567）。

《金刚瑜祇母观想仪轨》（[illegible]），或译“金刚王默有母之思定作顺”。一卷。西夏抄本。黑水城遗址出土，俄罗斯科学院东方文献研究所藏。佚名译自尊者中国上师雅砻辛巴所传藏文本（Кычанов 1999：539－540）。

《以等持摄四主法》（[illegible]），或译“等持以四主承顺”。一卷。西夏抄本。黑水城遗址出土，俄罗斯科学院东方文献研究所藏。雅砻辛巴法狮子师所传藏文本（Кычанов 1999：541－542）。

《依金刚瑜祇母修智烧施法要门》（[illegible]），或译“金刚王默有母随智火恭造顺要论”。一卷。西夏草书抄本。黑水城遗址出土，俄罗斯科学院东方文献研究所藏。蕃中国上师雅砻沙传，佚名夏译（Кычанов 1999：555－556）。

《菩提心及常所作法事》（[illegible]），一卷。夏天庆四年（1197）抄卷。黑水城遗址出土，俄罗斯科学院东方文献研究所藏。佚名译自 Shes rab seng ge 所著藏文本（Кычанов 1999：528－529）。

《菩提心及常所作法事门总记合文》（[illegible]），或译“菩提心及常作当法事门一院记文合”。一卷。西夏抄本。黑水城遗址出土，俄罗斯科学院东方文献研究所藏。佚名译自藏文本（Кычанов 1999：576）。

《正理空幢要门》（[illegible]），一卷。西夏瑞讹黑铁写卷。黑水城遗址出土，俄罗斯科学院东方文献研究所藏。佚名译自某藏文本（Кычанов 1999：550－551）。

《正理空幢要门枢钥》（[illegible]），或译“正义空幢要论锁开”。一卷。西夏写卷。黑水城遗址出土，俄罗斯科学院东方文献研究所藏。佚名译自某藏文本（Кычанов 1999：551）。

《大手印三种义喻》（[illegible]），一卷。西夏抄本。黑水城遗址出土，俄罗斯科学院东方文献研究所藏。佚名译自某藏文本。现存部分共包括《大手印依次入法》《大手印静虑八法》《大手印九喻九法要门》《大手印除遣增益损减要门》《大手印湛定鉴慧觉受要门》《大手印八镜要门》《大手印九种光明要门》《大手印十三种法喻》《大手印修习人九法》《大手印三种法喻》《大手印修习人九种留难》等，内容勘同《大乘要道密集》卷四所收汉文本（孙伯君、聂鸿音 2018：206－244）。

《成就真实智性承受次第》（[illegible]），或译“正性智重成就中自摄受次”。一卷。西夏写卷。黑水城遗址出土，俄罗斯科学院东方文献研究所藏。佚名译自天竺大钵弥怛金刚足所造藏文本（Кычанов 1999：586－587）。

《五部法界都序》（[illegible]），存卷三。西夏戒法师抄本。黑水城遗址出土，俄罗斯科学院东方文献研究所藏。佚名译自藏文本（Кычанов 1999：598）。

《五佛亥母略供养本》（[illegible]），或译“五佛亥母随略供养根”。存卷一。夏光定戌年（1216）在家和尚孙慧宝发愿抄本。黑水城遗址出土，俄罗斯科学院东方文献研究所藏。佚名译自某藏文本（Кычанов 1999：592－593）。

《阿閦佛广大供养本》（[illegible]），或译“不动佛随广大供养根”。存卷一。毛慧宝发愿写卷。黑水城遗址出土，俄罗斯科学院东方文献研究所藏。佚名译自某藏文本（Кычанов 1999：593）。

《圣幼母供养仪轨》（[illegible]），或译“圣幼母随供养作顺”。存卷一。夏野货梁势发愿写卷。黑水城遗址出土，俄罗斯科学院东方文献研究所藏。佚名译自某藏文本（Кычанов 1999：534－535）。

《圣多闻天王宝藏本续一并十八部供养法》（[illegible]），或译“圣多闻天王之宝藏本续随一院十八部供法”。一卷。夏野货成法写卷。黑水城遗址出土，俄罗斯科学院东方文献研究所藏。佚名译自某藏文本（Кычанов 1999：535）。

第三节　本 土 撰 述

到目前为止，还没有确切的证据表明西夏人为哪一部佛经做过学术性的注释，给人的感觉是西夏有佛教却没有真正的佛学，事实上西夏的本土撰述为数极少且理论价值不高。下面几部书的题款中都有“造”（[illegible]）字或“集”（[illegible]）字，似乎表明是西夏人的原创，但那些不过是篇幅短小的供养修行法，或者从别的经书里摘录一些片断拼凑成书，至多起到一点普及佛教的作用，谈不上对佛学有什么贡献。

《依金刚亥母以净瓶作亲诵法》（[illegible]），一卷。西夏草书抄本。黑水城遗址出土，俄罗斯科学院东方文献研究所藏。大度民寺觉照国师法狮子造（Кычанов 1999：539）。

《三十五佛忏罪要门》（[illegible]），一卷。西夏文写卷。黑水城遗址出土，俄罗斯科学院东方文献研究所藏。觉行法师沙门德慧造（孙伯君 2013d）。

《大印究竟要集》（[illegible]），一卷。西夏刻本[1]。黑水城遗址出土，俄罗斯科学院东方文献研究所藏。兰山沙门德慧集（Кычанов 1999：583）。

《金刚般若科目经偈义集解略记》（[illegible]），一卷。西夏抄本。黑水城遗址出土，俄罗斯科学院东方文献研究所藏。黑山沙门善愿集汉文，佚名夏译（Кычанов 1999：573－574）。

比较有趣的是俄罗斯科学院东方文献研究所黑水城特藏里的《金光明总持经》（[illegible]）抄本（Кычанов 1999：

① 从文本的存世量看，这大约是在西夏流传最广的本土著作。

473）。题目中的“经”（[illegible]）很容易让人们猜想那是一部完整的著作，但实际上却是把夏仁宗重校本《金光明最胜王经》中的陀罗尼摘抄出来编在一起的。另一个《阿含经》抄本实际上是后秦佛陀耶舍共竺佛念汉译本《佛说长阿含经》卷十一及晋沙门释道安撰《增一阿含经》卷二十四至卷二十七的节译（汤君 2013）。这两种书可以勉强算是西夏人自己的作品，就像中原人把“史钞”也算成作品那样。

如果把“本土撰述”的标准再放宽些，则可以把几个藏族喇嘛在西夏传授的经文纳入其中。这些作品有些是来自喇嘛头脑中记忆的正统经文，有的恐怕是他们自己一派师承特有的修行仪轨，我们只知道当时的传授方式是由喇嘛口述藏语，然后由另外的僧人译成西夏文的，其间难免会加入传经者本人的理解，也就是说，会与藏文的原典有些差异。无论是传经者还是译者，一般都是西夏政府里地位很高的僧官，他们的任务是为皇室提供宗教服务，他们的作品自然会在一定程度上受到朝野的重视。下面这些作品都保留着传经者和译者的题名，但是从现存的藏文大藏经里很难找到完全对当的文本，也就是说，其真正的来源不详。

《阿弥陀经》（[illegible]），一卷。夏仁宗时期刻本。黑水城遗址出土，俄罗斯科学院东方文献研究所藏。12 世纪下半叶贤觉帝师沙门显胜等传，仁宗皇帝御校。内容相当姚秦鸠摩罗什汉译本《佛说阿弥陀经》(孙伯君 2011c)。

《一切如来百字要门》([illegible])，一卷。西夏抄本。黑水城遗址出土，俄罗斯科学院东方文献研究所藏。贤觉帝师共西天五明钵弥怛等传，显密法师功德司副周慧海译。内容相当后魏菩提流支汉译本《百字论》。

《瑜伽自心自恋要门》([illegible])，或译“默有自心自恋要论”。一卷。西夏抄本。黑水城遗址出土，俄罗斯科学院东方文献研究所藏。贤觉帝师传，佚名夏译。

《依圣观自在大悲心护摩法事》([illegible])，存卷一。西夏写卷。黑水城遗址出土，俄罗斯科学院东方文献研究所藏。夏贤觉帝师传，佚名夏译。

《依吉祥上乐轮以狮子卧令正觉修顿定要门》([illegible])，或译“吉祥上乐轮随狮子卧以定正修顺要论”。一卷。西夏抄本。黑水城遗址出土，俄罗斯科学院东方文献研究所藏。大乘玄密帝师沙门慧称集，兰山觉行国师沙门德慧译。

《依吉祥上乐轮下根人入拙火定入心风气要门》([illegible])，或译“吉祥上乐轮随耶稀鸠稀字咒以前尊习为识过定入顺要论”。一卷。西夏草书抄本。黑水城遗址出土，俄罗斯科学院东方文献研究所藏。大乘玄密帝师沙门慧称集，兰山觉行国师沙门德慧译。

《解释道果语录金刚句记》（[illegible]），存卷一及卷六。西夏抄本。黑水城遗址出土，俄罗斯科学院东方文献研究所藏。译自藏文本 lam 'bras bu dang bcas pa'i gdams ngag，西番中国法师禅巴集，中国大乘玄密帝师传，北山大清凉寺沙门慧忠译。相应的汉文本见《大乘要道密集》。

《风气入心法》（[illegible]），或译“风气心于入顺”。一卷。西夏草书抄本。黑水城遗址出土，俄罗斯科学院东方文献研究所藏。帝师沙门慧称传，兰山沙门德慧译。

《圣观自在大悲心总持功能依经录》（[illegible]），一卷。夏仁宗时期刻本。黑水城遗址出土，俄罗斯科学院东方文献研究所藏。五明显密国师功德司正㗚也阿难捺传，显密法师周慧海译（段玉泉 2010）。

《胜相顶尊总持功能依经录》（[illegible]），一卷[1]。夏仁宗时期刻本。五明显密国师功德司正㗚也阿难捺传，显密法师周慧海译。内容接近宋法天译《佛说一切如来乌瑟腻沙最胜总持经》（林英津 2006b，段玉泉 2008）。

---

① 这应该就是西夏《天盛律令》里所列试经目录中的“佛顶尊胜总持”。

《佛说圣大乘三归依经》（[illegible]），一卷。乾祐十五年（1184）仁宗施印本。黑水城遗址出土，俄罗斯科学院东方文献研究所藏。译自藏文本 'phags pa gsum la skyabs su 'gro ba zhes bya ba theg pa chen po'i mdo，12 世纪下半叶兰山智昭国师沙门德慧奉诏译，仁宗皇帝再详定（孙伯君 2009b）。

《中有身要门》（[illegible]），或译“中有身要论”。一卷。西夏抄本。黑水城遗址出土，俄罗斯科学院东方文献研究所藏。大度民寺中国觉照国师法狮子传。内容接近黑水城出土汉文本《中有身要门》（孙伯君 2013f）。

《除道之间断法要门》（[illegible]），或译“道之间休止顺要论”。一卷。西夏草书抄本。黑水城遗址出土，俄罗斯科学院东方文献研究所藏。大度民寺中国觉照国师法狮子传，出家僧功德司承旨沙门德妙译。

《聚轮供养次第》（[illegible]），一卷。西夏抄本。黑水城遗址出土，俄罗斯科学院东方文献研究所藏。黑足师造，大度民寺中国觉照国师法狮子传，佚名夏译（西田 1977：267 - 268）。

《自入法略要门》（[illegible]），或译“自入顺略要论”。不分卷 1 册。西夏抄本。黑水城遗址出土，俄罗斯科学院东方文献研究所藏。大度民寺中国觉照国师法狮子集译。内含经文六部:《修习证觉拙火定要门》《睡梦证觉转身定要门》《睡眠证觉光明定要门》《不修习证觉行识要门》《中有身要门》《入他宫垣法要门》。

《大手印顿入要门》([illegible]),一卷。西夏抄本。黑水城遗址出土,俄罗斯科学院东方文献研究所藏。果海密严寺玄照国师沙门慧贤传,果海密严寺沙门慧幢译。内容勘同《大乘要道密集》中汉文本《新译大手印顿入要门》。

《求生西方念佛法要门》([illegible]),一卷。西夏抄本。黑水城遗址出土,俄罗斯科学院东方文献研究所藏。马蹄山戒乘禅师传,佚名译。

《净土求生法要门》([illegible]),一卷。元代刻本。黑水城遗址出土,俄罗斯科学院东方文献研究所藏。夏寂照国师传,佚名译(孙伯君 2012a)。

《诵大白伞盖总持法要门》([illegible]),或译"大盖白母之总持诵顺要论"。一卷。夏乾祐十六年(1185)比丘咩布慧明发愿施印本。黑水城遗址出土,俄罗斯科学院东方文献研究所藏。款师传[①],佚名夏译(Кычанов

---

① 款师([illegible]),款氏经师。"款"指藏传佛教萨迦派的款氏家族。《元史·释老传》:"帝师八思巴者,土番萨斯迦人,族款氏也,相传自其祖朵栗赤,以其法佐国主霸西海者十余世。"

1999：559－560）。

《依身中围四成就法广本》（[illegible]），或译“身中围于依以四主受顺广根”。不分卷1册。西夏抄本。黑水城遗址出土，俄罗斯科学院东方文献研究所藏。西夏大度民寺觉照国师传金刚铃所造藏文本，出家功德司承旨沙门李德妙译。

《唯识二十记》（[illegible]），二卷。西夏写卷。黑水城遗址出土，俄罗斯科学院东方文献研究所藏。夏黑山沙门善信集，内容接近中土撰述《唯识二十论述记》（Кычанов 1999：451－452）。

如果是专门为皇室的法事做准备，则可以同时据高僧的口传译出西夏文和汉文两种文本，这里面最著名的是天盛元年（1149）用于发愿的《圣观自在大悲心总持并胜相顶尊总持》合刊本，原书由国师哆也阿难捺口传藏文，法师周慧海译出西夏文本，法师鲜卑宝源译出汉文本。两种文本的卷尾各有一篇御制发愿文（段玉泉 2007），其中汉文本在叙述这次法事时说：

> 朕伏以神呪威灵，功被恒沙之界；玄言胜妙，力通亿劫之多。惟一听于真筌，可顿消于尘累，其于微密，岂得名言？切谓《自在大悲》，冠法门之密语；《顶尊胜相》，

总佛印之真心。一存救世之至神，一尽利生之幽验。大矣，受持而必应；圣哉，敬信而无违。普周法界之中，细入微尘之内。广资含识，深益有情，闻音者大获胜因，触影者普蒙善利。点海为滴，亦可知其几何；碎刹为尘，亦可量其几许。唯有慈悲之大教，难穷福利之玄功，各有殊能，迥存异感。故《大悲心感应》云："若有志心诵持《大悲咒》一遍或七遍者，即能超灭百千亿劫生死之罪，临命终时，十方诸佛皆来授手，随愿往生诸净土中。若入流水或大海中而沐浴者，其水族众生沾浴水者，皆灭重罪，往生佛国。"又《胜相顶尊感应》云："至坚天子诵持章句，能消七趣畜生之厄。若寿终者，见获延寿，遇影沾尘，亦复不堕三恶道中，授菩提记，为佛嫡子。"若此之类，功效极多。朕覩兹胜因，倍激诚恳，遂命工镂板，雕印番汉一万五千卷，普施国内。臣民志心看转，虔诚顶受，朕亦躬亲而□服，每当竭意而诵持。欲遂良缘，广修众善，闻阐真乘之大教，烧结秘密之坛仪。读经不绝于诵声，披典必全于大藏。应干国内之圣像，悉令恳上于金妆。遍施设供之法筵，及集斋僧之盛会，放施食于殿宇，行法事于尊容。然斯敬信之心，悉竭精诚之恳，今略聊陈于一二，岂可详悉而具言？以兹胜善，伏愿神考崇宗皇帝，超升三界，乘十地之法云；越度四生，达一真之性海。默助无为之化，潜扶有道之风，之子之孙，益昌益盛。又愿以此善力，基业泰定，迩遐扬和睦之风；国本隆昌，终始保清平之运。延宗社而克永，守历数以无疆，四方期奠枕之安，九有获覆盂之固。祝应□诚之感，祈臻福善之征。长遇平□，毕无变乱，普天率土，共享□□。□有所求，随心皆遂。为祝神圣，乃为颂曰：

法门广辟理渊微，持读□□□□□。

大悲神咒玄密语……

夏汉两篇发愿文的内容是完全一样的，只不过出自番汉两种语言表达习惯的不同而在具体的遣词造句上略有差异。我们不好断定这两个文本的相互关系，只是从感觉上说，似乎应该首先是周慧海把国师口传的藏文译成西夏文，然后才由鲜卑宝源据西夏文译成汉文的，因为目前并没有资料表明周慧海兼通汉语，也没有资料表明鲜卑宝源兼通藏语——这两个人都是高产的佛教译师，它们的区别只是周慧海的译著全部属于藏传，而鲜卑宝源的译著大都属于汉传。

乾祐十五年（1184），仁宗皇帝为庆祝自己的六十寿辰也施印了番汉两种文本的《圣大乘三归依经》，卷尾的汉文发愿文说：

朕闻：能仁开导，允为三界之师；圣教兴行，永作羣生之福。欲化迷真之辈，俾知入圣之因，故高悬慧日于昏衢，广运慈航于苦海。仗斯秘典，脱彼尘笼，含生若肯于修持，至圣必垂于感应。用开未喻，以示将来。睹兹妙法之希逢，念此人身之难保，若匪依凭三宝，何以救度四生？恭惟《圣大乘三归依经》者，释门秘印，觉路真乘，诚振溺之要津，乃指迷之捷径。具寿舍利，独居静处以归依；善逝法王，广设譬喻而演说。较量福力以难进，穷究功能而转深，诵持者必免于轮回，佩戴者乃超于生死。劝诸信士，敬此真经。朕适逢本命之年，特发利生之愿。恳命国师、法师、禅师暨副判、提点、承旨、僧录、座主、众僧等，遂乃烧施结坛，摄瓶诵咒，作广大供养，放千种施食。读诵大藏等尊经，讲演上乘等妙法。亦致打截截[①]、作忏悔、放生命、喂囚徒，饭僧、设贫诸多法事。仍敕有司，印造斯经番汉五万一千余卷、彩画功德大小五万一千余帧、数串不等五万一千余串，普施臣吏僧民，每日诵持供养。所获福善，伏愿皇基永固，宝运弥昌。艺祖神宗，冀齐登于觉道；崇考皇妣，祈早往于净方。中宫永保于寿

① 截截，今称“擦擦”，寺院用香灰和粘土模制而成的小型佛像或佛塔。

龄，圣嗣长增于福履。然后满朝臣庶，共沐慈光；四海存亡，俱蒙善利。

题款表明这两个文本的译者都是国师德慧，事实上德慧是西夏时代仅有的兼通番汉藏三种语言的译师（孙伯君 2009b）。

上面这些作品迄今还没有一部能够得以深入的研究。可想而知，要真正理解这些作品，必须耐心地到汗牛充栋的藏文佛教著作里去一段一段地寻找相应的内容。这无疑是一项艰巨的任务，有待学术界长期不懈的努力。

参考文献

《俄藏黑水城文献》：

俄罗斯科学院东方研究所圣彼得堡分所、中国社会科学院民族研究所、上海古籍出版社编《俄藏黑水城文献》，第 1—13 册，上海：上海古籍出版社，1996 —2007。

《中国藏西夏文献》：

宁夏大学西夏学研究中心、国家图书馆和甘肃五凉古籍整理研究中心编《中国藏西夏文献》，第 1—20 册，兰州：甘肃人民出版社、敦煌文艺出版社，2002—2007。

《中国国家图书馆藏西夏文献》：

宁夏社会科学院编《中国国家图书馆藏西夏文献》，第 1—4 册，上海：上海古籍出版社，2005—2006。

《法藏敦煌西夏文文献》：

西北第二民族学院、上海古籍出版社、法国国家图书馆编

《法藏敦煌西夏文文献》，上海：上海古籍出版社，2007。

《英藏黑水城文献》：

西北第二民族学院、上海古籍出版社、英国国家图书馆编《英国国家图书馆藏黑水城文献》，第1—5册，上海：上海古籍出版社，2004—2010。

安娅　2014　西夏文译本《炽盛光如来陀罗尼经》考释，《宁夏社会科学》2014（1）：108－114。

——2016　西夏《大威德炽盛光陀罗尼经》考释，《民族论坛》2016（6）：49－51＋56。

——2017　《西夏文藏传〈守护大千国土经〉研究》，新北：花木兰文化出版社。

白滨　1989　《党项史研究》，长春：吉林教育出版社。

——2001　元代唐兀氏与西夏遗民，载何广博主编《述善集研究论集》157－181，兰州：甘肃人民出版社。

——2006　宁夏灵武出土西夏文文献探考，《宁夏社会科学》2006（1）：92－99。

史金波　1979　《大元肃州路也可达鲁花赤世袭之碑〉》考释——论元代西夏人在河西的活动，《民族研究》1979（1）：68－80。

北京大学图书馆
——1995 《北京大学图书馆藏敦煌文献》2，上海：上海古籍出版社。
蔡巴·贡嘎多吉 1988 《红史》，东嘎·洛桑赤列校注，陈庆英、周润年译，拉萨：西藏人民出版社。
陈炳应 1985 图解本西夏文《观音经》译释，《敦煌研究》1985（3）：49－58，127－132。
——1993 《西夏谚语》，太原：山西人民出版社。
——1995 《贞观玉镜将研究》，银川：宁夏人民出版社。
——2006 西夏人对活字印刷术的杰出贡献，杜建录主编《西夏学》1：1－13，银川：宁夏人民出版社。
陈高华 2006 再论元代河西僧人杨琏真加，《中华文史论丛》82：159－180。
陈乃雄 1983 《河西译语》中的阿尔泰语言成分，《中国语言学报》1：233－249，北京：商务印书馆。
陈庆英 2008 西夏及元代藏传佛教经典的汉译本——简论《大乘要道密集》（〈萨迦道果新编〉），《西藏大学学报》15（2）：1－9。
戴忠沛 2009 藏文注音西夏文残片的分类和来源，《民族研究》2009（6）：58－63。

——2010　藏文注音西夏文残片综述，载聂鸿音、孙伯君编《中国多文字时代的历史文献研究》41－51，北京：社会科学文献出版社。

邓少琴　1945　《西康木雅乡西吴王考》，上海：中国学典馆。

段玉泉　2007　西夏文《自在大悲心、胜相顶尊后序发愿文》研究，《宁夏社会科学》2007（5）：81－85。

——2008　西夏文《胜相顶尊总持功能依经录》再研究，《宁夏社会科学》2008（5）：105－109。

——2009　元刊西夏文大藏经的几个问题，《文献》2009（1）：42－51。

——2010　西夏文《圣观自在大悲心总持功能依录》考论，聂鸿音、孙伯君主编《中国多文字时代的历史文献研究》70－92，北京：社会科学文献出版社。

——2012a　西夏文《大悲心陀罗尼经》考释，《薪火相传——史金波先生70寿辰西夏学国际学术研讨会论文集》429－441，北京：中国社会科学出版社。

——2012b　西夏文《尊者圣妙吉祥之智慧觉增上总持》考释，《西夏研究》2012（3）：7－9。

——2014　《西夏〈功德宝集偈〉跨语言对勘研究》，上海：上海古籍出版社。

耿昇、唐健宾（译）1993 《伯希和敦煌石窟笔记》，兰州：甘肃人民出版社。
龚煌城　1984　西夏文字衍生过程的重建，《国立政治大学边政研究所年报》15：63－80。
——1985　西夏文的意符和声符及其衍生过程，《中央研究院历史语言研究所集刊》56（4）：719－758。
韩小忙　2008　《〈同音文海宝韵合编〉整理与研究》，北京：中国社会科学出版社。
——2009　刻本《同义》残片的发现及其学术价值，《宁夏社会科学》2009（4）：84－87。
胡进杉　2011　西夏文《七功德谭》及《佛说止息贼难经》译注，杜建录主编《西夏学》8：72－89，上海：上海古籍出版社。
荒川慎太郎　2001　西夏詩の脚韻に見られる韻母について：『三世属明言集文』所収西夏語詩，《京都大学言語学研究》20：195－224。
——2012　プリンストン大学所蔵西夏文仏典断片（Peald）について，《アジア・アフリカ言語文化研究》83：5－36。
——2014　《西夏文金剛経の研究》，京都：松香堂。
——2018　《プリンストン大学図書館所蔵西夏文妙法蓮華経

写真版及びテキストの研究》，東京：創価学会・東洋哲学研究所。

黄延军　2009　西夏文《经史杂抄》考源，《民族研究》2009（2）：97－103＋110。

——2011　俄藏黑水城西夏文《佛说金耀童子经》考释，杜建录主编《西夏学》8：122－126，上海：上海古籍出版社。

——2012　《中国国家图书馆藏西夏文〈大般若波罗蜜多经〉研究》，北京：民族出版社。

黄振华　1978　评苏联近三十年的西夏学研究，《社会科学战线》1978（2）：311－323。

——1991　清抄明代《河西译语》试释，《固原师专学报》1991（4）：68－71。

——1998　西夏龙（洛）族试考——兼谈西夏遗民南迁及其他，《中国藏学》1998（4）：61－69。

——史金波、聂鸿音　1989　《番汉合时掌中珠》，银川：宁夏人民出版社。

景永时　2012　西夏文字书《同音》的版本及相关问题，《宁夏社会科学》2012（6）：72－76。

——2013　《番汉合时掌中珠》俄藏编号内容复原与版本考证，《宁夏社会科学》2013（6）：110－114。

克恰诺夫　1989　献给西夏文字创造者的颂诗，白滨等编《中国民族史研究》2：144－155，北京：中央民族学院出版社。
——李范文、罗矛昆　1995　《圣立义海研究》，银川：宁夏人民出版社。
——聂鸿音　2009　《西夏文〈孔子和坛记〉研究》，北京：民族出版社。
李范文　1984　《西夏陵墓出土残碑粹编》，北京：文物出版社。
——1986　《同音研究》，银川：宁夏人民出版社。
——1994　《宋代西北方音》，北京：中国社会科学出版社。
——1997　《夏汉字典》，北京：中国社会科学出版社。
——2006　《五音切韵》与《文海宝韵》比较研究，李范文主编《西夏研究》2，北京：中国社会科学出版社。
——韩小忙　2005　同义研究，李范文主编《西夏研究》1，北京：中国社会科学出版社。
——中岛干起　1997　《电脑处理西夏文杂字研究》，東京：国立亚非言语文化研究所。
李华瑞　2006　论儒学与佛教在西夏文化中的地位，杜建录主编《西夏学》1：28－33，银川：宁夏人民出版社。
李吉和、聂鸿音　2002　西夏番学不译九经考，《民族研究》2002（2）：73－78＋109。

李际宁　2000　关于“西夏刊汉文版大藏经”，《文献》2000（1）：139－154。

李涛　2017　黑水城遗址出土西夏时期染色纸张的分析，《西夏研究》2017（3）：3－14。

李晓明　2016　英藏西夏文《孙子兵法》残页考释，《西夏研究》2016（4）：74－78。

李杨　2010　保定西夏文经幢《尊胜陀罗尼》的复原与研究，《宁夏社会科学》2010（3）：115－120。

李正宇　2010　敦煌古代的标点符号，《寻根》2010（3）：82－94。

梁继红、陆文娟　2011　武威藏西夏文《志公大师十二时歌注解》考释，杜建录主编《西夏学》8：144－150，上海：上海古籍出版社。

梁松涛　2018　《西夏文〈宫廷诗集〉整理与研究》，上海：上海古籍出版社。

林世田　2005　《国家图书馆西夏文献中汉文文献考释》，北京：北京图书馆出版社。

林英津　1994　《夏译〈孙子兵法〉研究》，台北：中研院史语所单刊之28。

——2001　史语所藏西夏文佛经残本初探，《古今论衡》2001

(6)：10－27。

——2006a　西夏语译《真实名经》释文研究，台北：中研院语言学研究所《语言暨语言学》专刊甲种之8。

——2006b　简论西夏语译《胜相顶尊总持功能依经录》，杜建录主编《西夏学》1：61－68，银川：宁夏人民出版社。

——2011　西夏语译《尊胜经(Uṣṇīṣa Vijaya Dhāraṇī)》释文，杜建录主编《西夏学》8：23－61，上海：上海古籍出版社。

刘玉权　1985　本所藏图解本西夏文《观音经》版画初探，《敦煌研究》1985（3）：41－48。

柳洪亮　1985　伯孜克里克千佛洞遗址清理简记，《文物》1985（8）：49－65，97－101。

罗福苌　1919　《西夏国书略说》，东山学社。重印本见李范文主编《西夏研究》第4辑，北京：中国社会科学出版社，2007。

罗福成　1919　《西夏译莲华经考释》，东山学社。

——1930a　佛说宝雨经卷第十释文，《国立北平图书馆馆刊》4（3）：203－206。

——1930b　大般若波罗密多经卷第一释文，《国立北平图书馆馆刊》4（3）：199－202。

——1930c　不空羂索神变真言经卷第十八释文，《国立北平图书馆馆刊》4（3）：215－218。

麻晓芳　2014　西夏文《圣广大宝楼阁善住妙秘密微王总持经》考释，《西夏研究》2014（4）：13－33。

——2017　俄藏西夏文《佛说瞻婆比丘经》残卷考，《西夏研究》2017（4）：3－8。

——2018　西夏文《药师琉璃光七佛本愿功德经》的草书译本，《宁夏社会科学》2018（2）：229－235。

——2019　《佛说四人出现世间经》的西夏译本，《西夏研究》2019（1）：8－16。

聂鸿音　1990　西夏文《新修太学歌》考释，《宁夏社会科学》1990（3）：8－12。

——1996　《六韬》的西夏文译本，《传统文化与现代化》1996（5）：57－60。

——1997a　西夏本《孟子传》研究，《国学研究》4：635－648，北京：北京大学出版社。

——1997b　西夏史新著《白高大夏国》评介，《民族研究动态》1997（1）：70－72。

——1997c　西夏刻字司和西夏官刻本，《民族研究》1997（5）：77－82。

——2000　汉文史籍中的西羌语和党项语，《语言研究》2000（4）：120－126。

——2001a　西夏文曹道乐《德行集》初探，《文史》2001（3）：213－224。

——2001b　俄藏198号西夏文列女故事残叶考，李晋有主编《中国少数民族古籍论》4：394－402，成都：巴蜀书社。

——2002a　《西夏文德行集研究》，兰州：甘肃文化出版社。

——2002b　拜寺沟方塔所出佚名诗集考，《国家图书馆学刊》2002年西夏研究专号，97－100。

——2002c　俄藏5130号西夏文佛经题记研究，《中国藏学》2002（1）：50－54。

——2002d　西夏本《经史杂抄》初探，《宁夏社会科学》2002（3）：84－86。

——2002e　关于西夏文《月月乐诗》，《固原师专学报》2002（5）：47－49。

——2003a　西夏译《诗》考，《文学遗产》2003（4）：17－25。

——2003b　西夏文《贤智集序》考释，《固原师专学报》2003（5）：46－48。

——2003c　西夏本《贞观政要》译证，《文津学志》1：116－124，北京：北京图书馆出版社。

——2005a 西夏的佛教术语，《宁夏社会科学》2005（6）：90－92。

——2005b 西夏帝师考辨，《文史》2005（3）：205－217。

——2005c 西夏译本《持诵圣佛母般若多心经要门》述略，《宁夏社会科学》2005（2）：87－89。

——2007a 西夏遗文录，杜建录主编《西夏学》2：134－166，银川：宁夏人民出版社。

——2007b 中国国家图书馆藏西夏文《频那夜迦经》考补，《西南民族大学学报》2007（6）：23－28。

——2008 《孔子和坛记》的西夏译本《民族研究》2008（3）：89－95。

——2009a 西夏《天盛律令》里的中药名，《中华文史论丛》2009（4）：291－312。

——2009b 《俄藏黑水城所出宋西北边境军政文书整理与研究》读后，《书品》2009（6）：35－39。

——2009c 西夏文《阿弥陀经发愿文》考释，《宁夏社会科学》2009（5）：94－96。

——2009d 西夏译本《明堂灸经》初探，《文献》2009（3）：60－66。

——2009e 俄藏4167号西夏文《明堂灸经》残叶考，《民族语文》2009（4）：60－64。

——2010a 《仁王经》的西夏译本，《民族研究》2010（3）：44－49。

——2010b 俄藏西夏本《拔济苦难陀罗尼经》考释，杜建录主编《西夏学》6：1－5，上海：上海古籍出版社。

——2010c 论西夏本《佛说父母恩重经》，高国祥主编《文献研究》1：137－144，北京：学苑出版社。

——2010d 《十一面神咒心经》的西夏译本，《西夏研究》2010（1）：41－54。

——2010e 《禅源诸诠集都序》的西夏译本，杜建录主编《西夏学》5：23－28，上海：上海古籍出版社。

——2011a 西夏文《注华严法界观门通玄记》初探，北京师范大学民俗典籍文字研究中心编《民俗典籍文字研究》8：118－123，北京：商务印书馆。

——2011b 西夏文《禅源诸诠集都序》译证，《西夏研究》2011（1）：3－22，（2）：35－57。

——2012a 公元1226：黑水城文献最晚的西夏纪年，《宁夏社会科学》2012（4）：41－46。

——2012b 西夏译《孟子章句》残卷考，《西夏研究》2012（1）：3－7。

——2012c 西夏本《太宗择要》初探，《宁夏师范学院学报》2012（2）：55－59。

——2012d 西夏本《近住八斋戒文》考释，《台大佛学研究》23：161－200。

——2013a 西夏文《五部经序》考释，《民族研究》2013（1）：87－93。

——2013b 西夏文献中的净土求生法，四川大学历史文化学院编《吴天墀教授百年诞辰纪念文集》，161－169，成都：四川人民出版社。

——2014a 从药名异译论西夏医方的性质，《中华文史论丛》2014（3）：55－69。

——2014b 《圣曜母陀罗尼经》的西夏译本，《宁夏社会科学》2014（5）：86－90。

——2015 西夏文献中的占卜，《西夏研究》2015（2）：3－14。

——2016 《西夏佛经序跋译注》，上海：上海古籍出版社。

——2017 西夏文“君臣问对”残叶考，《宁夏社会科学》2017（2）：213－216。

——2018 从格言到诗歌：党项民族文学的发展历程，《宁夏社会科学》2018（4）：224－228。

——2019a 一文双语：西夏文字的性质，《宁夏社会科学》

2019（5）：170－175。
——2019b 《五公经》：存世谶书的早期样本，《中华文化论坛》2019（6）：46－54。
——黄振华 2001 西夏《圣立义海》故事考源，《陇右文博》2001（1）：42－49。
——史金波 1995 西夏文《三才杂字》考，《中央民族大学学报》1995（6）：81－88。
——孙伯君 2018 《西夏译华严宗著作研究》，银川：宁夏人民出版社。
聂历山、石滨纯太郎 1930 西夏语译大藏经考，周一良译，《国立北平图书馆馆刊》4（3）：73－80。
宁夏文物管理委员会办公室、贺兰县文化局 1991 宁夏贺兰县宏佛塔清理简报，《文物》1991（8）：1－13，26，97－101。
宁夏文物考古研究所 2005 《拜寺沟西夏方塔》，北京：文物出版社。
——2007 《山嘴沟西夏石窟》，北京：文物出版社。
牛达生 1994 我国最早的木活字印本——西夏文佛经《吉祥遍至口合本续》，《中国印刷》1994（2）：38－46。
——2003 西夏活字印本的发现及其活字印刷技术研究，万辅彬、杜建录主编《历史深处的民族科技之光》122－134，银川：宁夏人民出版社。
——2008 关于西夏活字印刷研究及其相关问题——兼谈媒体对学术研究成果的曲解报道，《西北第二民族学院学报》2008（5）：31－36。
——2013 从考古发现西夏竹笔谈起——兼论西夏主要使用传统毛笔，所著《西夏考古论稿》46－57，上海：上海古籍出版社。
——王菊华 1999 从贺兰拜寺沟方塔西夏文献纸样分析看西夏造纸业状况，《中国历史博物馆馆刊》1999（2）：72－82＋111。
潘吉星 1979 《中国造纸技术史稿》，北京：文物出版社。
彭向前 2007 中国藏西夏文《大智度论》卷第四考补，杜建录主编《西夏学》2：116－120，银川：宁夏人民出版社。
——2010 黑水城出土汉文写本《六十四卦图歌》初探，《西夏研究》2010（2）：103－109。
——2012 《西夏文〈孟子〉整理研究》，上海：上海古籍出版社。
桥本万太郎 1963 西夏国書字典同音の同居韻，《言語研究》43：34－49。
任崇岳、穆朝庆 1986 略谈河南省的西夏遗民，《宁夏社会科学》1986（2）：76－80。

荣智涧　2013　西夏文《谨算》所载图例初探，杜建录主编《西夏学》10：173－177，上海：上海古籍出版社。

史金波　1979　《西夏译经图》解，《文献》1979（1）：215－229。

——1981　西夏文《过去庄严劫千佛名经》发愿文译证，《世界宗教研究》1981（1）：64－75。

——1986　《西夏文化》，长春：吉林教育出版社。

——1988　《西夏佛教史略》，银川：宁夏人民出版社。

——1995　西夏佛教制度探考，《汉学研究》13（1）：165－184。

——2001　《文海宝韵》序言、题款译考，《宁夏社会科学》2001（4）：81－88。

——2010　《英藏黑水城文献》定名刍议及补正，杜建录主编《西夏学》5：1－16，上海：上海古籍出版社。

——白滨　1977　明代西夏文经卷和石幢初探，《考古学报》1977（1）：143－164。

——白滨、黄振华　1983　《文海研究》，北京：中国社会科学出版社。

——白滨、吴峰云　1988　《西夏文物》，北京：文物出版社。

——黄振华　1986　西夏文字典音同的版本与校勘，《民族古籍》1986（1）：1－7。

——黄振华、聂鸿音　1993　《类林研究》，银川：宁夏人民出版社。

——克丽斯蒂娜・克拉美罗蒂　2018　《法国吉美国立亚洲艺术博物馆藏西夏文献》，北京・天津：中华书局・天津古籍出版社。

——聂鸿音、白滨　1994　《西夏天盛律令》，北京：科学出版社。

——翁善珍　1996　额济纳绿城新见西夏文物考，《文物》1996（10）：72－80。

——吴峰云　1985　元代党项人余氏及其后裔，《宁夏大学学报》1985（2）：31－38。

松泽博（野村博）　1974　西夏語訳《白傘蓋陀羅尼経》断片考，《龍谷史壇》68－69。

——1977　西夏語訳経史研究（1），《仏教史学研究》19（2）：71－120。

——1990　敦煌出土西夏語仏典研究序説——天理図書館所蔵西夏語仏典について，《東洋史苑》36：1－98。

——2005　西夏文献拾遺（3）：《後漢書》列女伝受容の一資

料，《龍谷史壇》122：73－116。

宋璐璐　2004　西夏译本中的两篇《六韬》佚文，《宁夏社会科学》2004（1）：79－80。

孙伯君　2002　苏轼《富郑公神道碑》的西夏译文，《宁夏社会科学》2002（4）：84－86。

——2008　西夏文献中的“城主”，《敦煌学辑刊》2008（3）：69－74。

——2009a　黑水城出土《圣六字增寿大明陀罗尼经》译释，杜建录主编《西夏学》4：53－58，银川：宁夏人民出版社。

——2009b　黑水城出土西夏文《佛说圣大乘三归依经》译释，《兰州学刊》2009（7）：4－9。

——2010a　西夏俗文学“辩”初探，《西夏研究》2010（4）：3－9。

——2010b　黑水城出土西夏文《佛说最上意陀罗尼经》残片考释，《宁夏社会科学》2010（1）：89－91。

——2010c　西夏文《修华严奥旨妄尽还源观》考释，杜建录主编《西夏学》6：64－76，上海：上海古籍出版社。

——2010d　黑水城出土西夏文《金师子章云间类解》考释，《西夏研究》2010（1）：60－74。

——2011a　西夏文《正行集》考释，《宁夏社会科学》2011

(1)：87－94。

——2011b　元刊《河西藏》考补，《民族研究》2011（2）：56－63＋108－109。

——2011c　《佛说阿弥陀经》的西夏译本，《西夏研究》2011（1）：23－32。

——2011d　元代白云宗译刊西夏文文献综考，《文献》2011（2）：146－157。

——2011e　黑水城出土西夏文《大手印定引导略文》考释，《西夏研究》2011（4）：12－19。

——2012a　黑水城出土西夏文《求生净土法要门》译释，张公瑾主编《民族古籍研究》1：54－58，北京：中国社会科学出版社。

——2012b　《无垢净光总持》的西夏文译本，《宁夏社会科学》2012（6）：77－87。

——2012c　西夏文《妙法莲华心经》考释，杜建录主编《西夏学》8：62－65，上海：上海古籍出版社。

——2012d　俄藏西夏文《达摩大师观心论》考释，中国社会科学院民族学与人类学研究所编《薪火相传——史金波先生70寿辰西夏学国际学术研讨会论文集》266－303，北京：中国社会科学出版社。

——2013a 西夏文献中的帝、后称号，《民族研究》2013（2）：81－89＋125。

——2013b 西夏仁宗皇帝的校经实践，《宁夏社会科学》2013（4）：89－98。

——2013c 西夏文《观弥勒菩萨上生兜率天经》考释，《西夏研究》2013（4）：17－37。

——2013d 黑水城出土三十五佛名礼忏经典综考，四川大学历史文化学院编《吴天墀教授百年诞辰纪念文集》184－197，成都：四川人民出版社。

——2013e 鲜演大师《华严经玄谈决择记》的西夏文译本，《西夏研究》2013（1）：27－34。

——2013f 黑水城出土藏传佛典《中有身要门》考释，《藏学学刊》2013（1）：246－264。

——2014a 澄观"华严大疏钞"的西夏文译本，《宁夏社会科学》2014（4）：95－99。

——2014b 西夏文《亥母耳传记》考释，沈卫荣编《大喜乐与大圆满——庆祝谈锡永先生八十华诞汉藏佛学研究论集》145－180，北京：中国藏学出版社。

——2014c 西夏文《治风碍剂门》考释，《西夏研究》2014（3）：8－15。

——2016　从两种西夏文卦书看河西地区“大唐三藏”形象的神化和占卜与佛教的交融，《民族研究》2016（4）：72－78＋124。

——2018　西夏文《三代相照文集》述略，《宁夏社会科学》2018（6）：215－225。

——2019　西夏文《三观九门枢钥》考补，《宁夏社会科学》2019（4）：176－186。

——韩潇锐　2012　黑水城出土西夏文《西方净土十疑论》略注本考释，《宁夏社会科学》2012（2）：98－107。

——聂鸿音　2018　《西夏文藏传佛教史料——“大手印”法经典研究》，北京：中国藏学出版社。

——王龙　2016　西夏“十二钱”卜卦书《掷卦本》考释。《北方民族大学学报》2016（1）：78－82。

孙昌盛　2015　《西夏文〈吉祥遍至口合本续〉整理研究》，北京：社会科学文献出版社。

孙飞鹏　2014　西夏文《佛说百喻经》残片考释，《宁夏社会科学》2014（3）：109－111。

孙继民　2009　《俄藏黑水城所出〈宋西北边境军政文书〉整理与研究》，北京：中华书局。

孙颖新　2003　《十二国》的西夏文译本，《民族语文》2003

(6)：13－21。

——2011　西夏文《佛说斋经》译证，《西夏研究》2011（1）：48－52。

——2012a　西夏文《大乘无量寿经》考释，《宁夏社会科学》，2012（1）：88－95。

——2012b　西夏写本《孙子兵法》残卷考，《西夏研究》2012（2）：79－85。

——2013　西夏文《佛说疗痔病经》释读，《宁夏社会科学》2013（5）：87－89。

——2015　西夏文献中的通假，《宁夏社会科学》2015（6）：152－154。

——2017　英国国家图书馆藏《孝经》西夏译本考，《宁夏社会科学》2017（5）：209－215。

——2018a　中国历史上最早的通假字书：《择要常传同训杂字》，《宁夏社会科学》2018（5）：208－211。

——2018b　西夏文《无量寿经》研究，北京：中国社会科学出版社。

——2019　再论西夏文献中的通假现象，《语言研究》2019（3）：113－120。

索罗宁　2007　西夏佛教著作《唐昌国师二十五问答》初探，

杜建录主编《西夏学》2：133－139，银川：宁夏人民出版社，
汤君　2013　两种尚未刊布的西夏文《长阿含经》，四川大学历史文化学院编《吴天墀教授百年诞辰纪念文集》225－231，成都：四川人民出版社。
——2014　西夏文《长阿含经》卷十二（残）译、考，《西南民族大学学报》2014（2）：74－80。
汤开建　1986　关于西夏拓跋氏族源的几个问题，《中国史研究》1986（4）：125－135。
——1994　隋唐时期党项部落迁徙考，《暨南学报》1994（1）：84－94。
汪泛舟　1986　《太公家教》考，《敦煌研究》1986（1）：48－55。
汪桂海　2009　宋代公文纸印本断代研究举例，《文献》2009（3）：52－59。
王国维　1959　元刊本西夏文华严经残卷跋，《观堂集林》，北京：中华书局。
王菡　2005　元代杭州地区刊刻《大藏经》与西夏的关系，《文献》2005（1）：111－118。
王静如　1932a　河西字藏经雕版考，《西夏研究》1：1－14，中研院史语所单刊甲种之八。

——1932b　佛母大孔雀明王经夏梵藏汉合璧校释，《西夏研究》1：181－250，中研院史语所单刊甲种之8。

——1933　金光明最胜王经夏藏汉合璧考释，《西夏研究》2：1－274，3，中研院史语所单刊甲种之11、13。

——1938　突厥文回纥英武威远毗伽可汗碑译释，《辅仁学志》7（1－2）。

王菊华　2005　拜寺沟方塔纸张鉴定报告，宁夏文物考古研究所《拜寺沟西夏方塔》324，北京：文物出版社。

王龙　2015　中国藏西夏文《佛说消除一切疾病陀罗尼经》译释，杜建录主编《西夏学》11：88－93，上海：上海古籍出版社。

——2016a　黑水城出土西夏文《十二缘生祥瑞经》考释，《西夏研究》2016（1）：13－31，（2）：14－27。

——2016b　西夏文《佛说避瘟经》考释，《宁夏师范学院学报》2016（1）：81－87。

——2017a　西夏写本《阿毗达磨顺正理论》考释，《宁夏社会科学》2017（2）：223－229。

——2017b　俄藏西夏文《瑜伽师地论》卷八十八考释，《西夏研究》2017（4）：9－24。

——2018　西夏写本《大乘阿毗达磨集论》缀考，《文献》

2018（1）：13－15。

王培培　2010　俄藏西夏文《佛说八大人觉经》考，《西夏研究》2010（2）：58－60。

——2015　《西夏文〈维摩诘经〉整理研究》，北京：社会科学文献出版社。

王荣飞　2012　英藏西夏文译《贞观政要》初探，《西夏研究》2012（3）：10－17。

——景永时　2019　艾尔米塔什博物馆藏西夏文佛经木雕版考论，《宁夏社会科学》2019（5）：180－185。

吴天墀　1983　《西夏史稿》（增订本），成都：四川人民出版社。

武宇林、荒川慎太郎　2011　《日本藏西夏文文献》，北京：中华书局。

西田龙雄　1957　西夏大字刻文、西夏小字刻文，村田治郎编《居庸关》170－186，279－306，京都：京都大学工学部。

——1962　天理图书馆藏西夏文《无量寿宗要经》について，《ビブリア》23：357－366。

——1964　《西夏語の研究：西夏語の再構成と西夏文字の解読》1，東京：座右寶刊行會。

——1966　《西夏語の研究：西夏語の再構成と西夏文字の解

読》2，東京：座右寶刊行會。
——1975 《西夏文華嚴經》1，京都：京都大學文學部。
——1976 《西夏文華嚴經》2，京都：京都大學文學部。
——1977 《西夏文華嚴經》3，京都：京都大學文學部。
——1981—1983 《西夏語韻図『五音切韻』の研究》（上、中、下），京都大學文學部研究紀要 20、21、22。
——1986 《西夏語〈月月樂詩〉の研究》，京都大學文學部研究紀要 25：1－116。
——1998 西夏文字解読の新段阶，《ユリイカ》6：68－76。
——1999 西夏語仏典目錄編纂上の諸問題，Е.И. Кычанов, *Каталог тангутских буддийских памятников*, Киото: Университет Киото，IX－XLVII. 有刘红军汉译文“西夏语佛典目录编纂诸问题”，杜建录主编《西夏学》4：15－28，银川：宁夏人民出版社，2009。
——2004 西夏语訳六十四卦と鍼灸書，三笠宮殿下米寿記念論集刊行會編《三笠宮殿下米寿記念論集》557－577，东京：刀水書房。
——2005 《ロシア科學アカデミー東洋學研究所サンクトペテルブルク支部所藏西夏文「妙法蓮華經」寫眞版》，京都：創價學会。

——2006　西夏語研究と法华経 III,《东洋学术研究》45（2）：272－332。

——2012　《西夏语研究新论》，京都：松香堂。

谢继胜　2001　吐蕃西夏历史文化渊源与西夏藏传绘画，《西藏研究》2001（3）：35－48。

杨志高　2007　中国藏西夏文《菩萨地持经》残卷九考补，杜建录主编《西夏学》2：115－119，银川：宁夏人民出版社。

——2014　《西夏文〈经律异相〉整理研究》，北京：社会科学文献出版社。

——2017　《〈慈悲道场忏法〉西夏译文的复原与研究》，北京：中国社会科学出版社。

喻松青　1988　《转天图经》新探，《历史研究》1988（2）：67－79。

张九玲　2014a　俄藏西夏文《大方等大集经》译注，《宁夏师范学院学报》2014（2）：81－94。

——2014b　西夏文《宝藏论》译注，《宁夏社会科学》2014（2）：111－114。

——2015b　《佛顶心观世音菩萨大陀罗尼经》的西夏译本，《宁夏师范学院学报》2015（1）：63－73＋94。

——2017　《西夏文〈大随求陀罗尼经〉研究》，新北：花木兰文化出版社。
——2019　俄藏西夏本《佛说十王经》述略，《首都师范大学学报》2019（2）：30－34。
郑阿财　2001　敦煌写本《佛顶心观世音菩萨大陀罗尼经》研究，《敦煌学》23：21－48。
钟焓　2006　《黄石公三略》西夏本注释与《长短经》本注释的比较研究，《宁夏社会科学》2006（1）：100－102＋108。
周伟洲　1988　《唐代党项》，西安：三秦出版社。
朱建路　2014　元代《宣差大名路达鲁花赤小李钤部公墓志》考释，《民族研究》2014（6）：94－100＋125－126。
——刘佳　2012　元代唐兀人李爱鲁墓志考释，《民族研究》2012（3）：76－80＋109－110。
庄电一　2002　孙寿岭土火炉中烧出三千西夏字，《光明日报》2002－8－21。

Bushell, S.W. 1895－96　The Hsi Hsia Dynasty of Tangut, their money and peculiar script, *Journal of the North China Branch of the Royal Asiatic Society* 30：142－160. 有孙伯君汉译文“唐古特的西夏王朝，其钱币和奇特的文字”，孙伯君编《国外早期西夏学论集》1：42－56，北京：民族出版社，2005。

Devéria, M. G. 1898 L'Écriture du royaume de Si-hia ou Tangout, *Mémoires présentés par divers savants à l'Académie des Inscriptions*, 1 série, 11（1）: 147 - 175. 有聂鸿音汉译文“西夏或唐古特王国的文字”，孙伯君编《国外早期西夏学论集》1: 69 - 86，北京：民族出版社，2005。

Dunnell, Ruth W. 1996 *The Great State of White and High: Buddhism and State Formation in Eleventh-Century Xia*, Honolulu: University of Hawai'i Press.

——2009 Translating history from Tangut Buddhist texts, *Asia Major*, third series, 22（1）: 41 - 78.

Everson, Michael 2016 *Gerard Clauson's Skeleton Tangut（Hsi Hsia）Dictionary, A facsimile edition*, with an introduction by Imre Galambos, with editorial notes and an index by Andrew West, Ireland: Evertype. 序言有麻晓芳汉译文“《克劳森框架字典》序言”，《西夏研究》2018（3）: 14 - 27。

Galambos Imre 2016a *Translating Chinese Tradition and Teaching Tangut Culture: Manuscripts and printed books from Khara-khoto*, Berlin/Boston: De Gruyter.

——2016b Confucius and Laozi at the altar: reconsidering a Tangut manuscript, *Studies in Chinese Religions* 2（3）:

237－264.

Grinstead, Eric 1962 The general's garden: A 12th century military work, *The British Museum Quarterly* 26 (1/2): 35－37.

——1966－1967 The Dragon King of the Sea, *The British Museum Quarterly* 31: 96－99.

——1972 *Analysis of the Tangut Script*, Lund: Studentlitteratur.

——1973 *The Tangut Tripitaka*, 9 vols, New Delhi: Sharada Rani.

Hill, Nathan 2016 "Come as lord of the black-headed"—an Old Tibetan mythic formula, *Zentralasiatische Studien* 45: 203－215.

Ivanov, A. 1909 Zur Kenntniss der Hsi-hsia-Sprache, *Известия Императорской Академии Наук* 6 (12): 1221－1233. 有江桥汉译文"西夏语言资料"，孙伯君编《国外早期西夏学论集》1：152－157，北京：民族出版社，2005。

Jacques, Guillaume 2007 *Nouveau recueil sur l'amour parental et la piété filiale*, München: Lincom Europa.

Kepping, K.B. 1995 The official name of the Tangut Empire

as reflected in the native Tangut texts, *Manuscripta Orientalia* 1（2）：22－32.

—— 1999 Chinghis Khan's name in a Tangut song, *Studia Orientalia* 85：233－243. 有韩潇锐汉译文“西夏诗歌中成吉思汗的名字”，《西夏研究》2010（1）：81－84。

—— 2002 “The Autumn Wind” by Han Wu-di in the Mi-nia（Tangut）translation, *Manuscripta Orientalia* 8（2）：36－51. 有李杨、王培培汉译文“汉武帝《秋风辞》的番语译文”，杜建录主编《西夏学》4：81－84。银川：宁夏人民出版社，2009。

——Gong Hwang-cherng 2003 Zhuge Liang's «The general's garden» in the Mi-nia translation, Б. Александров сост., *Ксения Кепинг, Последние статьи и документы*, Санкт-Петербург：Омега, 12－23. 有彭向前汉译文“诸葛亮《将苑》的番文译本”，《宁夏社会科学》2008（6）：130－134。

Kuijp, L. van der 1993 Jayānanda, A twelfth century *guoshi* from Kashimir among the Tangut, *Central Asian Journal* 37（3－4）：188－197.

Kwanten, Luc 1982 *The Timely Pearl, A 12th century Tangut Chinese glossary*, Bloomington：Indiana University

Press.

Kychanov, E. I. 1971　A Tangut document of 1224 from Khara-Khoto, *Acta Orientaria Academiae Scientiarum Hungaricae* 24（2）：189 - 201.

——1978　Tibetans and Tibetan culture in the Tangut State Hsi Hsia（982 - 1227），L. Ligeti ed.，*Proceedings of the Csoma de Körös Memorial Symposium*，Budapest：Akadémiai Kiadó，205 - 211.

——Franke，H. 1990　*Tangutische und chinesische Quellen zur Militärgesetzgebung des 11. bis 13. Jahrhunderts*，München：Bayerische Akademie der Wissenschaften.

Mylnikova，Yulia，彭向前　2013　西夏文《大般若波罗蜜多经》函号补释，杜建录主编《西夏学》10：90 - 93，上海：上海古籍出版社。

Nevsky，石滨纯太郎　1930a　佛说地藏菩萨本愿经卷下残本释文，《国立北平图书馆馆刊》4（3）：211 - 214.

——1930b　西夏文八千颂般若经合璧考释，《国立北平图书馆馆刊》4（3）：247 - 258.

Nie Hongyin　2008　*Family Models*：The model of the Tangut work *Newly Collected Biographies of Affection and*

Filial Piety，*Письменные памятники востока*，2008（2）：237－242.

——2012 Tangut fragments preserved in the China National Institute of Cultural Heritage，И. Ф. Попова сост. *Тангуты в Центральной Азии*，Москва：Издательская фирма «Восточная литература»，271－278.

——2014 On the Tangut version of *Ting nge 'dzin gyi tshogs kyi le'u*，四川大学中国藏学研究所编《藏学学刊》9：265－273.

——2018 Graph omission and abbreviation in Tangut script，*Journal of Chinese Writing Systems* 2（3）：157－161.

Solonin，Kirill J. 1998 The Hongzhou masters in the Tangut State，*Manuscripta Orientalia* 4（3）：10－15.

——2003 Hongzhou Buddhism in Xixia and the heritage of Zongmi（780－841）：A Tangut source，*Asia Major*，third series，16（2）：57－103.

——2008a The glimpses of Tangut Buddhism，*Central Asiatic Journal* 58（1）：64－127.

——2008b The fragments of the Tangut translation of the *Platform Sutra of the Sixth Patriarch* preserved in the Fu

Ssu-nien Library, Academia Sinica,《中央研究院历史语言研究所集刊》79（1）：163－185.

——2012a The teaching of Daoshen in Tangut translation: *The Mirror of Mind*, in R. Gimello, F. Girard and I. Hamar ed., *Avataṃsaka Buddhism in East Asia*, Harrassowitz Verlag/Wiesbaden, 137－188.

——2012b The teaching of the Tang dynasty Chan Master Nanyang Huizhong in Tangut translations, in Nathan W. Hill ed., *Medieval Tibeto-Burmese Linguistics* 4: 267－346, Leiden: Brill.

——2014 "Chan Contemplation" in the Tangut Buddhism, *Fudan Journal of the Humanities and Social Sciences* 7（2）：203－245.

Sperling, Elliot 1984 Lama to the King of Hsia, *The Journal of the Tibet Society* 7: 31－50.

Wang Peipei 2018 A textual research on Tangut philological work *Tongming Zazi*, *Journal of Chinese Writing Systems* 2（3）：209－214.

West, Andrew 2018 An introduction to the Tangut *Homonyms*, *Journal of Chinese Writing Systems* 2（3）：195－

208.

Wu Chi-yu 1969 Sur la version tangoute d'un commentaire du Louen-yu conservée à Leningrad, *T'oung Pao* 55 (4 - 5): 298 - 315.

Wylie, A. 1871 On an ancient Buddhist inscription at Keu-yung-kwan, in North China, *Journal of the Royal Asiatic Society* 5: 14 - 44. 有孙伯君汉译文“华北居庸关古代佛教铭文考”，孙伯君编《国外早期西夏学论集》1: 1 - 27，北京：民族出版社，2005。

Горбачева, З.И., Кычанов, Е.И. 1963 *Тангутские рукописи и ксилографы*, Москва: Издательство восточной литературы.有白滨汉译本《西夏文写本和刊本》，中国社会科学院民族研究所历史研究室资料组编译《民族史译文集》3，1978。

Кепинг, К.Б. 1974 Двенадцать царств: китайское сочинение сохранивщееся в тангутском переводе, *Памятники письменности, истории и культуры народов востока* 10: 63 - 66.

——1979 *Сунь Цзы в тангутском переводе*, Москва: Наука.

——1983 *Лес категорий, утраченная китайская лэйшу в*

тангутском переводе, Москва: Наука.

——1990 *Вновь собранные записи о любви к младшим и почтении к страшим*, Москва: Наука.

——2003 Тангутские ксилографы в Стокгольме, Б. Александров сост., *Ксения Кепинг: Последние статьи и документы*, Санкт-Петербург: Омега, 54 - 73.

——Колоколов В.С., Кычанов Е.И., Терентьев-Катанский А. П., 1969 *Море письмен*, Москва: Наука.

Колоколов В.С., Кычанов Е.И. 1966 *Китайская классика в тангутском переводе (Лунь Юй, Мэн Цзы, Сяо Цзин)*, Москва: Наука.

Кычанов, Е.И. 1969 Крупинки золота на ладони: пособие для изучения тангутской письменности, *Жанры и стили литературы Китая и Кореи* 1969, 213 - 222.

——1970 Гимн священным предкам тангутов, *Письменные памятники востока Ежегодник* 1968, 217 - 231.

——1974 *Вновь собранные драгоценные парные изречения*, Москва: Наука.

——1987 - 1989 *Измененный и заново утвержденный кодекс девиза царствования небесное процветание 1149 - 1169*, I -

IV，Москва：Наука. 第一卷有李仲三汉译本《西夏法典——天盛年改旧定新律令》，银川：宁夏人民出版社，1988。

——1997　*Море значений, установленных святыми*，Санкт-Петербург：Центр «Петербургское Востоковедение».

——1999　*Каталог тангутских буддийских памятников*，Киото：Университет Киото.

——2000　*Запись у алтаря о примирении Конфуция*，Москва：Издательская фирма «Восточная литература».

——2006　*Словарь тангутского（Си Ся）языка：тангутско-русско-англо-китайский словарь*，Kyoto：Faculty of Letters，Tokyo University.

——2013　*«Новые законы» тангутского государства*，Москва：Наука.

Меньшиков，Л.Н. 1984　*Описание китайской части коллекции из Хара-хото*，Москва：Наука. 有王克孝汉译本，题《黑城出土汉文遗书叙录》，银川：宁夏人民出版社，1994。

Невский，Н.А. 1936　Тангутская письменность и ее фонды，*Труды Института Востоковедения* 17：57－79. 有马忠建译“西夏文字及其典藏”，孙伯君编《国外早期西夏学论集》

2：222－246，北京：民族出版社，2005。

——1960 *Тангутская филология*，Москва：Издательство восточной литературы.

Солонин，К.Ю. 1995 *Двенадцать царств*，Санкт-Петербург：Центр Петербургское Востоковедение. 有粟瑞雪汉译本《十二国》，银川：宁夏人民出版社，2012。

Софронов，М. В. 1968 *Грамматика тангутского языка*，Москва：Наука.

Терентьев-Катанский，А.П. 1981 *Книжное дело в государстве тангутов*，Москва：Издательство Наука. 有王克孝、景永时汉译本《西夏书籍业》，银川：宁夏人民出版社，2000。

后　记

在动手写这本书的时候，摆在面前的突出问题就是，我很难在正史的“艺文志”或“经籍志”与现代专著体例之间找到一个理想的结合点，也就是说，我不知道怎样才能做到既不过于背离传统的书目体例，又要大幅度地增加历史文化的信息量。预计这本书的读者大都是初次进入这个领域，他们可能不认识西夏文字，也不掌握国内外的相关研究情况，我必须借助这本小书为读者指出研究西夏学的门径，让读者对党项文化和当前的研究情况形成一个总体的印象，哪怕这印象是模糊的。

最终的这本小书实际上是在我前几年的系列讲座稿基础上整理而成的，写作期间正值北方民族大学西夏研究所组织了几期“西夏文献解读研讨班”，随后又有四川大学历史文化学院开设了“西夏语文献学”系列讲座，听众是文史专业的研究生和青年教师。根据大家的要求，我又在书稿里加入了一些党项民族史和党项文献研究的相关论述。这些内容对于历史学特别是西夏学专业人员来说应该不算深奥，但是其中会不会有限于自己学术水平而导致的疏漏，我实在没有把握。无论如何，我愿意尽自己所知帮助读者在进一步的研究中省些气力，哪怕是当个阶梯也好。这本小书将来不会再有修订的机会，其中的疏漏只能留给读者去弥补——我相信将来在读者中间一定会产生新一代优秀的西夏学家。

本书使用的西夏电脑字体来自景永时和贾常业设计制作的“西夏文字处理系统”，插图主要来自俄罗斯科学院东方研究所圣彼得堡分所、中国社会科学院民族研究所、上海古籍出版社合编的《俄藏黑水城文献》以及宁夏大学西夏学研究中心、国家图书馆、甘肃五凉古籍整理研究中心合编的《中国藏西夏文献》。由于原件都属出土文献，所以文字多有残缺漫漶，照片的清晰程度自然不能跟传世文献相比，还请读者谅解。